Kamp-Thaya-March-Radweg

Der Donau-Seitensprung im Wald- und Weinviertel

Ein original *bikeline*-Radtourenbuch

Esterbauer

bikeline®-Radtourenbuch Kamp-Thaya-March-Radweg
© 2005, **Verlag Esterbauer GmbH**
A-3751 Rodingersdorf, Hauptstr. 31
Tel.: ++43/2983/28982-0, Fax: -500
E-Mail: bikeline@esterbauer.com
www.esterbauer.com

1. Auflage 2005

ISBN 3-85000-186-5

Bitte geben Sie bei jeder Korrespondenz die Auflage und die ISBN an!

Erstellt in Kooperation mit der ARGE Kamp-Thaya-March-Radweg

Dank an alle, die uns bei der Erstellung dieses Buches tatkräftig unterstützt haben.
Das bikeline-Team: Birgit Albrecht, Beatrix Bauer, Grischa Begaß, Karin Brunner, Anita Daffert, Michaela Derferd, Nadine Dittmann, Sandra Eisner, Roland Esterbauer, Angela Frischauf, Maria Galbruner, Jutta Gröschel, Dagmar Güldenpfennig, Carmen Hager, Karl Heinzel, Valeska Henze, Veronika Loidolt, Michael Manowarda, Niki Nowak, Maria Pfaunz, Andreas Prinz, Jenny Reisinger, Petra Riss, Stefan Schmelz, Martha Siegl, Gaby Sipöcz, Matthias Thal.
Bildnachweis: Umschlag: Nationalpark Thayatal, Birgit Albrecht; Nationalpark Thayatal: 7, 58; Retzer Land: 7, 70; Tobias Sauer: 14, 95; Loisium, R. Herbst: 18; Archiv: 19, 48, 52, 68, 116; Destination Waldviertel: 28, 34, 38; ARGE KTM-Radweg: 30; Birgit Albrecht: 40, 42, 54, 120, 122, 123, 124, 130; Gaby Sipöcz: 60, 64, 133; Stadtgemeinde Raabs: 64; Michael Manowarda: 78, 90, 92, 95, 98, 100, 101; Kaiserliches Festschloss Hof: 114

bikeline

Was ist bikeline?

Wir sind ein junges Team von aktiven Radfahrerinnen und Radfahrern, die 1987 begonnen haben, Radkarten und Radbücher zu produzieren. Heute tun wir dies als Verlag mit großem Erfolg. Mittlerweile gibt's bikeline© und cycline© Bücher in fünf Sprachen und in vielen Ländern Europas.

Um unsere Bücher immer auf dem letzten Stand zu halten, brauchen wir auch Ihre Hilfe. Schreiben Sie uns, wenn Sie Fehler oder Änderungen entdeckt haben. Oder teilen Sie uns einfach die Erfahrungen und Eindrücke von Ihrer Radtour mit.

Wir freuen uns auf Ihren Brief,

Ihre bikeline-Redaktion

Vorwort

Durch den östlichen Zipfel Österreichs zieht der Kamp-Thaya-March-Radweg auf rund 445 Kilometern Länge seine Schleifen. Der beschauliche und romantische Landstrich des Waldviertels und die sanften, weinbehangenen Hügel des Weinviertels sind die Kulisse für die spannende und teilweise durchaus sportlich anspruchsvolle Radtour entlang der Flüsse Kamp, Thaya und March. Erleben Sie dabei neben schmucken Städten und Dörfern eine erholsame Sommerfrische im idyllischen Kamptal, Natur pur im Nationalpark Thayatal oder unendliche Weiten in den stillen Marchauen. Lassen Sie sich verzaubern von einer abwechslungsreichen Kultur- und Naturlandschaft nördlich der Donau.

Präzise Karten, genaue Streckenbeschreibungen, zahlreiche Stadt- und Ortspläne, Hinweise auf das kulturelle und touristische Angebot der Region und ein umfangreiches Übernachtungsverzeichnis – in diesem Buch finden Sie alles, was Sie zu einer Radtour entlang von Kamp, Thaya und March benötigen – außer gutem Radlwetter, das können wir Ihnen nur wünschen.

Kartenlegende (map legend)

Die Farbe bezeichnet die Art des Weges:
(The following colour coding is used:)

Hauptroute (main cycle route)
Radweg / autofreie Hauptroute (cycle path / main cycle route without motor traffic)
Ausflug oder Variante (excursion or alternative route)
Radweg in Planung (planned cycle path)

Strichlierte Linien zeigen den Belag an:
(The surface is indicated by broken lines:)

asphaltierte Strecke (paved road)
nicht asphaltierte Strecke (unpaved road)
schlecht befahrbare Strecke (bad surface)

Punktierte Linien weisen auf KFZ-Verkehr hin:
(Routes with vehicular traffic are indicated by dotted lines:)

Radroute auf mäßig befahrener Straße (cycle route with moderate motor traffic)
Radroute auf stark befahrener Straße (cycle route with heavy motor traffic)
Radfahrstreifen (cycle lane)
stark befahrene Straße (road with heavy motor traffic)

starke Steigung (steep gradient, uphill)
leichte bis mittlere Steigung (light gradient)
3 Entfernung in Kilometern (distance in km)
Routenverlauf (cycle route direction)

Maßstab 1 : 75. 000
1 cm ≙ 750 m 1 km ≙ 13,3 mm

Schönern sehenswertes Ortsbild (picturesque town)
( ) Einrichtung im Ort vorhanden (facilities available)
Hotel, Pension; Jugendherberge (hotel, guesthouse; youth hostel)
Campingplatz; Naturlagerplatz (camping site; simple tent site)
Tourist-Information; Einkaufsmöglichkeit (tourist information; shopping facilities)
Gasthaus; Rastplatz; Kiosk (restaurant; resting place, kiosk)
Freibad; Hallenbad (outdoor swimming pool; indoor swimming pool)
sehenswerte Gebäude (buildings of interest)
Mühle andere Sehenswürdigkeit (other place of interest)
Museum; Theater; Ausgrabungen (museum; theatre; excavation)
Tierpark; Naturpark (zoo; nature reserve)
Aussichtspunkt (panoramic view)
Schiffsanleger, Fähre (boat landing; ferry)
Werkstatt; Fahrradvermietung (bike workshop; bike rental)
überdachter ~; abschließbarer Abstellplatz (covered ~; lockable bike stands)
RADfreundliche Betriebe

Kirche; Kapelle; Kloster (church; chapel; monastery)
Schloss; Burg; Ruine (castle; ruins)
Turm; Funkanlage (tower; TV/radio tower)
Kraftwerk; Umspannwerk (power station; transformer)
Windmühle; Windkraftanlage (windmill; windturbine)
Wegkreuz; Gipfel (wayside cross; peak)
Bergwerk; Leuchtturm (mine; lighthouse)
Denkmal (monument)
Sportplatz (sports field)
Flughafen (airport, airfield)
Quelle; Kläranlage (natural spring; purification plant)
Gefahrenstelle; Text beachten (dangerous section; read text carefully)
Treppen; Engstelle (stairs; narrow pass, bottleneck)
X X X Rad fahren verboten (road closed to cyclists)

In Ortsplänen: (in city maps:)

P Parkplatz; Parkhaus (parking lot; garage)
Post; Apotheke; Krankenhaus (post office; pharmacy; hospital)
F Feuerwehr; Polizei (fire-brigade; police)

0 1 2 3 4 5 6 7 8 9 10 11 12 13 14 15

Staatsgrenze (international border)
Grenzübergang; eingeschränkt (border checkpoint)
Landesgrenze (country border)
Wald (forest)
Felsen (rock, cliff)
Vernässung (marshy ground)
Weingarten (vineyard)
Friedhof (cemetary)
Watt (shallows)
Dünen (dunes)
Wiesen, Weiden (meadows)
Damm, Deich (embankment, dyke)
Staumauer, Buhne (dam, groyne, breakwater)

Schnellverkehrsstraße (motorway)
Hauptstraße (main road)
Nebenstraße (minor road)
Fahrweg (carriageway)
Fußweg (footpath)
Straße in Bau (road under construction)
Eisenbahn m. Bahnhof (railway with station)
Schmalspurbahn (narrow gage railway)
Tunnel; Brücke (tunnel; bridge)

Inhalt

Kamp-Thaya-March-Radweg

Der Kamp-Thaya-March-Radweg (wird im Buch öfter als KTM-Radweg abgekürzt) ist ein durchgängig gut beschilderter Radfernweg, dessen Streckenprofil weitgehend den Flussläufen von Kamp, Thaya und March folgt und welcher großteils abseits der Hauptverkehrsadern durch reizvolle Landschaften mit mächtigen Burgen, malerischen Schlössern, über sanfte Weinhügel und durch einladende Kellergassen verläuft. Es besteht die Möglichkeit den KTM-Radweg mit dem Donau-Radweg zu verbinden. Dazu schließen Sie ganz einfach in Hainburg an der Donau an diesen an und beenden die Tour in Altenwörth oder Krems. Darüber hinaus können Sie die Strecke abkürzen, indem Sie bei Altenburg zur Verbindung nach Geras abzweigen, um anschließend wieder auf den KTM-Radweg zurückzukehren.
Das Projekt Kamp-Thaya-March Radweg wurde aus Mitteln des Europäischen Fonds für regio-

nale Entwicklung und aus Mitteln des NÖ-Fremdenverkehrsförderungsfonds kofinanziert.

Streckencharakteristik

Länge

Zu Beginn der Tour können Sie schönes Radwandern entlang vom Kamp genießen, danach erwarten Sie zum Teil kräftige Steilstücke im Waldviertel. Durch das Weinviertel geht's anschließend großteils abwärts und schließlich durchqueren Sie die sanfthügelige Landschaft bis zur Donau.

Aufgrund einer Gesamtlänge von an die 445 Kilometer, exklusive der Weglängen der verschiedenen Ausflüge und Anbindungen, sollten Sie für den KTM-Radweg mindestens eine Woche oder länger planen. Durch die Verbindung Altenburg – Geras kann die Tour jedoch verkürzt werden.

Wegequalität & Verkehr

Die Route verläuft großteils auf verkehrsfreien Güterwegen und weniger stark frequentierten Nebenstraßen. Die Wegstrecke im Waldviertel ist zum größten Teil asphaltiert, im östlichen Abschnitt durch das Weinviertel stoßen Sie auch auf geschotterte Güterwege.

Beschilderung

Der Kamp-Thaya-March-Radweg ist zwischen Krems und Marchegg durchwegs – auch in die andere Fahrtrichtung – mit grünen Tafeln mit der gelb-weißen Aufschrift „Kamp-Thaya-March Radroute" beschildert. Entlang der Strecke stoßen Sie mitunter auf parallel bestehende Schilder des niederösterreichischen Radwegenetzes mit grünen Tafeln und weißer Schrift, wie z. B. „Waldviertelweg", „Klosterradweg" etc. Im Retzer Land befinden sich außerdem eine Vielzahl von Radschildern, die kleinere regionale Rundtouren mit verschiedenfärbigen Symbolen kennzeichnen (z. B. „Teich-Tümpel-Tour"). Im Weinviertel treffen Sie außerdem auf zahlreiche Streckenabschnitte von Rundtouren, die nach verschiedenen Rebsorten benannt und dementsprechend färbig gekennzeichnet wurden (z. B. „Welschriesling Radtour"). Wenn Sie Interesse an jenen kleineren Touren haben, entnehmen Sie

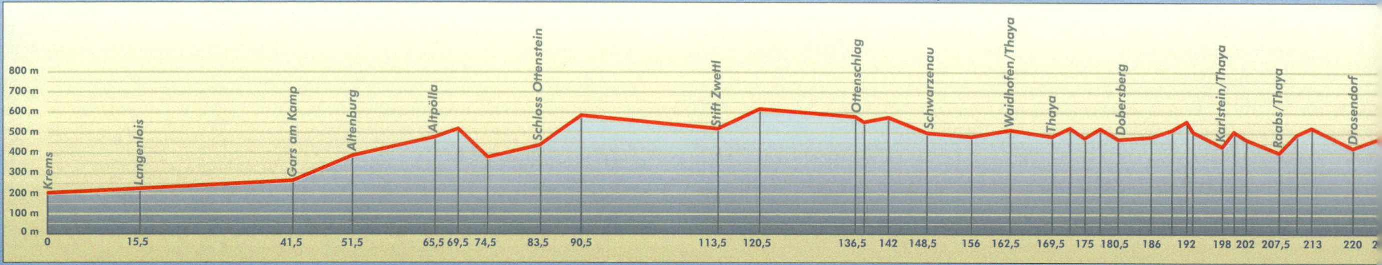

bitte nähere Informationen aus unseren ***bikeline*-Radatlanten Wald- und Weinviertel**.

Besucherzentrum Nationalpark Thayatal zwischen Merkersdorf und Hardegg

Der Ausflug nach Tschechien entlang der Liechtensteinroute ist mit gelben Schildern, auf denen sich das Wappen des Fürstentums befindet, gekennzeichnet.

Tourenplanung

Wichtige Telefonnummern:

Internationale Vorwahl: 0043 für Österreich (dann die erste Null der Ortsvorwahl weglassen)

Zentrale Infostellen

ARGE Kamp-Thaya-March-Radweg
A-2070 Retz, Althofg. 14
✆ 02942/20010 , Fax: 02942/20020,
E-Mail: ktm-radweg@crn.at,
www.ktm-radweg.at

Destination Waldviertel
A-3910 Zwettl, Hauptpl. 4
✆ 02822/54109-0, Fax: 02822/54109-36,
E-Mail: info@waldviertel.or.at,
www.waldviertel.or.at

Weinviertel Tourismus GmbH
A-2170 Poysdorf, Kolpingstr. 7
✆ 02552/3515,E-Mail: info@weinviertel.at,
www.weinviertel.at

Umrechnungskurs

1 € = 30,60 CZK
(Tschechische Krone)
1 CZK = ca.€ 0,03

Anreise & Abreise mit der Bahn

Der Bahnhof in Krems, der Startort der Tour, ist von Wien oder von Salzburg aus leicht zu erreichen. In beide Richtungen gibt es regelmäßige Verkehrsverbindungen.

Regionale Bahnverbindungen im Verlauf der Strecke befinden sich unter anderem in Horn,

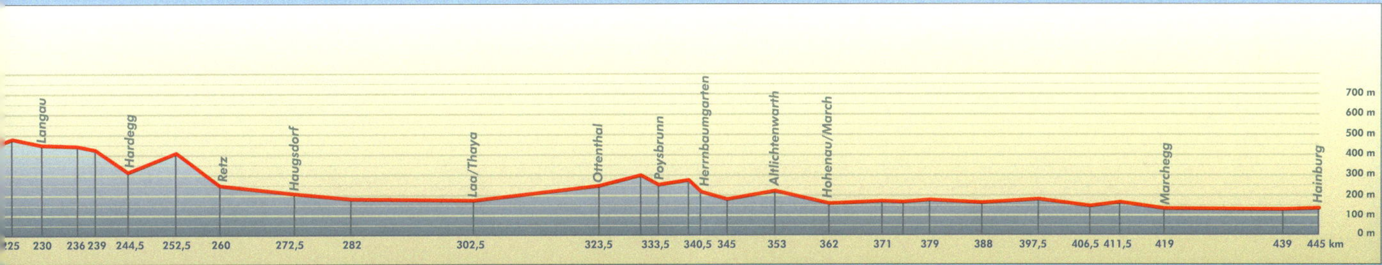

Zwettl, Waidhofen an der Thaya, Retz, Laa an der Thaya, Hohenau und in Marchegg.
Genaue Informationen zu den Fahrplänen der oben genannten Zugverbindungen erfahren Sie unter: Österreichische Bundesbahnen, ÖBB Fahrplanauskunft, ✆ 05/1717, www.oebb.at
Zwischen Gmünd-Weitra-Groß Gerungs und Gmünd-Alt Nagelberg-Litschau können Sie mit der Schmalspurbahn fahren. Termine, Preise und sonstige Infos darüber erhalten Sie unter: www.erlebnisbahn.at, E-Mail: info@erlebnisbahn.at.
Informationen über Fahrpläne und Beförderungsbestimmungen der Postbusse erhalten Sie unter ✆ 01/71101 oder im Internet unter www.postbus.at.
In Hainburg an der Donau bringen Sie Züge im Stundentakt wieder nach Wien.

Rad & Bahn

Den Startpunkt Krems erreichen Sie gut mit der Bahn. Auch das **Kamptal** ist durch die **Kamptalbahn** zwischen Hadersdorf und Horn und weiter nach Sigmundsherberg gut ans Bahnnetz angebunden. In **Sigmundsherberg** haben Sie Anschluss an die **Franz-Josefsbahn**, die direkt über Eggenburg nach Wien fährt. Die Franz-Josefs-Bahn fährt von Sigmundsherberg auch noch **weiter nach Norden** über **Schwarzenau** nach **Gmünd**. **Zwettl** ist mit einer **Stichstrecke** an die Franz-Josefsbahn angebunden.
Zwischen **Gmünd-Weitra-Groß Gerungs** und **Gmünd-Alt Nagelberg-Litschau** bzw. **Alt Nagelberg-Heidenreichstein** können Sie mit der Waldviertler Schmalspurbahn fahren.
Termine, Preise und sonstige Infos darüber erhalten Sie unter: www.erlebnisbahn.at/wsv, E-Mail: wsv@erlebnisbahn.at und www.waldviertlerbahn.at
Der **Radtramper** Weinviertel-Retz verkehrt am Samstag, Sonn- und Feiertag. Die Züge führen Waggons, die mit Fahrradständern ausgestattet sind.
Nostalgietrip: Von April-Okt. verkehrt an Samstag, Sonn- und Feiertagen ein Zugpaar mit einem Nostalgiedieseltriebwagen VT 5042.14, dem **„Reblausexpress"**, samt Radanhänger von **Retz** nach **Drosendorf** und retour. Der Zug hat einen direkten Anschluss an den Radtramper Weinviertel-Retz. Die Fahrradbeförderung zwischen Retz und Drosendorf ist gratis (www.reblaus-express.at).

Fahrradtransport

Die **direkte Fahrradmitnahme** ist in Österreich nur in Zügen möglich, die im Fahrplan durch das Fahrradsymbol 🚲 bzw. (🚲) gekennzeichnet sind. Letzteres bedeutet, dass die Mitnahme nur zu bestimmten Zeiten erlaubt ist (Mo-Fr 9-15 Uhr und ab 18.30 Uhr, Sa ab 9 Uhr, So/Fei ganztägig). Zudem benötigen Sie eine Fahrradkarte und es muss genügend Laderaum vorhanden sein. Die Preise für die österreichischen Fahrradkarten sind wie folgt:

Fahrrad-Tageskarte:	€ 2,90
Fahrrad-Wochenkarte:	€ 6,50
Fahrrad-Monatskarte:	€ 19,60
Fahrrad-Jahreskarte:	€ 156,90

Fahrradmitnahme/Kuriergepäck: In Österreich wird das Fahrrad nur direkt von Haus zu Haus zugestellt, d. h. es gibt keine Lagerung am Bahnhof. Der Transport kostet für das erste Fahrrad € 18,90 und für jedes weitere € 4,36 mehr. Für Sonn- und Feiertag wird ein Zuschlag von € 14,50 pro Sendung in Rechnung gestellt. Vorteilscard-Besitzer zahlen € 15,20 für ein Rad, für zwei Räder € 18,90 und für drei Räder € 21,80.

Die Zustell- und Abholzeiten sind Mo-Fr 6-21 Uhr (Zustellung erst ab 8 Uhr) und Sa 8-12 Uhr. Die Lieferzeit beträgt zwei Werktage. Die Haus zu Haus Buchung können Sie zur Zeit nur mit dem Kauf Ihrer Bahnkarte direkt am Bahnhof tätigen.

Wenn Sie aus Deutschland anreisen, dann erkundigen Sie sich am besten bei der Radfahrer Hotline Deutschland, ✆ 01805/151415. Fahrpläne und Preise: ✆ 01815/996633 oder unter www.bahn.de.

Fahrradtransport im Wald- und Weinviertel:

Horn, Taxiunternehmen Ing. Ewald Mann, ✆ 02982/2611

Langenlois, Taxiunternehmen Hartl, ✆ 02734/2150

Neupölla, Langthaler Transport GmbH & CoKG, ✆ 02988/6219

Zwettl, Biker-Gasthof „Dichter Hamerling", ✆ 02822/523440

Litschau, Böhm-Reisen, Inselweg 2, ✆ 02865/5000

Pulkau, Schneider-Reisen, ✆ 0664/3219142

Laa an der Thaya, Taxi Leitner&Mechtler, ✆ 0699/14001410

Übernachtung

Das Waldviertel ist bisher vom Massentourismus verschont geblieben. Aufgrund seiner steigenden Bekannt- und Beliebtheit als Ferienregion, sollten Sie jedoch vor allem an verlängerten Wochenenden oder zur Ferienzeit schon vor Antritt der Tour ein Quartier reservieren.

Das Weinviertel ist keine reine Urlaubsdestination und kann daher auch nicht ausreichend Übernachtungsbetriebe anbieten. Es ist deshalb empfehlenswert die Tagesetappenziele sorgfältig zu planen und die Zimmer anhand des Übernachtungsverzeichnisses im Voraus zu reservieren.

Mit Kindern unterwegs

Das Waldviertel gesamt ist aufgrund der Steigungsverhältnisse erst für Kinder ab 10-12 Jahren geeignet. Das Kamptal am Unterlauf können aber auch jüngere Kinder meistern, hier fahren Sie fast ohne stärkere Steigungen. Alle Touren verlaufen hauptsächlich auf Landstraßen. Diese sind zwar meist verkehrsarm, mit Autoverkehr muss aber trotzdem immer wieder gerechnet werden.

Im Weinviertel können Sie aufgrund der geringen Verkehrsdichte mit Kindern ab 10 Jahren einigermaßen sorglos radeln.

Im Allgemeinen sollten Sie die Steigungen nicht unterschätzen, es gibt zwar keine Pässe zu erklimmen, aber die Summe der kleinen Anstiege kann für Kinder doch recht anstrengend werden.

Das Rad für die Tour

Im oberen Waldviertel, an der Donau und im unteren Kamptal reicht durchaus jedes funktionstüchtige Fahrrad mit einer Dreigang-Schaltung. Alle anderen Regionen sollten Sie nur mit berggängiger Übersetzung befahren. Empfehlenswert sind jedoch moderne Trekking- oder Tourenbikes mit 21-Gang Übersetzung und nicht zu grober Bereifung. Auf den teilweise nicht asphaltierten Abschnitten im Weinviertel sind Schutzbleche von Vorteil. Der westliche Teil des Waldviertels

Was sind Marterl ?

Kapellen, Wegekreuze und Marterl (Bildstöcke) sind Mahnmale, die Menschen seit alters her aufgestellt haben, zur Erinnerung oder zum Dank an ein Ereignis. Sie zeugen vom Glauben und der Frömmigkeit vergangener Generationen und des Könnens der Steinhauer und Schmiede die sie geschaffen haben. Viele solcher Kapellen und Wegekreuze finden Sie entlang des KTM-Radweges.

„Man möge an Wegesecken, wo man sich zu begegnen pflegt, Kreuze errichten", so soll es Papst Leo III., der um 800 gelebt hat, angeordnet haben.

Die Gründe für das Aufstellen eines Kreuzes, den Bau einer Kapelle oder das Errichten eines Marterls gestalten sich vielfältig und sind nur noch selten genau bekannt. Als einst weit sichtbare Land- und Wegmarken übernahmen beispielsweise Wegekreuze vermutlich auch die Funktion von Wegweisern. Kapellen bildeten Stationen und Zielpunkte von Bittprozessionen.

Auch in der heutigen Zeit werden in vielen Kapellen und an einigen Marterln noch Maiandachten abgehalten. Anlässe für die Errichtung waren häufig Stiftungen für erhörte Fürbitten, Dank für überstandene Gefahren oder zum Gedenken an durch Unfall zu Tode gekommene Angehörige.

in Verbindung mit dem Klosterradweg ist auch für Rennräder geeignet.
Ratsam ist aber auf jeden Fall – egal bei welchem Fahrradtyp – eine kleine „Radapotheke" mitzuführen. Eine Grundausrüstung an Werkzeug und Zubehör sollte Folgendes beinhalten: Ersatzschlauch und/oder Flickzeug, Reifenhebel, Universalschraubenschlüssel, Luftpumpe, Brems- und Schaltseil, Speichen- und Schraubenzieher, Öl sowie Kettenfett, Schmiertücher und Ersatzleuchten.

Radreiseveranstalter

Eurobike, A-5162 Obertrum, Mühlstr. 20,
✆ 06219/7444, Fax: 06219/8272,
E-Mail: eurobike@eurobike.at,
www.eurobike.at

„Top-Ausflugsziele" Niederösterreich

Das Land Niederösterreich stellt seit einigen Jahren das Projekt „Top-Ausflugsziele" auf die Beine. Dieses Gütesiegel erhalten nur Sehenswürdigkeiten in Niederösterreich, die gewisse Qualitätskriterien erfüllen. Das breit gefächerte Angebot reicht von Burgen und Schlössern, Stiften und Klöstern, Museen und Ausstellungen bis hin zu Naturparks und Erlebniswelten. Auch entlang des Kamp-Thaya-March-Radweges gibt es einige „Top-Ausflugsziele", die mit einem eigenen Logo gekennzeichnet sind.

Zu diesem Buch

Dieser Radreiseführer enthält alle Informationen, die Sie für den Radurlaub entlang des Kamp-Thaya-March-Radweges benötigen: Exakte Karten, eine detaillierte Streckenbeschreibung, ein ausführliches Übernachtungsverzeichnis, Stadt- und Ortspläne und die wichtigsten Informationen zu touristischen Attraktionen und Sehenswürdigkeiten.

Und das alles mit der ***bikeline*-Garantie**: jeder Meter in unseren Büchern ist von einem unserer Redakteure vor Ort auf seine Fahrradtauglichkeit geprüft worden!

Die Karten

Eine Übersicht über die geographische Lage des in diesem Buch behandelten Gebietes gibt Ihnen die Übersichtskarte auf der vorderen inneren Umschlagsseite. Hier sind auch die Blattschnitte der einzelnen Detailkarten eingetragen.

Diese Detailkarten sind im Maßstab 1 : 50.000 erstellt. Dies bedeutet, dass 1 cm auf der Karte einer Strecke von 500 Metern in der Natur entspricht. Zusätzlich zum genauen Routenverlauf informieren die Karten auch über die Beschaffenheit des Bodenbelages (befestigt oder unbefestigt), Steigungen (leicht oder stark), Entfernungen sowie über kulturelle und gastronomische Einrichtungen entlang der Strecke.

Allerdings können selbst die genauesten Karten den Blick auf die Wegbeschreibung nicht ersetzen. Komplizierte Stellen werden in der Karte mit diesem Symbol gekennzeichnet, im Text finden Sie das gleiche Zeichen zur Kennzeichnung der betreffenden Stelle wieder. Beachten Sie, dass die empfohlene Hauptroute immer in Rot und Violett, Varianten und Ausflüge hingegen in Orange dargestellt sind. Die genaue Bedeutung der einzelnen Symbole wird in der Legende auf Seite 4 erläutert.

Höhen- und Streckenprofil

Das Höhen- und Streckenprofil gibt Ihnen einen grafischen Überblick über die Steigungsverhältnisse, die Länge und die wichtigsten Orte entlang der Radroute. Es können in diesem Überblick nur die markantesten Höhenunterschiede dargestellt werden, jede einzelne kleinere Steigung wird in dieser grafischen Darstellung jedoch nicht berücksichtigt. Die Steigungs- und Gefälleverhältnisse entlang der Route finden Sie im Detail mit Hilfe der Steigungspfeile in den genauen Karten.

Der Text

Der Textteil besteht im Wesentlichen aus der genauen Streckenbeschreibung, welche die empfohlene Hauptroute enthält. Stichwortartige Streckeninformationen werden, zum leichteren Auffinden, von dem Zeichen ~ begleitet.

Unterbrochen wird dieser Text gegebenenfalls durch orange hinterlegte Absätze, die Varianten und Ausflüge behandeln.

Ferner sind alle wichtigen **Orte** zur besseren Orientierung aus dem Text hervorgehoben. Gibt es interessante Sehenswürdigkeiten in einem Ort, so finden Sie unter dem Ortsbalken die jeweiligen Adressen, Telefonnummern und Öffnungszeiten.

Die Beschreibung der einzelnen Orte, sowie historisch, kulturell oder naturkundlich interessanter Gegebenheiten entlang der Route tragen zu einem abgerundeten Reiseerlebnis bei. Diese Textblöcke sind kursiv gesetzt und unterscheiden sich dadurch auch optisch von der Streckenbeschreibung.

Zudem gibt es kurze Textabschnitte in den Farben violett oder orange, mit denen wir Sie auf bestimmte Gegebenheiten aufmerksam machen möchten:

Textabschnitte in Violett heben Stellen hervor, an denen Sie Entscheidungen über Ihre weitere Fahrstrecke treffen müssen; z. B. wenn die Streckenführung von der Wegweisung abweicht, oder mehrere Varianten zur Auswahl stehen u. ä.

Textabschnitte in Orange stellen Ausflugstipps dar und weisen auf interessante Sehenswürdigkeiten oder Freizeitaktivitäten etwas abseits der Route hin.

Das Symbol ⚠ bezeichnet schwierige Stellen, an denen zum Beispiel ein Schild fehlt, oder eine Routenführung unklar ist. Sie finden das Zeichen an derselben Stelle in der Karte wieder, so dass sie wissen auf welches Wegstück sich das Symbol bezieht.

Übernachtungsverzeichnis

Auf den letzten Seiten dieses Radtourenbuches finden Sie zu fast allen Orten an der Strecke eine Auswahl von günstig gelegenen Hotels und Pensionen. Dieses Verzeichnis enthält auch Campingplätze und Jugendherbergen. Ab Seite 135 erfahren Sie Genaueres.

/on Krems/Altenwörth nach Zwettl 114 km

artpunkt der Tour ist die historische Weinstadt Krems. Als Alternative können Sie auch Ihre Radreise in Alten-
örth, nahe der Kampmündung in die Donau, beginnen. Sie radeln weiter in Richtung Langenlois – der größten
inzergemeinde Österreichs. Danach erreichen Sie die malerische Flusslandschaft des Kamptals, an deren naturbelassenen Ufern zunächst romantische Winzerdörfer und weiter flussaufwärts mächtige Burgen, herrliche Schlösser und prunkvolle Stifte auf ihren Besuch warten. Umgab den unteren Flusslauf des Kamps ein beinahe südliches Flair, so fühlt man sich am Mittellauf entlang der Stauseen an die Fjorde Skandinaviens versetzt.

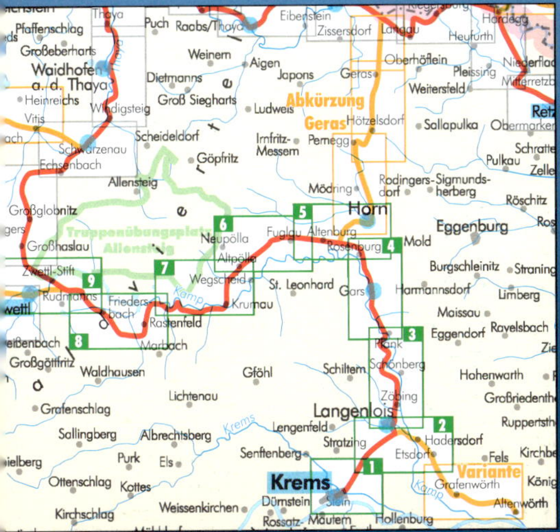

Der erste Abschnitt des Radweges führt vor allem zu Beginn auf verkehrsarmen asphaltierten Nebenstraßen und Güterwegen, zunächst an etlichen Weinkellern vorbei. Im späteren Verlauf durchqueren Sie die Weite und Stille des Waldviertels, wo Sie jedoch einige Höhenmeter überwinden müssen. Wenn Sie diese Anstrengungen umgehen möchten, können Sie bei Altenburg auf den Kloster-Radweg abbiegen und die Wegstrecke verkürzen, müssen jedoch auf die herrliche Landschaft des Waldviertels verzichten.

Tipp: Offizieller Startpunkt für den KTM-Radweg ist Krems. Wir bieten Ihnen jedoch auch eine Variante an, welche von Altenwörth aus gefahren werden kann. Altenwörth liegt direkt am Donau-Radweg, Sie zweigen hier ab und folgen den Kamptal-Radweg Schildern bis Langenlois, wo Sie auf den KTM-Radweg und dessen Beschilderung treffen.

Anfahrtsvariante Altenwörth

Altenwörth

PLZ: 3474; Vorwahl: 02279

Heimat- und Fremdenverkehrsverein, Donaulände 39

Von Altenwörth nach Gobelsburg 22,5 km

In Altenwörth auf dem Platz beim Gasthaus geradeaus → nach der Kirche rechts.

Tipp: Hier treffen Sie auch auf die Beschilderung vom Kamptal-Radweg. Nähere Informationen dazu finden Sie im ***bikline*-Radatlas Waldviertel.**

Weiter dem Straßenverlauf folgen → unter Kastanienbäumen geht es weiter nach **Kollersdorf**.

Kollersdorf

Beim Stoppschild links → bei der Ortstafel wieder links Richtung Grafenwörth.

Sachsendorf

Einfach dem Straßenverlauf durch den Ort folgen → nach zirka einem Kilometer kommen Sie nach **Seebarn**.

Seebarn

Immer geradeaus durch den langgestreckten Ort → Sie kommen zum kleinen Schloss Seebarn → die beschilderte Route weist Sie noch vor dem Schloss nach links → über eine kleine Brücke → vor der Brücke rechts → an der Kläranlage vorbei.

Denkmal bei Altenwörth

St. Johann

Dem Straßenverlauf durch den Ort folgen → und schon treffen Sie in **Grafenwörth** ein.

Grafenwörth

Weiter vor bis zur Hauptstraße → hier links → auf der **Jettsdorfer Straße** verlassen Sie Grafenwörth wieder → kurz vor dem Ortsende links über eine kleine Brücke über den Mühlkamp → weiter auf der schmalen Straße nach Jettsdorf → durch ein kurzes Waldstück → danach rechts → bei der Brücke wieder über den Mühlkamp und links in die Ortschaft hinein.

Jettsdorf

Außerhalb des Ortes sehen Sie schon die Brücke über die B 3 → nach zirka 1,5 Kilometern erreichen Sie die Ortschaft **Kamp**.

Kamp

Am Ortsbeginn links → Sie treffen sofort in der nächsten Ortschaft in **Haitzendorf** ein.

Tipp: Von hier aus können Sie dem Schloss Grafenegg einen Besuch abstatten. Dafür fahren Sie einfach geradeaus die Straße entlang, und Sie erblicken bald das romantische Schloss.

Schloss Grafenegg

PLZ: 3484; Vorwahl: 02735

Schlossverwaltung Grafenegg, Haitzendorf, ✆ 2205

Schloss Grafenegg, ✆ 2205, ÖZ: Di, Do 13-17 Uhr, Sa, So/Fei 10-17 Uhr. Das erst in den 70er Jahren restaurierte Schloss und der gepflegte Park bezaubern durch die romantische Atmosphäre englischer Landsitze. Die Anlage wurde in der ersten Hälfte des 19. Jhs. vom Wiener Dombaumeister Leopold Ernst errichtet.

Die Route führt Sie bei der ersten Abzweigung rechts → in einigen Kurven kommen Sie nach **Sittendorf**.

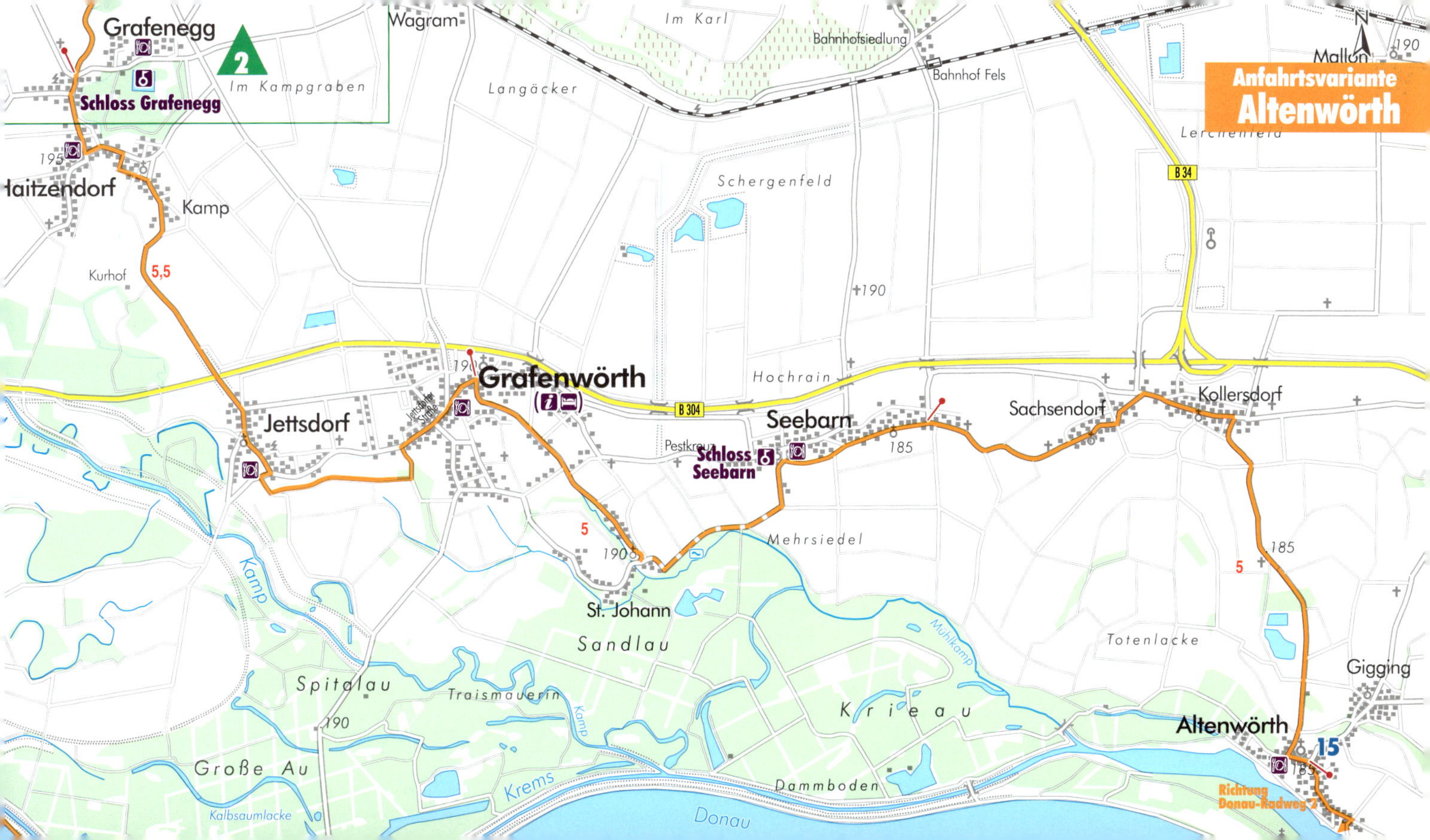

Anfahrtsvariante
Altenwörth
Grafenegg
Schloss Grafenegg
2
Wagram
Im Karl
Bahnhofsiedlung
Bahnhof Fels
Mallon
190
Im Kampgraben
Langäcker
Lerchenfeld
B 34
Schergenfeld
195
Haitzendorf
Kamp
Kurhof
5,5
190
Grafenwörth
Hochrain
B 304
Jettsdorf
Jettsdorfer Straße
Seebarn
Pestkreuz
Schloss Seebarn
185
Sachsendorf
Kollersdorf
5
190
Mehrsiedel
185
5
St. Johann
Sandlau
Kamp
Mühlkamp
Totenlacke
Spitalau
Traismauerin
Kamp
Krieau
Gigging
190
Altenwörth
15
Große Au
Krems
Dammboden
185
Richtung Donau-Radweg 2
Kalbsaumlacke
Donau

Sittendorf

Zweimal rechts halten ~ über die Brücke über den Mühlkamp.

Etsdorf

Beim Gasthaus links Richtung Hadersdorf und Gobelsburg.

Diendorf

Schloss Walkersdorf, klassizistischer Bau aus dem 18./19. Jh.

Die Straße bringt Sie weiter nach Walkersdorf ~ vor der Vorrangstraße links in die Ortsstraße ~ vor der Linkskurve rechts ab ~ unter der Bahnlinie durch.

Hadersdorf

PLZ: 3493; Vorwahl: 02735

Gemeindehaus, Landsknechtpl. 1, ✆2309

Neumayr-Mühle, Schillerstr. 8, ✆ 2363, ÖZ: MO-Fr 7.30-12 und 13-17 Uhr. Die Mühle zählt zu einer der wenigen, welche noch entlang des Mühlkampes stehen. In der renovierten Walzmühle können Sie frisch gemahlenes Mehl kaufen.

Erlebnispunkt, Rathaus. Dokumentation über das Leben in der Altsteinzeit in der Kulturparkregion.

Freibad im Sportpark

Um den Platz herum, am Gasthof „Zum goldenen Engel" vorbei ~ wieder aus dem Ort hinaus ~ in die erste Straße links ~ über die Hauptstraße, die nach Krems führt ~ an der darauffolgenden Abzweigung erneut links ~ auf einer ruhigen Landstraße gelangen Sie, nach der Kampquerung, zur Bahnhaltestelle Gobelsburg ~ über die Bahngleise.

Tipp: Bei der nächsten Kreuzung treffen Sie bereits auf die Hauptroute samt Beschilderung des KTM-Radweges.

Gobelsburg

PLZ: 3550; Vorwahl: 02734

Schlossmuseum Gobelsburg, ✆ 2422, ÖZ: April-Okt., Mo-Sa 8-17 Uhr, So/Fei 11-17 Uhr. Eine Majolika-Ausstellung (italienische zinnglasierte Töpferware), Sammlungen bäuerlicher Gläser, Hinterglasbilder, Möbel und Sonderausstellungen des Österreichischen Museums für Volkskunde werden präsentiert. In der schlosseigenen Vinothek, Gobelsburg ist das Weingut des Stiftes Zwettl, können Sie süffige Weine erstehen.

Kellergasse

Tipp: Krems ist Knotenpunkt für einige Radwege die hier starten bzw. durchführen. So z. B. der Donau-Radweg, der Waldviertel-Radweg oder der Kremstal-Radweg. Informationen dazu finden Sie im ***bikeline*-Radtourenbuch Donau-Radweg 2**, Von Passau nach Wien oder im ***bikeline*-Radatlas Waldviertel**.

Krems

PLZ: 3500; Vorwahl: 02732

Austropa Verkehrsbüro, Undstr. 6, ✆ 82676

WEINSTADTmuseum, ehem. Dominikanerkirche, Körnermarkt 14, ✆ 801-567, ÖZ: März-Nov., Di-So 10-18 Uhr. Themen: archäologische Sammlungen, volkskundliche Exponate zum Weinbau, mittelalterliche Kunstschätze und Werke des Barockmalers M. J. Schmidt. Zudem sind weite Teile der Klosteranlagen zugänglich.

Motorrad-Museum, Egelsee (2 km nordwestl.), Ziegelofeng. 1, ✆ 413013, ÖZ: Mo-So 9-17 Uhr. Die private Sammlung bietet einen Querschnitt durch 8 Jahrzehnte (vorwiegend österreichische) Motorradgeschichte und viele andere Dinge rund ums Motorrad.

Pfarrkirche St. Veit, Pfarrplatz. Vollendet wurde die von außen massig wirkende Anlage von Cypriano Biasino 1630. Sie zählt neben der Stiftskirche von Göttweig zu den ersten Beispielen barocken Kirchenbaus in Österreich.

Piaristenkirche, Frauenbergplatz. Unter architektonischem Einfluss der Wiener Bauhütte 1475-1515 mit einem malerischen Treppenaufgang und einer dreischiffigen Halle errichtet. Ähnlich wie in Wien, bevölkern auch hier Statuen die Pfeiler. Martin Johann Schmidt malte alle Altarbilder.

Bürgerspitalkirche, Obere Landstraße. Beruhend auf dem System nach innen gekehrter Strebepfeiler 1470 errichtet. Sehenswert die schwungvollen Fenstermaßwerke und die vielgestaltigen Eisentürchen der gotischen Sakramentnische.

Ehem. Dominikanerkirche, Dominikanerpl. Die basilikale Anlage wurde um 1265 fertiggestellt und gehört zu den frühen Wölbebauten der deutschen Bettelorden. Nach der Klosteraufhebung (1785) stand das Bauwerk als Knopffabrik, Getreidespeicher oder Theater in Verwendung, seit 1891 beherbergt es das Stadtmuseum.

Kapuzinerkloster Und, Undstraße. Der Bau des profanierten Komplexes begann 1614, in dessen Mittelpunkt ein kleines, überkuppeltes Gotteshaus steht. Fresko von Daniel Gran von 1756.

Gozzo-Burg – Ehem. Stadtpalais, Hoher Markt. Der reiche Kremser Bürger und Stadtrichter Gozzo ließ es 1260-70 mit Anlehnung an den italienischen Typus des Stadtpalastes errichten. Der besonders schöne Saal macht die Anlage zum bedeutendsten Profanbau Österreichs aus dieser Zeit.

Schloss Grafenegg, 10 km östlich, ✆ 02735/2205-22, ÖZ: Di, Do 13-17 Uhr, Sa, So/Fei 10-17 Uhr. Das erst in den 70er Jahren restaurierte Schloss und der gepflegte Park bezaubern durch die romantische Atmosphäre englischer Landsitze. Die Anlage wurde in der ersten Hälfte des 19. Jhs. vom Wiener Dombaumeister Leopold Ernst errichtet.

Rathaus, Pfarrplatz. 1453 von Ulrich von Dachsberg an die Stadt geschenkt, in der Eingangshalle schöne Renaissancesäulen von 1549. Aus derselben Zeit stammen die besonders sehenswerten Erker mit reichen Wappenreliefs und dekorativer Ornamentik.

Bürgerhäuser, Untere und Obere Landstraße/Körnermarkt/Margarethenstraße. Das Stadtbild wird hauptsächlich von Bauten des 16. Jhs. bestimmt, mit Erkern, Reliefs und Sgraffiti an den Fassaden, die hie und da auch reizvoller Barockstuck überzieht.

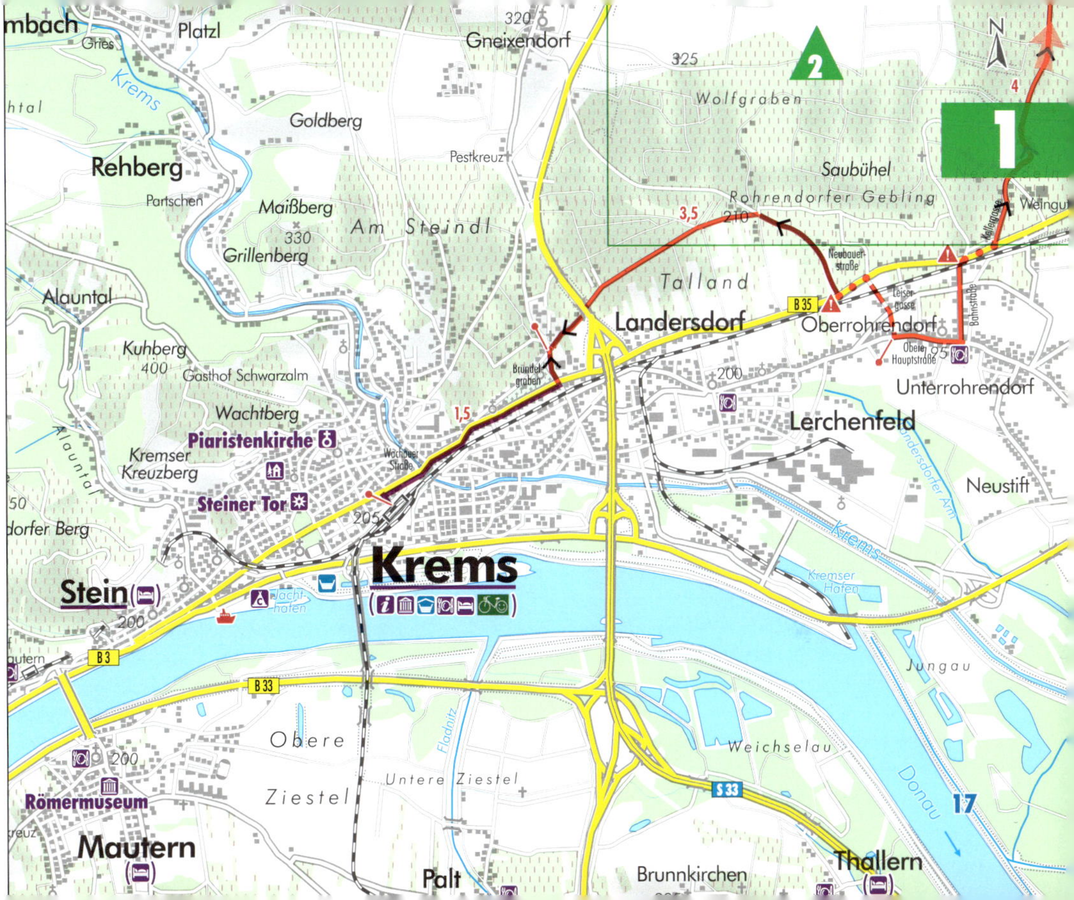

✲ **Steiner Tor**, westl. Ende der Stadt. Mit vier gotischen Rundtürmen bildet es eines der Stadttore und das Wahrzeichen von Krems. Errichtet 1480, barocker Aufbau von 1754.

✲ **Kunstmeile Krems**, Kunsthalle & Karikaturmuseum, Steiner Landstraße, ✆ 908000, ÖZ: Mo-So 10-18 Uhr, Führungen Kunsthalle: Sa, So/Fei 11, 14, 16 Uhr u. n. V., Karikaturmuseum: Sa, So 15 Uhr u. n. V.

Badearena Krems im Freizeitpark

Radstudio Krems, Hafnerpl. 5, ✆ 81880

ÖAMTC Donaucamping, Donaulände, ✆ 84455

Krems gilt als die älteste Stadt Niederösterreichs, hier lassen barocke Bürgerhäuser mit Rennaissance-Arkadenhöfen, gotische Erker, Fenster und Kapellen und ein Gewirr mittelalterlicher Gässchen, die die Altstadt durchziehen, den eigentümlichen Charakter der Stadt für jeden zum Erlebnis werden. Wahrzeichen von Krems ist das Steiner Tor, das zwischen mittelalterlichen Spitztürmen einen hohen Barockturm trägt. Hinter dem Tor erhebt sich der Wachtberg, auf dem eine der schönsten Kremser Kirchen steht, die Piaristenkirche. Über die teilweise überdachte altertümliche Piaristenstiege gelangt man zu der 1475 im gotischen Stil erbauten Kirche, die einen Hochalter von Martin Johann Schmidt, genannt Kremser Schmidt, birgt.

Neben der mustergültig gepflegten Altstadt genießt Krems aber heute auch den Ruf einer innovationen Stadt mit neuartigen wissenschaftlichen Einrichtungen und künstlerischen Projekten.

Loisium

Von Krems nach Langenlois 15,5 km

Mit dem Bahnhof im Rücken rechts den Parkplatz überqueren ~ links in die **Scheidtenbergstraße** ~ noch vor der Vorfahrtsstraße rechts in den ausgebauten Radweg abbiegen ~ der **Wachauerstraße** entlangfahren ~ die Krems überqueren ~ weiter dem Radweg folgen ~ an der Kirche und beim Steinmetzmeister vorbei ~ am Friedhof entlang ~ vor dem Autohaus endet der Radweg ~ an der Kreuzung mit Ampel vor dem Einkaufszentrum Bühl links in den **Bründelgraben** ~ leicht bergauf.

Am Einkaufszentrum Wachau vorbei ~ kurz danach bei einem Marterl rechts ~ ab hier folgen Sie der KTM-Beschilderung Richtung Langenlois ~ am Weinhauskreuz vorbei ~ leicht bergab ~ der schmalen Asphaltstraße durch die Weingärten folgen ~ Krems verlassen ~ durch die Unterführung ~ unmittelbar danach über eine kleine Brücke ~ an der folgenden Weggabelung geradeaus weiter ~ der Kellergasse entlang ~ die kommende Kreuzung wieder geradeaus überqueren ~ durch die Weingärten ~ **In der Leiten** weiterfahren ~ der Asphalt ist hier in einem etwas schlechteren Zustand ~ an einem Teich vorbei ~ bei der folgenden Kreuzung rechts ~ der Kellergasse entlang ~ an der Vorfahrtsstraße links und die **Neubauerstraße** verlassen ~ unmittelbar danach rechts in die **Leisergasse** ~ die Bahn überqueren ~ nach **Rohrendorf** hineinfahren.

Rohrendorf

Immer noch der Leisergasse entlang ~ beim Stoppschild links ~ der **Oberen Hauptstraße** folgen ~ an der Kirche vorbei ~ kurz darauf links in die **Bahnstraße** ~ an einem Lebensmittelgeschäft vorbei ~ bis zum Bahnübergang vorfahren ~ ⚠ diesen überqueren ~ an der Vorfahrtsstraße rechts abbiegen und der B 35 weiter folgen ~

beim Marterl links in die Kellergasse ~ dieser zunächst leicht bergauf auf dem Kopfsteinpflaster folgen ~ an der folgenden Weggabelung rechts ~ danach auf Asphalt weiter auf der Straße durch die Weinberge ~ die kommende Kreuzung geradeaus überqueren ~ die Straße verläuft in einem Graben ~ an der darauffolgenden Weggabelung links halten ~ an der kommenden T-Kreuzung rechts abbiegen ~ am Kreuz vorbei ~ danach auf einer etwas breiteren Asphaltstraße durch die Weingärten ~ leichtes Gefälle ~ an der nächsten Kreuzung links ~ nach wie vor durch die Weingärten ~ bergab nach **Gobelsburg** hineinfahren.

Gobelsburg s. S. 16

Auf der Weinstraße ins Ortszentrum ~ vorbei an der Kirche und am Schloss ~ nach der Kirche links ~ weiter bis zu einem kleinen Platz.

Der Weinstraße weiter bergab folgen ~ zunächst links abbiegen und dann sofort rechts in der **Schlossstraße** weiter ~ am **Joseph Steininger Platz** links ~ nun der **Gobelsburger Hauptstraße** folgen ~ bald darauf bei New Holland und noch vor dem Kreuz rechts in die **Brunnengasse** ~ Gobelsburg verlassen ~ die Bahnlinie überqueren ~ die kommende Kreuzung geradeaus überqueren ~ über eine Brücke

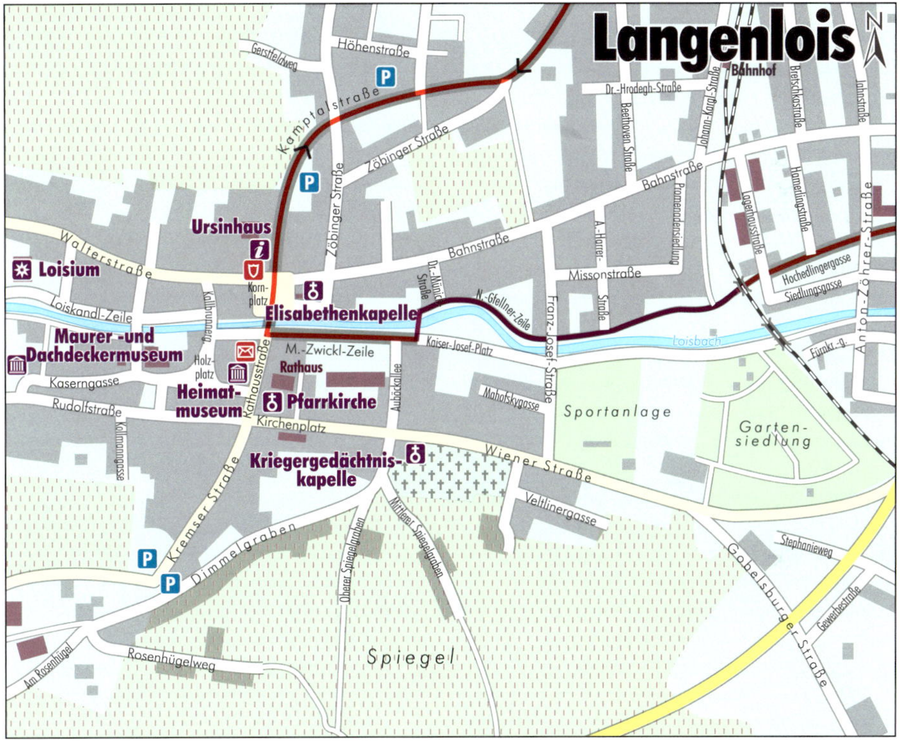

~ beim Schloss Haindorf links abbiegen ~ an den Gärten vorbei ~ nach Langenlois hineinfahren.

Beim Stoppschild geradeaus bis zur Vorfahrtsstraße ~ diese überqueren und an der Kapelle links vorbei ~ kurz darauf an der kommenden Kreuzung links Richtung Fachschule für wirtschaftliche Berufe abbiegen ~ der **Hochedlingergasse** folgen ~ an einer Baumreihe vorbei ~ bei der folgenden Kreuzung geradeaus weiter ~ durch die Unterführung ~ der Allee entlangfahren ~ links des Radweges befindet sich der Loisbach ~ rechts an einer Brücke vorbei ~ einen Steg passieren ~ der Radweg wechselt dann die Uferseite ~ bis zur kommenden Vorfahrtsstraße ~ dort rechts abbiegen ~ auf Kopfsteinpflaster weiterfahren ~ an der Pestsäule vorbei und den **Kornplatz** überqueren.

Langenlois

PLZ: 3550; Vorwahl: 02734

Tourismus-Informationsbüro, Kamptalstr. 3, ✆ 2000-0

Loisium, Loisiumallee 1, ✆ 32240. ÖZ: Mo-So 9-19 Uhr. In der geheimnisvollen Kellerwelt des Loisiums erleben Sie den Wein mit allen fünf Sinnen. Im **Besucherzentrum**, einem Volumskörper mit Aluminium verkleidet und teilweise mit geschmolzenem Flaschenglas durchsetzt, mit zusätzlichen Lichtspielen und Reflexionen, wird Ihre Phantasie angeregt. Beim **magischen Tor**, umrahmt von geheimnisvollen Zeichen, beginnt die Entdeckungsreise in die Unterwelt des Weines, und in der **Kellerwelt** werden die rätselhaften Vorgänge, wie das Gären, sinnlich erlebbar gemacht. In dem 800 m langen Kellernetz durchwandern Sie phantasievolle Installationen, moderne Weinproduktionsanlagen, ein Labyrinth, besuchen einen Festdom und kommen durch einen wasserüberspülten Gang zurück ins Besucherzentrum.

Heimatmuseum, Rathausstr. 9, ✆ 2101-10, ÖZ: Mai-Okt., Di-So 10-12 Uhr u. n. V. Rund 7.000 Exponate aus urgeschichtlicher Zeit, sakrale Gegenstände, Zunftfahnen, Weinbaugeräte und Gegenstände aus dem bürgerlichen Leben vergangener Zeit werden hier in 13 Räumen ausgestellt.

Dachdeckermuseum, Fritz&Rupert Hatschek-Museum, Walterstr. 35, ✆ 2502 od. 2931, ÖZ: April-Okt., Sa, So/Fei 9-16 Uhr od. n. V. Das Museum zeigt die Möglichkeiten des Dachdeckens und der dafür verwendeten Materialien – von der Römerzeit bis zur Gegenwart.

NÖ Maurermuseum, Franziskanerpl. 9, ✆ 2693, ÖZ: April-Okt., Sa, So/Fei 9-16 Uhr u. n. V.

Privatmuseum Helmut Steininger- Mineralien, Fossilien, Bergbau, Zwettler Str. 11, ✆ 3594, ÖZ: Mo-Sa n. V., So 10-18 Uhr. Das Kleinmuseum gibt Einblick in die Mineralogie und Geologie der Umgebung und darüber hinaus. Es präsentiert aber auch altes Handwerkszeug der Bergleute, Grubenlampen und Uniformen.

Schloss Haindorf, Krupöckallee, ✆ 2693-0, Besichtigung nur von außen möglich. In den Sommermonaten werden hier Operettenfestspiele abgehalten.

Arche Noah, Schaugarten, ✆ 8626-18, ÖZ: 16. April-13. Okt., Di-Fr 10-16 Uhr, Sa, So/Fei 14-18 Uhr. Führungen: n. V. Im Barockgarten des Schlosses Schiltern angelegter Schaugarten zur Erhaltung und Entwicklung der Kulturpflanzenvielfalt.

Vinothek im Ursin Haus, Kamptalstr. 3, ✆ 2000-0, ÖZ: ganzjährig Mo-So 10-18 Uhr. Geboten werden ca. 380 Produkte, wie Weine, Sekte, Edelbrände und Liköre. Weinverkostung.

Schlossfestspiele Langenlois, Infos unter ✆ 2000-0 od. 3450. Im romantischen Park des Schlosses Haindorf finden jährlich diese Festspiele statt.

Naturbad am Kamp mit Kinderspiel-, Fußball und Beach-Volleyballplatz

Kanuverleih beim Naturbad am Kamp, ✆ 3471

Radsport Glantschnig, Rudolfstr. 5, ✆ 3146

Ursin Haus, Kamptalstr. 3, ✆ 2000

Von Langenlois nach Altenburg — *35,5 km*

Dann weiter Richtung Zöbing und ins Kamptal ~ leicht bergauf der **Kamptalstraße** folgen ~ über eine Brücke ~ danach leicht bergab ~ am Schild zum **Loisium** vorbei ~ auf der Asphaltstraße Langenlois verlassen ~ an den Weingärten vorbei ~ links der Bahnlinie entlang.

Bei der Weggabelung links nach Zöbing ~ bei

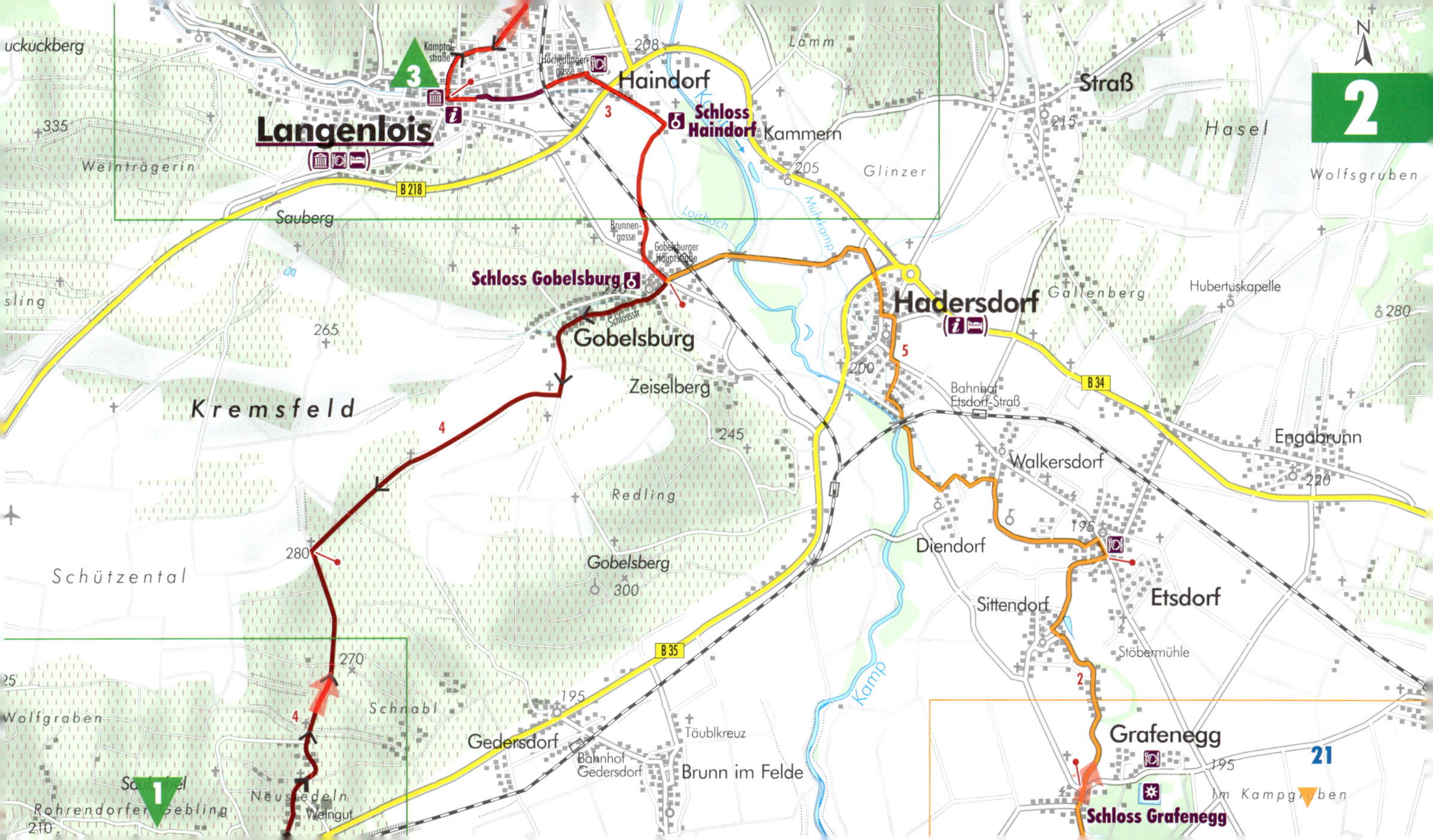
2
Langenlois
Haindorf
Schloss Haindorf
Kamptalstraße
Hochedlingergasse
Straß
Kammern
Lamm
Hasel
Glinzer
Wolfsgruben
Weinträgerin
Sauberg
B 218
Brunnengasse
Gobelsburger Hauptstraße
Schloss Gobelsburg
Gobelsburg
Schlossstr.
Zeiselberg
Kremsfeld
Hadersdorf
Gallenberg
Hubertuskapelle
B 34
Bahnhof Etsdorf-Straß
Engabrunn
Walkersdorf
Redling
Diendorf
Gobelsberg
Schützental
Etsdorf
Sittendorf
Stöbermühle
B 35
Schnabl
Wolfgraben
Gedersdorf
Bahnhof Gedersdorf
Täublkreuz
Brunn im Felde
Grafenegg
Schloss Grafenegg
Im Kampgraben
Neustedeln
Weingut
Rohrendorfer Gebling
Kamp
Mühlkamp
Loisbach
21
1
3
4
5

der nächsten T- Kreuzung rechts ~ bei einem Marterl rechts in die **Reithstraße** ~ ⚠ über die Hauptstraße geradeaus ~ vor bis zur nächsten Kreuzung ~ rechts und über die Bahngleise in die **Urbanigasse** ~ wieder rechts über eine Brücke über den Kamp ~ jetzt führt die Straße etwas bergauf durch den Ortsteil **Silberörtl** ~ in **Schönbergneustift** geht es wieder bergab ~ kurz vor der nächsten Ortschaft Schönberg am Kamp geht es wieder etwas bergauf.

Schönberg am Kamp

PLZ: 3562; Vorwahl: 02733

Alte Schmiede, Hauptstr. 36, ✆ 76476, ÖZ: Ostern-Nov.,Mo-Fr 11-18 Uhr, Sa, So/Fei 10-18 Uhr, Dez.-Ostern nur Sa, So.

Naturlehrpfad

Fluss-, Wald- und Weinlehrpfad

Freibad und historisches Flussbad

Straußenland Gärtner, Mollandstr. 9, ✆ 82244, April-Okt., So/Fei, Führung: 14 Uhr.

Beim Gemeindeamt rechts Richtung Plank am Kamp ~ bei dem Gasthof vorbei ~ kurz vor der Bundesstraße links auf einen Radweg ~ die Bundesstraße unterqueren ~ dann über eine Brücke über den Kamp ~ diesem folgen Sie auf dem Radweg stromaufwärts.

Stiefern

Kurz vor der Ortschaft über die Bahngleise ~ an der T-Kreuzung rechts ~ der Linkskurve folgen ~ vorbei an der Kirche ~ bei der Weggabelung halblinks in den bergauf führenden Weg, welcher zu einer Kellergasse wird ~ bei der nächsten Weggabelung rechts zu einem Hohlweg neben dem Kamp ~ weiter dem Radweg folgen ~ kurz vor Plank geht es wieder auf ein Hochplateau ~ bei der nächsten T-Kreuzung links.

Tipp: Rechts geht es nach Plank hinein und zu einem Fluss-Schwimmbad.

Danach geht es steil bergauf ~ aber nach einem kurzen Stück lassen Sie sich nach Oberplank hinunterrollen.

Oberplank

Nach der Ortschaft kurz bergauf und bei der ersten Gelegenheit rechts halten ~ danach bergab und direkt neben dem Kamp weiter ~ dem Schotterweg folgen ~ rechts zu der kleinen grünen Brücke abbiegen ~ den Kamp überqueren ~ bis zum Bahndamm vorfahren ~ links weiter fahren ~ kurz darauf rechts abbiegen und unterhalb der Bahnlinie durchfahren ~ durch den Laubwald ~ links in die schmälere Asphaltstraße einbiegen ~ rechts an einem Steg vorbei ~ steil bergab ~ bis zur Vorfahrtsstraße und dort links abbiegen.

Buchberg

PLZ: 3571; Vorwahl: 02985

Kunstraum Buchberg, Schloss Buchberg, Buchberg am Kamp 1, ✆ 2265, ÖZ: in den Sommermonaten entsprechend den Ankündigungen in den Medien, gegen Voranmeldung. Internationale konstruktive Kunst, Video, Fotografien u. ä. sowie wechselnde Ausstellungen sind hier zu besichtigen.

Ab hier können Sie den Gehsteig als Radweg benützen ~ vorbei an Zitternberg erreichen Sie Gars am Kamp.

Gars am Kamp

PLZ: 3571; Vorwahl: 02985

Fremdenverkehrsinformation, Hauptpl. 83, ✆ 2680

Zeitbrücke-Museum, Kollerg. 155, ✆ 2680 od. ✆ 0664/9465795, ÖZ: Mai-Okt., Fr 10-12 Uhr, Sa, So/Fei 10-12 Uhr und 14-16 Uhr. Kulturhistorisches Museum, lokale Geschichte im globalen Zusammenhang. Der historische Bogen gleicht einer Brücke von einer Zeit zur andern. Von der Jungsteinzeit über die Slawen zu den Babenbergern, von der Marktgeschichte, Handwerk zum Wandel des Handels (dem 1. Österreichischen Handelsmuseum mit seinem originellen Einkaufsladen um 1900), von der Gedenkstätte des bekannten Theaterkapellmeisters und Operettenkomponisten Franz von Suppé (1819-1895) über die Weltkriege und den Wiederaufbau Österreichs bis Gars am Kamp in der heutigen Welt. Dokumentation anhand zahlreicher Exponate aus dem Bestand des Zeitbrücke-Museums.

Babenberger Burgruine, ✆ 2680 od. ✆ 2025, frei zugänglich.

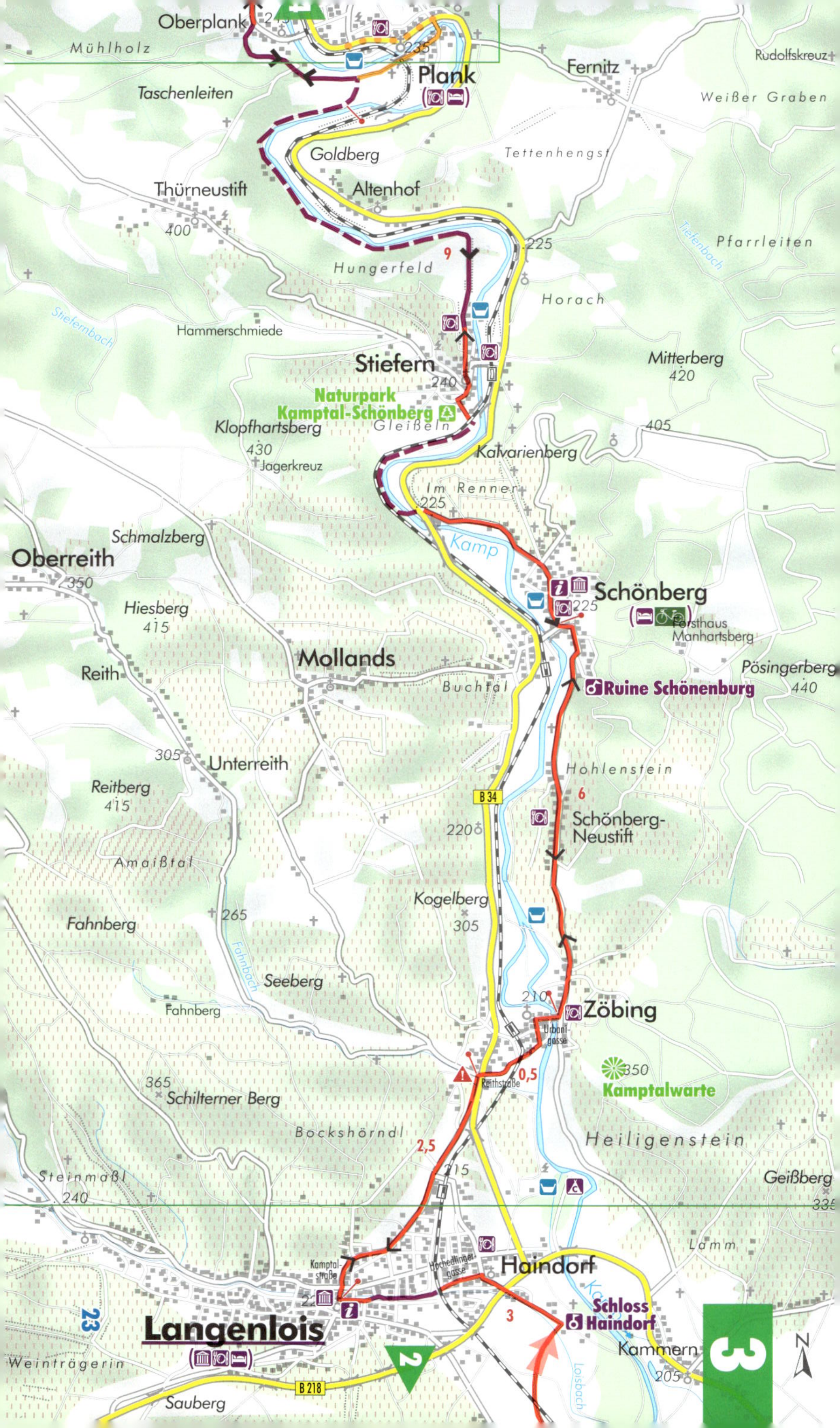
Oberplank
Mühlholz
Plank
235
Fernitz
Rudolfskreuz
Weißer Graben
Taschenleiten
Goldberg
Tettenhengst
Thürneustift
Altenhof
400
225
Pfarrleiten
Tiefenbach
9
Hungerfeld
Horach
Stiefernbach
Hammerschmiede
Stiefern
240
Mitterberg
420
Naturpark
Kamptal-Schönberg
Klopfhartsberg
Gleißeln
405
430
Jagerkreuz
Kalvarienberg
Im Renner
225
Schmalzberg
Kamp
Oberreith
350
Schönberg
225
Forsthaus
Manhartsberg
Hiesberg
415
Mollands
Reith
Pösingerberg
440
Buchtal
Ruine Schönenburg
305
Unterreith
Hohlenstein
Reitberg
415
6
B 34
Schönberg-
Neustift
220
Amaißtal
Kogelberg
305
Fahnberg
265
Fahnbach
Seeberg
210
Fahnberg
Zöbing
Urbani-
gasse
350
Kamptalwarte
Reithstraße
0,5
365
Schilterner Berg
Bocksthörndl
Heiligenstein
2,5
215
Steinmaßl
240
Geißberg
335
Lamm
Kamptal-
straße
Hochedlinger-
gasse
Haindorf
Kamp
Schloss
Haindorf
3
23
Langenlois
Kammern
205
Weinträgerin
Loisbach
2
3
B 218
Sauberg
N

- **St. Gertrud**, romanische Pfarrkirche mit Fresken u. Glasmalereien.
- **Ausgrabung Thunau-Schanze**, ✆ 2680, ÖZ: freier Zugang. Seit 1996 wird an der Originalfundstelle ein Teil des slawischen Fürstenhofes rekonstruiert.
- **Opern Air Gars:** jährlich im Juli und Aug. stattfindende Opernaufführungen auf der Burgruine Gars.
- **Naturdenkmal Kurpark**-Babenbergerstraße und **Schubertpark**-Wassergasse
- **Kräuterland** von Willi Dungl hinter dem Dungl Zentrum
- **Sport- und Erlebnisbad**
- **Julius Kienast**, Hauptpl. 7, ✆ 2341

Das Siedlungsgebiet im Garser Raum lässt sich auf ur- und frühgeschichtliche Zeiten zurückführen. Am besten dokumentiert ist die Zeit der Slawensiedlung auf der Schanze. Im frühen Mittelalter (9. bis 11. Jahrhundert) bestand hier ein Fürstenhof – das politische Zentrum vor den Babenbergern. Im 11. Jahrhundert hatten dann die Babenberger unter Führung Leopold des Schönen die Herrschaft übernommen. Sie errichteten eine eigene Burg hoch über den Ufern des Kamps, die Burgruine Gars zeugt noch heute von diesen vergangenen Zeiten.

Die frühe Geschichte des Marktes Gars ist eng verknüpft mit der Burg, der Wehrkirche St. Gertrud und der Ortschaft Thunau, die direkt am Fuße des Burgberges entstand. Gars wurde von der Burgsiedlung aus in der zweiten Hälfte des 13. Jahrhunderts am östlichen Ufer des Kamps planmäßig angelegt. Stattliche Bauwerke aus dem 16. und frühen 17. Jahrhundert lassen auf eine wirtschaftliche und kulturelle Blütezeit schließen.

In der Zeit der Religionskriege konnte auch Gars sich nicht vor Zerstörung retten und verlor zunehmend an Bedeutung. Die Burg wurde um 1800 ihres Daches entledigt, da diese Maßnahme die Burgherren vom Zahlen der Dachsteuer befreite. So wurde unwiederbringlich der Verfall des einst so stattlichen Bauwerks eingeleitet.

Kamptalbad

Erst das ausgehende 19. Jahrhundert bescherte dem unteren Kamptal und im besonderen dem Markt Gars eine neue Blütezeit, da die Sommerfrische ihren Einzug hielt. Aufgrund der immer schlechter werdenden Lebensbedingungen in der Stadt flüchteten immer mehr Menschen während der Sommermonate aufs Land.

Einige Wiener Sommergäste zu denen auch der Komponis[t] Franz von Suppé zählte, baute[n] sich ansehnliche Villen im Stil de[r] Jahrhundertwende.

Der eigentliche Durchbruch erfolgte mit dem Bau der Kamptalbahn im Jahr 1889. Es begann ein regelrechter Tourismusboom. Hotels und Restaurants schossen wie Pilze aus dem Boden, das Badhaus musste vergrößert werden, und der Kurpark wurde noch vor der Jahrhundertwende angelegt. Das Kamptal schwing sich zur zweitwichtigsten Tourismusregion in der Monarchie empor. Der Beginn des Ersten Weltkriegs läss[t] die Besucherzahlen, jedoch nur kurzzeitig, zurückgehen.

Der Einbruch wird dann erst durch den Zweiten Weltkrieg eingeleitet. Die Zeit nach dem Krieg is[t] durch den gesellschaftlichen Wandel geprägt, der auch andere Formen des Reisens mit sich bringt. Die Sommerfrische ist nicht mehr modern, und das Kamptal gerät mehr und mehr in Vergessenheit.

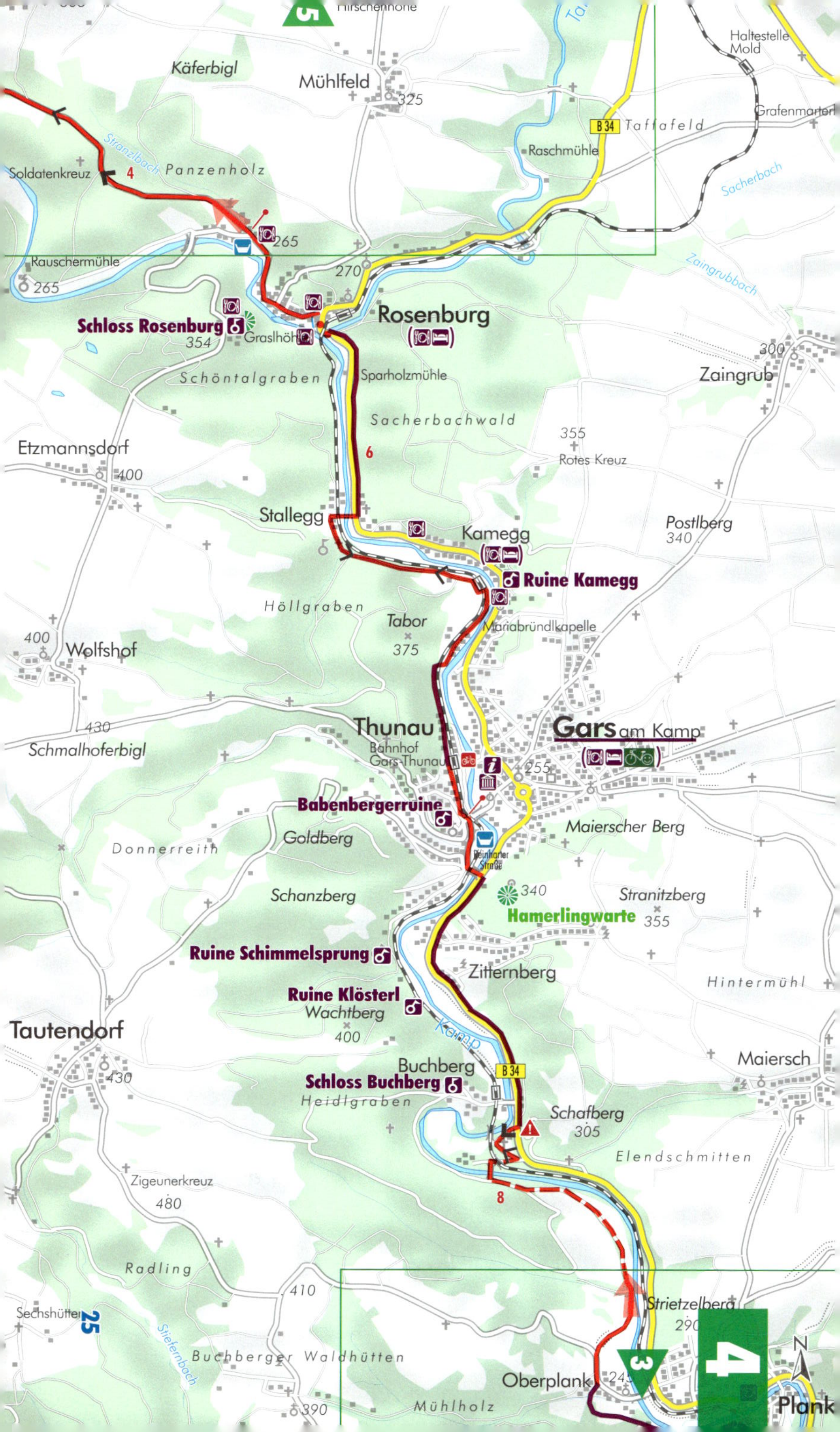
Käferbigl
Mühlfeld
325
Haltestelle Mold
Grafenmarterl
B 34
Taffafeld
Raschmühle
Sacherbach
Soldatenkreuz
Stranzlbach
4
Panzenholz
265
Rauschermühle
265
270
Zaingrubbach
Rosenburg
Schloss Rosenburg
354
Graslhöhle
Schöntalgraben
Sparholzmühle
300
Zaingrub
Sacherbachwald
6
355
Rotes Kreuz
Etzmannsdorf
400
Stallegg
Kamegg
Postlberg
340
Ruine Kamegg
Höllgraben
Tabor
375
Mariabründlkapelle
400
Wolfshof
430
Schmalhoferbigl
Thunau
Bahnhof Gars-Thunau
Gars am Kamp
255
Babenbergerruine
Goldberg
Maierscher Berg
Donnerreith
Reinharter Straße
340
Schanzberg
Stranitzberg
Hamerlingwarte
355
Ruine Schimmelsprung
Zitternberg
Hintermühl
Ruine Klösterl
Wachtberg
400
Kamp
Tautendorf
430
Buchberg
Schloss Buchberg
Heidlgraben
Maiersch
B 34
Schafberg
305
Elendschmitten
8
Zigeunerkreuz
480
Radling
410
Strietzelberg
290
Sechshütten
25
Stiefernbach
Buchberger Waldhütten
3
4
Oberplank
245
N
Plank
Mühlholz
390

Erst in den letzten Jahren geht der Reisetrend wieder in eine andere Richtung. Sanfter Tourismus und Gesundheitsbewusstsein geben dem Markt Gars wieder neue Chancen und ein neues Gesicht. Viel dazu beigetragen hat Willi Dungl, der „Fitnesspapst der Nation", der die Zeichen der Zeit erkannte und zu nutzen wusste. Gars hat er ausgewählt für sein erfolgreiches Bio-Trainingshotel, das mitten im Ort im alten Kamptalhof untergebracht ist. Der Erholungs- und der kulturelle Wert des Marktes Gars im Bereich des unteren Kamp ist wohl kaum zu übertreffen. Ur- und Frühgeschichtliches besteht neben Fitnessprogrammen und Badekuren, und die Ruine Gars lädt zu Opernaufführungen unter freiem Himmel.

Rechts abbiegen und an der Kläranlage vorbei ~ vor einer Linkskurve links in die **Rainharterstraße** ~ weiter zum **Dreifaltigkeitsplatz** ~ hier links ~ über eine Brücke über den Kamp und Sie sind in Thunau gelandet.

Thunau am Kamp

Über die Gleise und danach rechts ~ parallel zu den Bahngleisen fahren Sie einmal links und einmal rechts daran bis nach Kamegg ~ über die Holzbrücke weiter auf einem Waldweg nach Stallegg.

Stallegg

Hier wieder über die Gleise und den Kamp ~ danach links weiter neben der Bundesstraße ~ vor der Bahntrasse müssen Sie jedoch auf die Bundesstraße wechseln, diese bringt Sie nach Rosenburg hinein.

Rosenburg

PLZ: 3573; Vorwahl: 02982

- **Gemeindeamt Rosenburg**, Rosenburg 25, ✆ 2917
- **Schloss Rosenburg** (12. Jh.), Rosenburg 1, ✆ 2911, ÖZ: Mai-Okt., Mo-So 9.30-17 Uhr, April, Okt. Di-So, 9.30-16.30 Uhr. Ausstellungen über das adelige Landleben von 1500-1800, Bau und Besitzergeschichte der Rosenburg und die Geschichte der Familie Hoyos, Falknerei und Greifvogelkunde, Märchenwelt. Die Rosenburg gehört zu den bedeutendsten Burganlagen in Österreich. Sie hat den größten, vollständig erhaltenen Turnierhof Europas. Die Bibliothek birgt historische Schränke mit über 4.000 Büchern. Weiters gibt es eine Sammlung von Waffen und Ausrüstungsgegenständen aus dem 15.-18. Jh. Einer der Prunkräume ist der Vortragssaal mit prächtigem Marmorboden und Tonnengewölbe. Die spätgotische Kapelle (Ende des 15. Jhs.) bietet mit den Reliefs „Krönung Mariens" und „Anbetung der Könige" weitere Kostbarkeiten.
- **Freiflugvorführungen mit Greifvögeln**, Schloss Rosenburg, April-Nov., Mo-So 11und 15 Uhr. Seit 1987 werden auf der Aussichtsterrasse Edelfalken, Milane und Großgreifvögel im Freiflug vorgeführt. Die hohe Schule der Falknerei wird in Gebrauchskostümen aus der Renaissancezeit gezeigt.
- **Graselhöhle**, am Fußsteig von der Ortschaft zum Schloss. Die Überlieferung verbindet dieses Naturdenkmal mit dem berüchtigten Räuberhauptmann Johann Georg Grasel.
- Geführte **Kanutouren** durch die Urlandschaft am Kamp, Infos beim Kanuclub Rosenburg, ✆ 37352

Schloss Rosenburg

Nach der Erbauung der Kamptalbahn im Jahre 1889 bis zum Ersten Weltkrieg entwickelte sich die Ortschaft Rosenburg zu einer vielbesuchten Sommerfrische der Wiener Gesellschaft. Fünfunddreißig gründerzeitliche Villen mit ihren kunstvollen Holzbalkonen erinnern heute noch an diese Glanzzeit.

Die Rosenburg

Die Rosenburg – wer denkt wohl nicht an dieses herrliche Burgschloss, sobald das Kamptal zur Sprache kommt. Die rotbraunen Fluten des

Kampes umspülen den hochaufragenden Felsen, auf dem erhaben die mächtige Burg thront. Einige Jahrhunderte bewegter Geschichte wissen die Mauern des Schlosses zu erzählen.

Berühmt und berüchtigt wurde das Schloss im 17. Jahrhundert, ein Volkslied hat es weit über die Grenzen Österreichs hinaus bekannt gemacht. „Es liegt ein Schloss in Österreich…", ist keine romantische Ode, sondern hat blutige Ereignisse aus den Religionskriegen im 16. und 17. Jahrhundert zum Inhalt.

Die Geschichte der Rosenburg begann im 12. Jahrhundert. Urkundlich wird die Burg erstmals im Jahr 1175 genannt, damalige Besitzer waren die Herren zu Rosenberg.

Aber erst das 16. Jahrhundert sollte der Burg, nach mehrmaligem Besitzerwechsel, Einfluss und Macht bringen. Die ritterliche Familie Grabner übernahm die Burg im Jahr 1487 und prägte sie während der kommenden 200 Jahre.

Bis zum Beginn des 17. Jahrhunderts galt das Schloss als eine Hochburg der Reformationsbewegung. Erst 1611 fiel die damals weitläufige Herrschaft wieder in katholische Hände.

Die Zeit des Dreißigjährigen Krieges ließ auch die Rosenburg nicht unbehelligt. Der Wechsel von Zerstörung und reger Bautätigkeit charakterisiert diese Zeit. Nur 14 Jahre lang, von 1614 bis 1628, war Vinzenz Muschinger, als Kriegslieferant reich geworden, Schlossbesitzer. Der Turnierhof war sein größtes Bauprojekt, das ihn im Endeffekt jedoch in die Verschuldung treiben sollte.

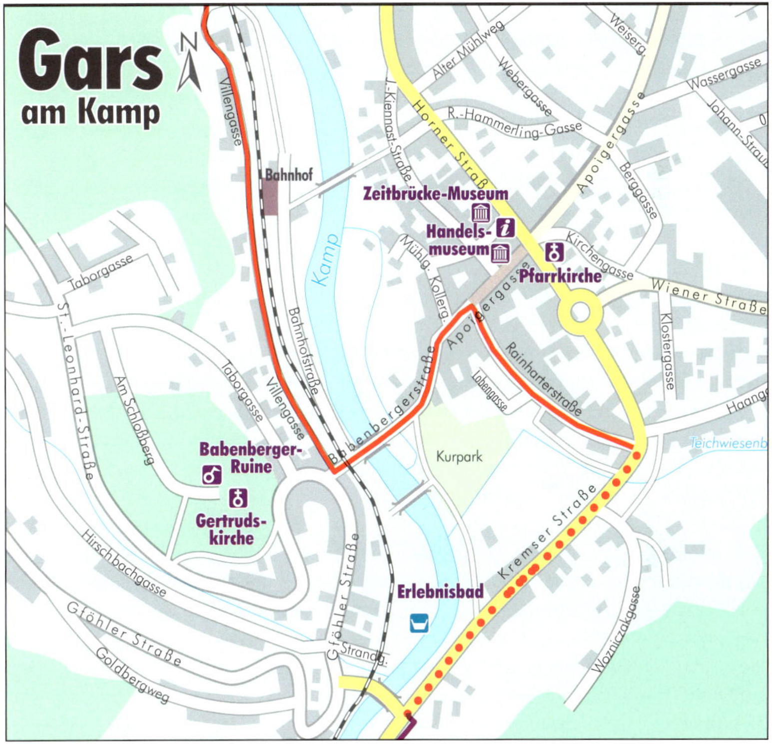

Der Turnierplatz war zu damaligen Zeiten nicht Schaubühne für Ritterturniere alten Stils, sondern er war für die Vergnügungen des Adels angelegt. Nach den Wirren des Krieges kam die Rosenburg in Besitz eines äußerst geschickten Mannes. Joachim von Windhag, der sich vehement der Gegenreformation verschrieben hatte, brachte die Herrschaft zu neuer Blüte.

1681 kam die Burg an die Grafen Hoyos-Sprinzenstein, die sich auch heute noch glückliche Besitzer nennen dürfen. Die Grafen verlegten ihren Hauptwohnsitz mit der Zeit jedoch gänzlich nach Horn und der nach einem Brand zerstörten Burg schien das Schicksal des Verfalls zu drohen. Zwischen 1859 und 1876 wurde das baufällige Schloss von den Grafen zur Sommerresidenz umgebaut. Heute ist die Rosenburg eine Museums- und Schauburg, die mit besonderen Attraktionen aufwartet.

In Rosenburg links Richtung Altenburg, direkt auf die Rosenburg zu, die oberhalb der Stadt auf einer mächtigen Felsformation liegt ~ es begegnen Ihnen hier Schilder des Kamptal-Radweges ~ die Straße bringt Sie aus Rosenburg hinaus ~ es geht durch ein Waldstück stetig bergauf ~ weiter dem Straßenverlauf folgen bis nach Altenburg.

Altenburg

PLZ: 3591; Vorwahl: 02982

Gemeindeamt, Zwettler Str. 16 ✆ 2765

Stiftssammlungen, ✆ 3451, ÖZ: April-Okt., tägl. 9-12 Uhr und 13-17 Uhr. Die Sammlungen enthalten mittelalterliche Handschriften und Urkunden, barocke Bilder und Möbel, kirchliche Gold- und Silbergeräte, Uhren und vieles mehr.

Stift Altenburg, Altenburg 1, ✆ 3451-14, ÖZ: Ostersonntag-Allerheiligen, Mo-So 10-17 Uhr, sonst Führung gegen Voranmeldung. Sehenswert sind die bemerkenswerten Räume der Bibliothek und die Krypta. Die Stiftskirche ist mit Fresken von Paul Troger geschmückt.

Altes Kloster, unter der barocken Stiftsanlage wurde das mittelalterliche Kloster freigelegt und ist seit 1994 zugänglich.

Mehr als andere Bauwerke wurde das Stift Altenburg über Jahrhunderte hinweg von ständiger Zerstörung heimgesucht. Die freistehende Lage des Klosters war fast schon eine Aufforderung zur Plünderung für alle kriegerischen Geister.

Die Benediktinermönche, die sich hier im 12. Jahrhundert niedergelassen hatten, flüchteten regelmäßig in versteckte Höhlen im Kamptal, um dann genauso regelmäßig die zerstörte Klosteranlage mit viel Geduld und Mühe wieder zu errichten. Nicht ohne Grund hatte das Kloster im 16. Jahrhundert seinen Spitznamen „Wüster Steinhaufen".

Bis zu seiner vollkommenen Zerstörung im 17. Jahrhundert war das Stift Altenburg trotz allem kultureller Mittelpunkt des mittelalterlichen „Poigreiches". Auf den Ruinen des alten Klosters wurde dann eine neue Klosteranlage im Stil des Frühbarocks errichtet.

Seine volle Pracht, die mit viel Mühe bis heute erhalten geblieben ist, entfaltete das Stift aber erst im 18. Jahrhundert. Motor für diese Neugestaltung im feinsten hochbarocken Stil war der „Barockabt" Much. Ausgeführt wurde die Umgestaltung von bekannten Künstlern wie dem Baumeister Josef Munggenast, Paul Troger und dem Steinmetz Franz Leopold Farmacher.

Gegen Ende des Zweiten Weltkriegs gingen viele Kunstschätze und Bücher unwiederbringlich verloren. Erst in den letzten Jahrzehnten wurde das Kloster wieder seinen eigentlichen klösterlichen Funktionen zugeführt und für interessierte Besucher in seiner alten Pracht wiederhergestellt.

Heute stellt sich das Stift mit einer großzügigen Anlage vor, Kaiserzimmer, Festsaal, Bibliothek, Krypta und Kirche verleihen dem Bauwerk im Zusammenspiel eine wundervolle Harmonie. Ein weiteres Juwel können Sie seit dem Sommer 1994 besichtigen. Seit 1983 wurde daran gearbeitet, das

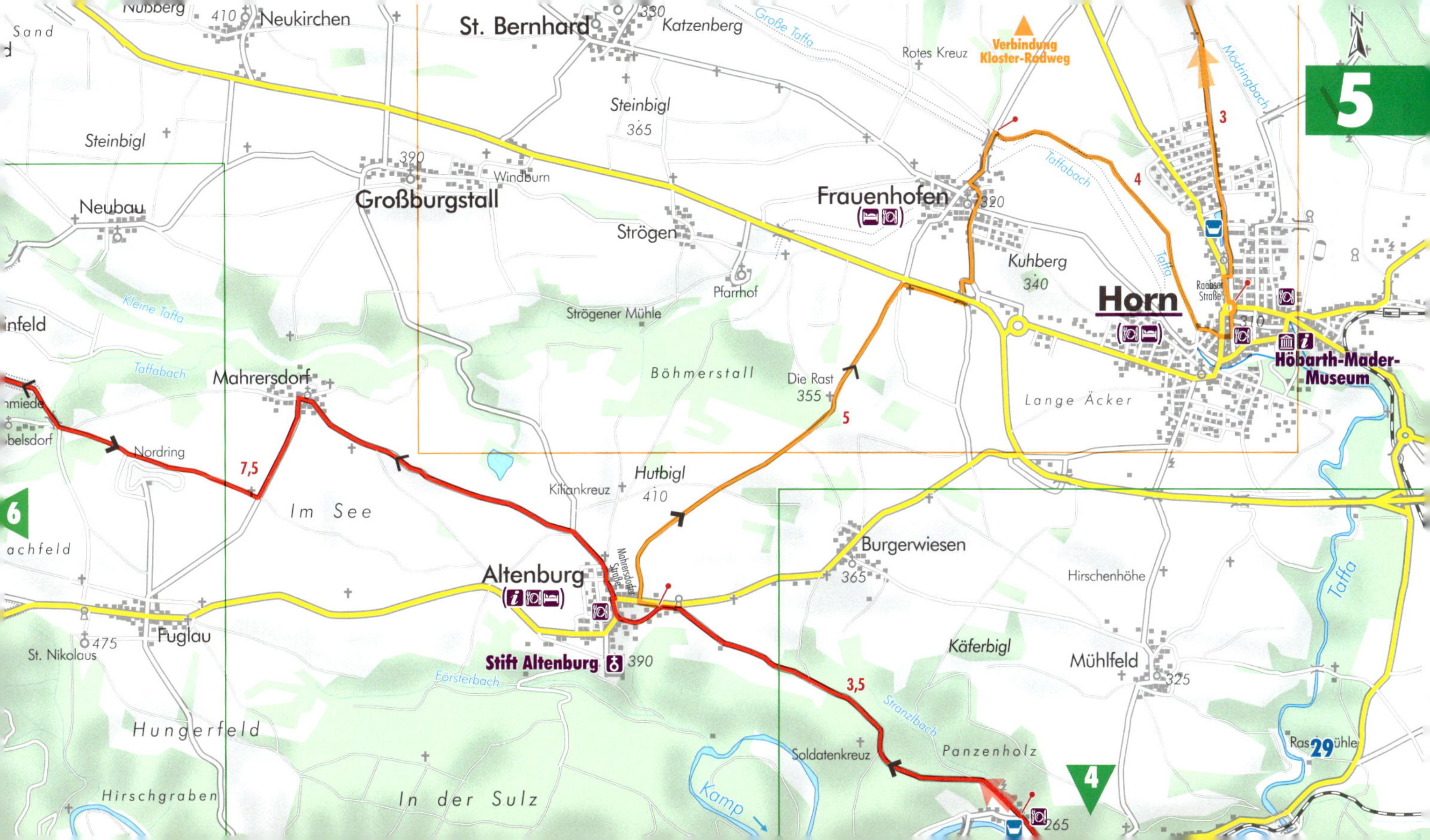

Nußberg
410
Neukirchen
Sand
St. Bernhard
330
Katzenberg
Große Taffa
Rotes Kreuz
Verbindung Kloster-Radweg
Mödringbach
5
Steinbigl
365
Steinbigl
3
390
Windburn
Großburgstall
Neubau
Frauenhofen
320
Taffabach
4
Strögen
Kuhberg
340
Taffa
Pfarrhof
Horn
Raabser Straße
310
Kleine Taffa
Strögener Mühle
infeld
Höbarth-Mader-Museum
Taffabach
Mahrersdorf
Böhmerstall
Die Rast
355
Lange Äcker
5
Nordring
7,5
Hutbigl
410
Kiliankreuz
Im See
6
achfeld
Mahrersdorfer Straße
Burgerwiesen
365
Altenburg
Hirschenhöhe
Taffa
475
Fuglau
St. Nikolaus
Stift Altenburg
390
Käferbigl
Mühlfeld
325
Försterbach
3,5
Stranzlbach
Hungerfeld
Soldatenkreuz
Panzenholz
29
4
Hirschgraben
In der Sulz
Kamp
265

kleine mittelalterliche Kloster auszugraben und zu restaurieren. Es befindet sich unter einem barocken Innenhof, dem „Brunngartl". Das mittelalterliche Kloster zeigt sich mit einem gotischen Kreuzgang und den ehemaligen „Regularräumen" des Klosters. Bevor Sie ins „Alte Kloster" eintreten, können Sie einen herrlichen Blick von der Altane auf das Kamptal und die nahe Rosenburg werfen.

Tipp: Sollten Ihnen die Steigungen auf dem offiziellen KTM-Radweg in diesem Teil des Waldviertels zu viel sein, oder die Tour mit Kindern absolvieren, haben Sie in Altenburg die Möglichkeit über den Kloster-Radweg nach Geras und weiter nach Langau (wieder Anschluss an den KTM-Radweg) zu gelangen. Sie ersparen sich dadurch auch einiges an Kilometern, versäumen aber die wunderbare Landschaft.

Verbindung über Horn nach Geras – Auf den Spuren des Klosterradweges

Von Altenburg nach Horn 9 km

Altenburg s. S. 28

Nach dem Friedhof rechts abbiegen → den Ort verlassen und bis zum Wald weiterfahren → in

Stift Altenburg

einer Rechts-Links-Kurve wird der Weg ziemlich eng und geht steil bergab → die Straße führt leicht bergab aus einem Waldstück heraus → weiter vor bis zur B 2 → ein Stück neben der Bundesstraße bis zur Unterführung → links unter der B 2 durch → kurz danach rechts → bei der nächsten Kreuzung links Richtung **Frauenhofen**.

Frauenhofen

Die Kleine Taffa überqueren → der Straße durch Frauenhofen folgen → den Ort verlassen und über die Große Taffa → hier rechts abbiegen → die nächsten Kilometer bis nach Horn können Sie nun in aller Ruhe und ohne Steigungen genießen → die Große Taffa begleitet Sie nun an Ihrer rechten Seite → auf dem Güterweg bis zur Brücke vorfahren und dort links abbiegen → zunächst der **Ch.-Weinmann-Gasse** entlang → bei der nächsten Gelegenheit rechts in die **J. Kirchnergasse** abbiegen und bis zur Vorrangstraße vorfahren.

Horn

PLZ: 3580; Vorwahl: 02982

- **Information** im Höbarthmuseum, Wiener Str. 4, ✆ 2372
- **Höbarth- und Madermuseum**, Wiener Str. 4, ✆ 23721, ÖZ: Palmsonntag-Allerseelen Mo-So 9-12 Uhr und 13-17 Uhr. Das Museum zeigt Exponate zur Urgeschichte, Stadtgeschichte, Volkskunde, Landwirtschaftliche Maschinen und Geräte und bäuerlichen Hausrat; weiters eine Dokumentation rund um den „Räuberhauptmann Grasel". Sonderausstellungen.
- **Kunsthaus und Galerie Thurnhof**, Wiener Str. 2, ✆ 2372 od. 3333, laufend Ausstellungen über bildende Kunst.
- **Kirche St. Georg**. Die Kirche am Hauptplatz ist mit einem kunstvollen Renaissancetor und einer prachtvollen Rokokokanzel ausgestattet.
- **Betriebsbesichtigung** der **Druckerei** Berger, ✆ 4161. Auf Anfrage u. n. V.
- **Freibad**
- **Hallenbad**
- **Naturlehrpfad Taffatal** (Weg zw. Museum und Schloss Horn)
- **Fa. Lehr**, Wiener Str. 17, ✆ 30520
- **Tourismusinfo**, Wiener Str. 4, ✆ 23721

Etwas außerhalb der ehemaligen Stadtmauer liegt auf einem Hügel, auf dem Stephansberg, die Stephanskirche. Um diese Kirche gruppierte sich

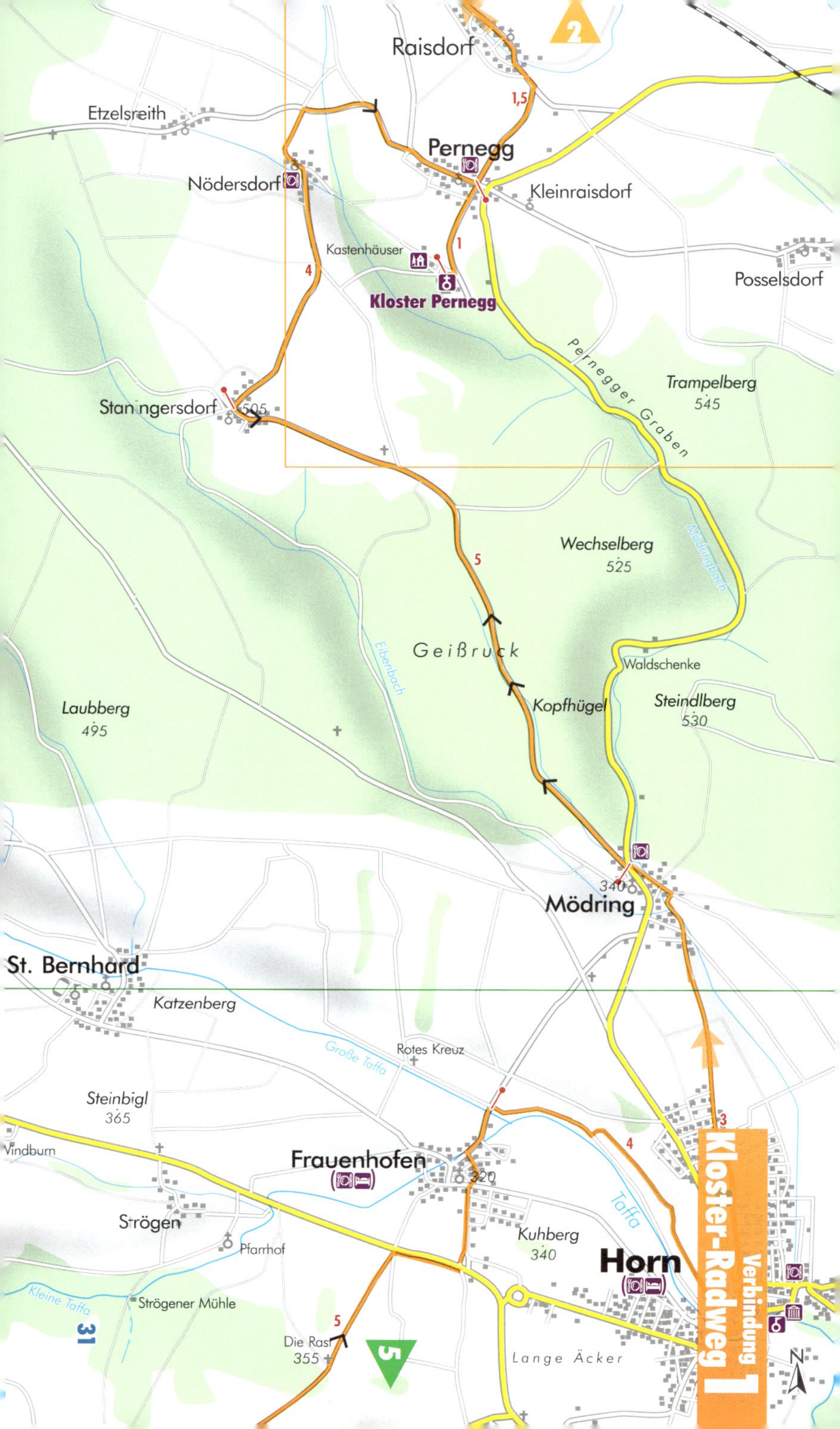
Raisdorf
Etzelsreith
Pernegg
Kleinraisdorf
Nödersdorf
Kastenhäuser
Kloster Pernegg
Posselsdorf
Staningersdorf
Pernegger Graben
Trampelberg 545
Wechselberg 525
Mödringbach
Geißbruck
Eibenbach
Waldschenke
Kopfhügel
Steindlberg 530
Laubberg 495
Mödring
St. Bernhard
Katzenberg
Große Taffa
Rotes Kreuz
Steinbigl 365
Vindburn
Frauenhofen
Kuhberg 340
Taffa
Horn
Strögen
Pfarrhof
Kleine Taffa
Strögener Mühle
Die Rast 355
Lange Äcker
Verbindung
Kloster-Radweg 1

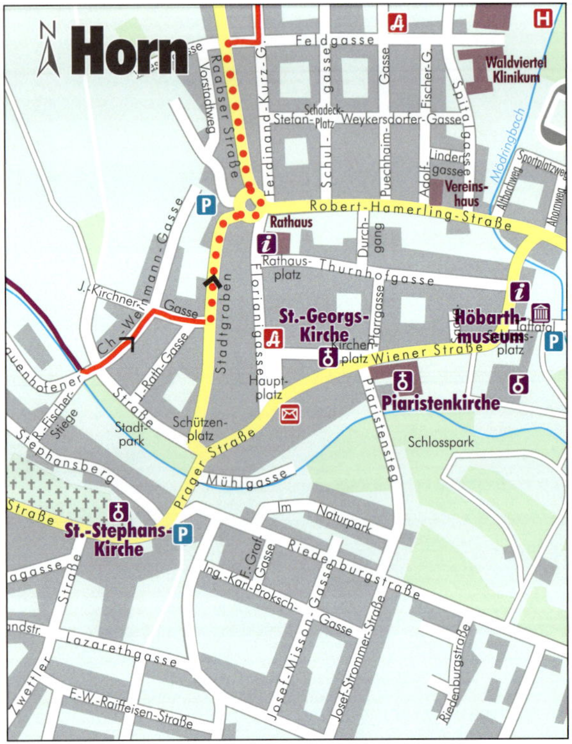

die erste ursprüngliche Siedlung, das Gut Hornarun. Erst Mitte des 12. Jahrhunderts wurde etwas nördlich eine Burgstadt angelegt. Der dreieckige Platz, auf dem heute die St.-Georgs-Kirche steht, ist in seiner Form immer noch erhalten.

Um diesen neu angelegten Platz formte sich eine Siedlung, die 1282 zur Stadt erhoben wurde. Horn blieb aber im Lauf seiner Geschichte im Besitz der Grundherrschaft, ob das nun die Poigener oder die Maissauer, die Puchheims oder Hoyos waren.

Horn war immer eine Ackerbürgerstadt, Handwerk und Landwirtschaft sorgten für den Unterhalt der absolutistisch regierten Bürger. Insgesamt stand Horn im Schatten der blühenden Handelsstadt Eggenburg, erst ab dem 18. Jahrhundert, bedingt durch die Verlegung der Reichsstraße nach Wien, konnte Horn die wirtschaftliche Bedeutung Eggenburgs überflügeln.

Anderweitig erlangte Horn dafür überregionale Bedeutung: In der geistlichen Welt hatte es eine Art Führungsrolle inne. Mitte des 16. Jahrhunderts wurde die Stadt zum Protestantismus bekehrt und stellte von da ab eine treibende Kraft in der Reformationsbewegung dar. Die Gegenreformation bereitete dem Einfluss Horns mit der Schlacht am Weißen Berg im Jahr 1620 jedoch ein jähes Ende.

Mitte des 17. Jahrhunderts beginnt dann ein anderer Abschnitt in der Geschichte Horns, die Industrialisierung in ihrer allerersten Form. 1650 wird die Tuchmachersiedlung, eine Vorstadtsiedlung, gegründet. Diese sogenannte Öttinger Vorstadt ist eine der ersten großen frühindustriellen Arbeitersiedlungen Österreichs und heute noch im Stadtbild zu erkennen.

200 Jahre später wird Horn im Rahmen einer allgemeinen Verwaltungsreform zum Sitz einer Bezirkshauptmannschaft und eines Bezirksgerichts. Einen wirtschaftlichen und kulturellen Aufschwung kann die Stadt erst wieder nach Ende des Zweiten Weltkriegs verzeichnen.

Horn ist heute eine Stadt der Kultur. Das manifestiert sich im sogenannten „Museumsquartier". Höbarth- und Madermuseum können als das Gegenstück zum Eggenburger Krahuletzmuseum gesehen werden.

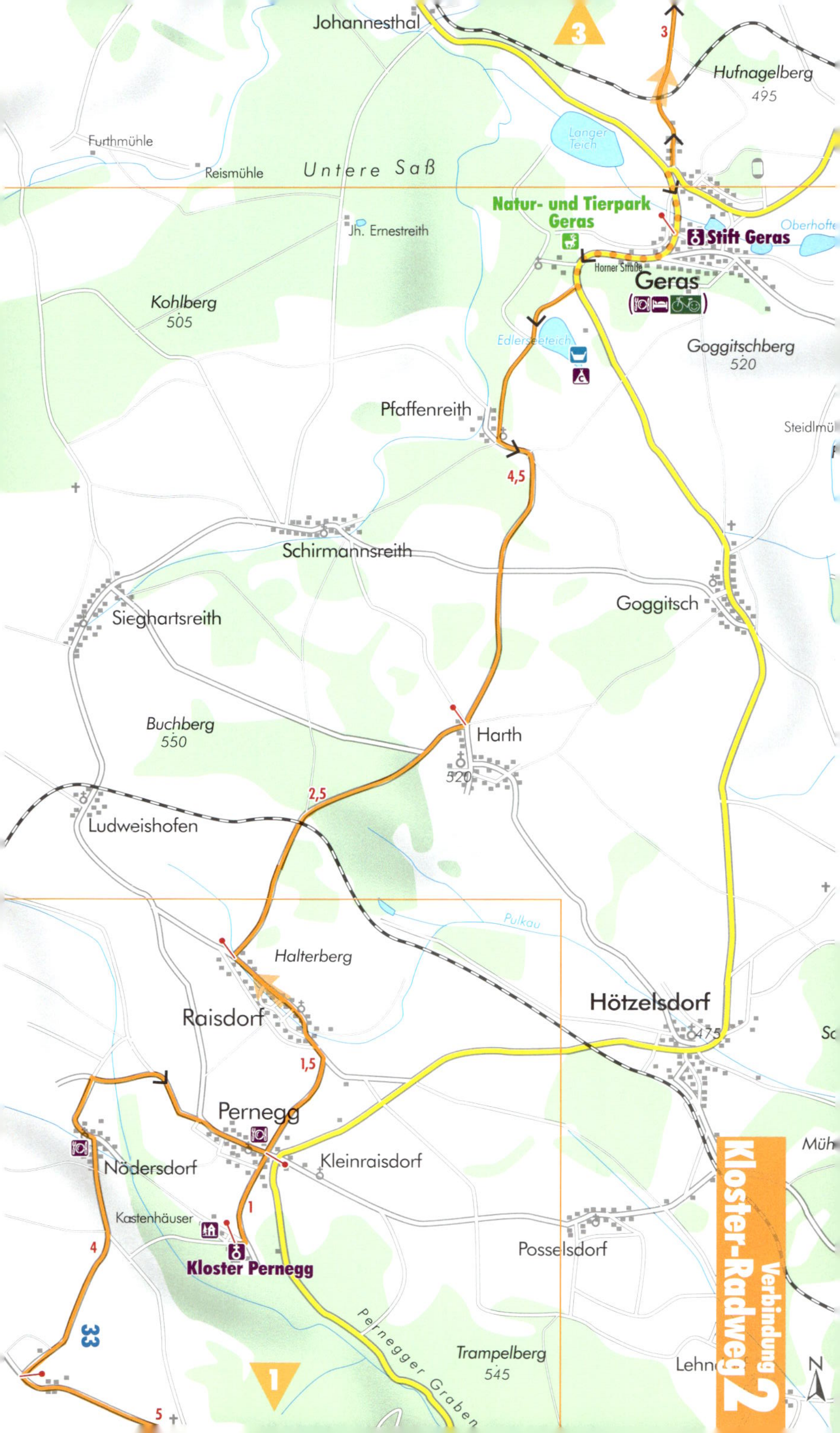
Verbindung
Kloster-Radweg 2
Johannesthal
3
Hufnagelberg
495
Langer Teich
Furthmühle
Reismühle
Untere Saß
Natur- und Tierpark Geras
Stift Geras
Oberhofte
Jh. Ernestreith
Horner Straße
Geras
Kohlberg
505
Edlerseeteich
Goggitschberg
520
Pfaffenreith
Steidlmü
4,5
Schirmannsreith
Goggitsch
Sieghartsreith
Harth
Buchberg
550
520
2,5
Ludweishofen
Pulkau
Halterberg
Hötzelsdorf
475
Raisdorf
1,5
Pernegg
Mühl
Nödersdorf
Kleinraisdorf
Kastenhäuser
1
Kloster Pernegg
4
Posselsdorf
33
Pernegger Graben
Trampelberg
545
Lehn
1
5
N

Auch Josef Höbarth, Initiator des Horner erd- und kulturgeschichtlichen Museums, war, ähnlich Johann Krahuletz aus Eggenburg, ein Autodidakt. Er interessierte sich für die Geschichte des Horner Beckens und begann die Funde zu sammeln, die heute im Museum ausgestellt sind.

Das ist aber noch nicht alles, was Horn an Kultur zu bieten hat. Kunstinteressierte sollten sich das Kunstzentrum im Piaristengymnasium nicht entgehen lassen. In diesem stattlichen Renaissancegebäude aus dem Ende des 16. Jahrhunderts war lange Zeit Schule und Konvent und später das Horner Gymnasium beheimatet. Lange Jahre war das Schicksal des Bauwerks, das bis 1986 leerstand, nicht geklärt. Erst 1988 bekam es eine neue Bestimmung zugeteilt, das Piaristengymnasium wurde zum „Kunsthaus Horn". Das Kunsthaus versteht sich als ein Zentrum zeitgenössischer, bildender Kunst in „aktiver und passiver" Form.

Von Horn nach Pernegg 11,5 km

Links in die Straße **Stadtgraben** abbiegen ~ weiter bergauf bis zum Kreisverkehr ~ hier beinahe eine gesamte Runde fahren und rechts in die **Raabser Straße** einbiegen ~ vor der Feuerwehr rechts abbiegen ~ weiter vor bis zu einer

Horn – Höbarth und Mader Museum

Kreuzung, beim Bierlager Hubertusbräu ~ links weiterfahren ~ rechts am Freibad vorbei ~ der **Ferdinand-Kurz-Gasse** folgen.

Diese schmale Landstraße bringt Sie aus Horn hinaus und Sie können schon die ersten Häuser von Mödring erblicken.

Mödring

Richtung Geras durch das Siedlungsgebiet ~ dem Radschild in der Straße **Steig** folgen ~ über eine Holzbrücke ~ eine Pferdekoppel umrunden, die sich nun auf der rechten Seite befindet ~ dem Verlauf der **Bachstraße** folgen ~ nach der Pferdekoppel, an einer Brücke vorbei ~ weiterhin der Bachstraße entlang ~ Achtung: Die Straße ist zwar asphaltiert aber sehr holprig. ~ links über eine Brücke Richtung Geras ~ danach der schmalen Gasse bis zum Haus Nr. 28 Gasthof Maurer folgen ~ dort rechts und aus der engen Kurve heraus auf der **Dorfstraße** weiter ~ von der Vorrangstraße abbiegen und in einer Rechtskurve bergauf den Ort verlassen.

Sie folgen nun der Straße weiter bergauf nach Staningersdorf.

Staningersdorf

In einer Rechts-Links-Kombination steil bergab in den Ort hinein ~ an einer gelben Kapelle vorbei ~ in einer Rechtskurve folgen Sie dem Schild weiter Richtung Pernegg ~ gerade aus dem Ort hinaus ~ der schmalen Landstraße Richtung Pernegg folgen.

Nödersdorf

Auf einer etwas holprigen Straße bergab und in den Ort hinein ~ an dem Gasthof der Familie Schillinger in einer Linkskurve vorbei ~ ein Umspannwerk passieren ~ in einer engen Rechtskurve den Ort verlassen ~ gleich darauf bei der Kreuzung mit der Bushaltestelle, im rechten Winkel rechts nach Pernegg und Geras abbiegen ~ in der folgenden Linkskurve über eine Brücke ~ der Rechtskurve folgen ~ weiter geradeaus bergauf.

Pernegg

PLZ: 3753; Vorwahl: 02913

- **Kloster Pernegg**, Pernegg 1, ✆ 614-0, ÖZ: auf Anfrage
- **Seminar- und Fastenzentrum** im Kloster Pernegg, Infos und Auskünfte zu den Fastenkursen unter ✆ 614-0.
- **Fa. Wolf**, Pernegg Nr. 56, ✆ 242
- **Kloster Pernegg**, Pernegg 1, ✆ 614

Im 11. Jahrhundert gelang es einer fränkischen Adelsfamilie, den Grafen von Pernegg, sich rund um das heutige Pernegg eine weitläufige Herrschaft zu erobern. Dem Bau einer eigenen Residenzburg folgten Städtegründungen wie Drosendorf und Waidhofen.

Ein Denkmal setzten sich die Grafen, indem Sie zwei Prämonstratenserklöster errichteten, eines ist das Kloster Pernegg, das andere finden Sie in Geras. Die Chorherren und Chorfrauen holten sich die Grafen dazu aus dem benachbarten Böhmen. Die Männer blieben in Geras, die Frauen ließen sich in Pernegg nieder.

Ungefähr 100 Jahre später verschwanden die Grafen von Pernegg von der Bildfläche, das Kloster blieb bestehen, wurde im 17. Jahrhundert aber in ein Männerkonvent umgewandelt. Ende des 18. Jahrhunderts wurde das Kloster dann gänzlich aufgehoben, war daraufhin lange Zeit unbewohnt und somit dem Verfall preisgegeben. Im Jahr 1854 gelangte das Kloster Pernegg dann wieder unter die Obhut des Stiftes Geras.

Über die Jahrhunderte hinweg haben Pracht und Kunst im Kloster nachhaltig gelitten. Besonders sehenswert ist heute aber noch die Stiftskirche, die zu Beginn des 16. Jahrhunderts in einen neugotischen Bau umgewandelt wurde. Die heutige Innenausstattung stammt jedoch aus dem 17. Jahrhundert. Besonders wertvoll ist die Kanzel dieser Bauperiode. Auch einige der ehemaligen Prunkräume im Kloster sind in ihrer prächtigen Gestalt erhalten geblieben. Außerdem haben

Restaurierungen in den letzten Jahren neues Leben in die Klostermauern gebracht. Derzeit befindet sich in Teilen des Klosters ein Fasten- und Seminarzentrum.

Von Pernegg nach Geras — 8,5 km

Vorbei an den rechts liegenden Neubauten ~ schließlich bei der ersten Gelegenheit links Richtung Geras abbiegen.

Tipp: Wenn Sie dem Kloster Pernegg einen Besuch abstatten möchten, biegen Sie an der Kreuzung rechts ab. Nach einem Kilometer haben Sie das Kloster erreicht.

An der Kreuzung links abbiegen und nach Raisdorf hineinfahren.

Raisdorf

Dem Verlauf der Ortsdurchfahrtsstraße folgen ~ am Ortsende rechts Richtung Geras weiterfahren ~ am Halterberg vorbei ~ die Bahnlinie überqueren und an **Harth** vorbeifahren ~ an der Kreuzung nach Harth geradeaus weiter Richtung Geras ~ bei der nächsten Kreuzung geradeaus weiter ~ in einer scharfen Linkskurve bergab.

Pfaffenreith

Eine Rechtskurve bergab bringt Sie in den Ort hinein ~ weiter Richtung Geras ~ in einer Links-Rechts-Kombination im Ort an der Kapelle vorbei ~ den Ort verlassen ~ die Straße wird danach etwas breiter und führt kurvenreich bergab ~ auf der schmalen Straße am Edlerseeteich vorbei ~ an der kommenden Kreuzung links abbiegen ~ kurz vor Geras führt die Straße in einer Rechtskurve bergab.

Tipp: In dieser Kurve geht es links weg zum Naturpark Geras.

Stiftskirche Geras

Geras

PLZ: 2093; Vorwahl: 02912

Stadtgemeinde Geras, Hauptstr. 16, ✆ 7050

Prämonstratenser Chorherrenstift Geras, Hauptstr. 1, ✆ 345289, geöffnet von Mai-Okt., Mo-Fr 9-17, Sa/ So/Fei 12-17 Uhr. 1153 als Prämonstratenser-Chorherrenstift von Graf Ulrich von Pernegg gestiftet. Die Stiftskirche auf einem slawischen Gräberfeld errichtet, weist noch die romanische Grundfeste auf, wurde aber in allen Stilepochen verändert und erstrahlt heute im barocken Glanz. Sehenswert das Neugebäude (1735-38) mit dem Marmorsaal von Baumeister J. Munggenast und dem Fresko von Paul Troger.

Kräutergarten, ÖZ: ganzjährig, ganztägig. In diesem klösterlichen Kräutergarten finden sich über 100 Heil-, Gewürz- und Zierpflanzen. Der berühmte Kräuterpfarrer Weidinger, selbst ein Geraser Prämonstratenser-Chorherr, ist Aushängeschild für diesen Garten.

Erdäpfelfest, jährlich zum ersten Oktoberwochende Erdäpfelschmankerl, Mohn- und Honigprodukte, Liköre, Schnäpse, Brauchtum und Kunsthandwerk, Musik, Action und Unterhaltung – ein Straßenfest mit Atmosphäre.

Naturpark Geras, ÖZ: Palmsonntag-Ende Okt., Di-So, 9-18 Uhr, Stationen: Hubertushaus mit Streichelzoo, Hubertuskapelle, Holzxylophon, Fledermauspfad mit „Summstein", Vogelbeobachtungsplattform. Auerochsen, Tarpane, Haus-, Woll-, Hängebauch- und Wildschweine, Kamerunschafe, Mufflons, Dam-, Sika- und Rothirsche können in ihrer natürlichen Umgebung beobachtet werden.

Edlersee, ÖZ: Mo-So 10-18 Uhr, Naturteich mit 9 ha Wasserfläche, Kinderbereich, Miniaturgolf, Beach-Volleyballplatz u. v. m.

Hotel „Alter Schüttkasten", Vorstadt 11, ✆ 332

Von Geras nach Langau — 8,5 km

Tipp: Um wieder zum KTM-Radweg zu gelangen fahren Sie weiter durch Geras über Kottaun bis nach Langau.

ngäcker
Felsenberg
Felsenberg (verfallen)
Hutbigl
Germanns
Winkl
460
Taffabach
Steinhübel
Tautendorf
Gollersbach
Stixenhof
Truppenübungsplatz
Mestreichs (verfallen)
Neupölla
475
Betzbach
Langthalermühle
Ramsau
Loibenreith (verfallen)
Kittingermühle
Kleinraabs
Steinbigl
505
Altpölla
Kleinenzersdorf
7
Nondorf
Eich-Maria
Eichmühle
Feinfeld
420
Neubau
N
Kl. Taffa
6
1,5
Schloss Greilenstein
Hammerschmiede
Taffabach
Gobelsdorf
7
Röhrenbach
Greillenstein
Greillensteiner Straße
Eichfeld
Nordring
5
Nußbachfeld
5,5
St. Nikolaus
475
Fuglau
Krug
Buchberg
610
Bründlberg
Ruine Schauenstein
Kamp
Reithmühle
Steinegg
Betzbach
Dürrenberg
37
Horner Wald

Auf der **Horner Straße** durch den Ort fahren ~ links am Kloster vorbei ~ Beschilderung des Teich- und Tümpelradweges ~ an der Vorfahrtsstraße rechts ~ leicht bergab ~ Geras verlassen ~ an der kommenden Kreuzung rechts Richtung Retz, Langau und Kottaun abbiegen ~ unmittelbar darauf links und weiter dem Teich- und Tümpelradweg folgen ~ den Bahnübergang überqueren und in einiger Entfernung die Haltestelle Geras-Kottaun passieren ~ kurz vor der Ortschaft **Kottaun** beginnt ein Gefälle.

Kottaun

In den Ort hinein ~ über den Bach und nach der Brücke rechts ~ der Ortsdurchfahrtsstraße weiter folgen ~ am Ortsende links Richtung Langau. Hier treffen Sie wieder auf die KTM-Radweg Schilder.

Langau s. S. 64

Hauptroute von Altenburg nach Altpölla 14,5 km

Tipp: Die Darstellung der Route finden Sie in der Karte 5, S. 29.

In Altenburg treffen Sie auf eine Vorrangstraße ~ links abbiegen und den Radwegschildern Richtung Zwettl und Fuglau folgen ~ in der Linkskurve rechts über den **Florianiplatz** Richtung Großpurgstall und Mahrersdorf in die

Chorherrenstift Geras

Mahrersdorfer Straße ~ in **Mahrersdorf** an der Kapelle vorbei links Richtung Fuglau ~ der kleinen asphaltierten Straße aus dem Ort folgen und bei der nächsten Gelegenheit vor dem Schild des Landschaftsschutzgebietes rechts abbiegen ~ dem KTM-Schild folgen ~ an einer Hecke entlang ~ zur Linken der Nordring (Ralley-Rundkurs) ~ auf dem schmalen Asphaltweg bergab weiter ~ links an einem Hochstand vorbei ~ bis zur Vorfahrtsstraße fahren, dort nach rechts abbiegen und nach **Gobelsdorf** hinein.

Gobelsdorf

Tipp: Ab hier finden Sie die kartographische Darstellung der Strecke auf der Karte 6, umseitig auf S. 37.

Weiter aus der kleinen Mulde hinaus Richtung **Feinfeld**.

Feinfeld

Bei der Kapelle geradeaus auf die Vorrangstraße ~ in einer Linkskurve und mit einer leichten Steigung aus Feinfeld hinaus ~ weiter bis nach Greillenstein.

Greillenstein

PLZ: 3592; Vorwahl: 02989

Schloss Greillenstein, ✆ 8080-21, ÖZ: April-Okt., Mo-So 9.30-17 Uhr, Juli, Aug., 9.30-18 Uhr, Nov-März n. V. Abendführungen, Geistertouren, Kinderführungen. Renaissance-Architektur, Badestube, authentische Einrichtungen von Gerichtssaal, Registratur, Renaissance-Kapelle und Türkensaal.1720 wurde der Park des Schlosses barockisiert und zu einem der größten profanen Gärten Niederösterreichs ausgebaut. Noch heute zeugen prächtige Sandsteinbalustraden, der Brunnen vor dem Schloss und die Allee, die in den Park führt, davon. Mehr als 100 Sandsteinplastiken aus den Zogelsdorfer Steinbrüchen zieren Garten, Park und Schloss.

Sie folgen der Straße durch Greillenstein bis an eine Kreuzung ~ geradeaus weiter Richtung Röhrenbach ~ auf der **Greillensteiner Straße** an Röhrenbach vorbei ~ der Vorfahrtsstraße links bis Krug folgen.

Tipp: Falls Sie einen herrlichen Blick über das Kamptal werfen wollen, sollten Sie hier in

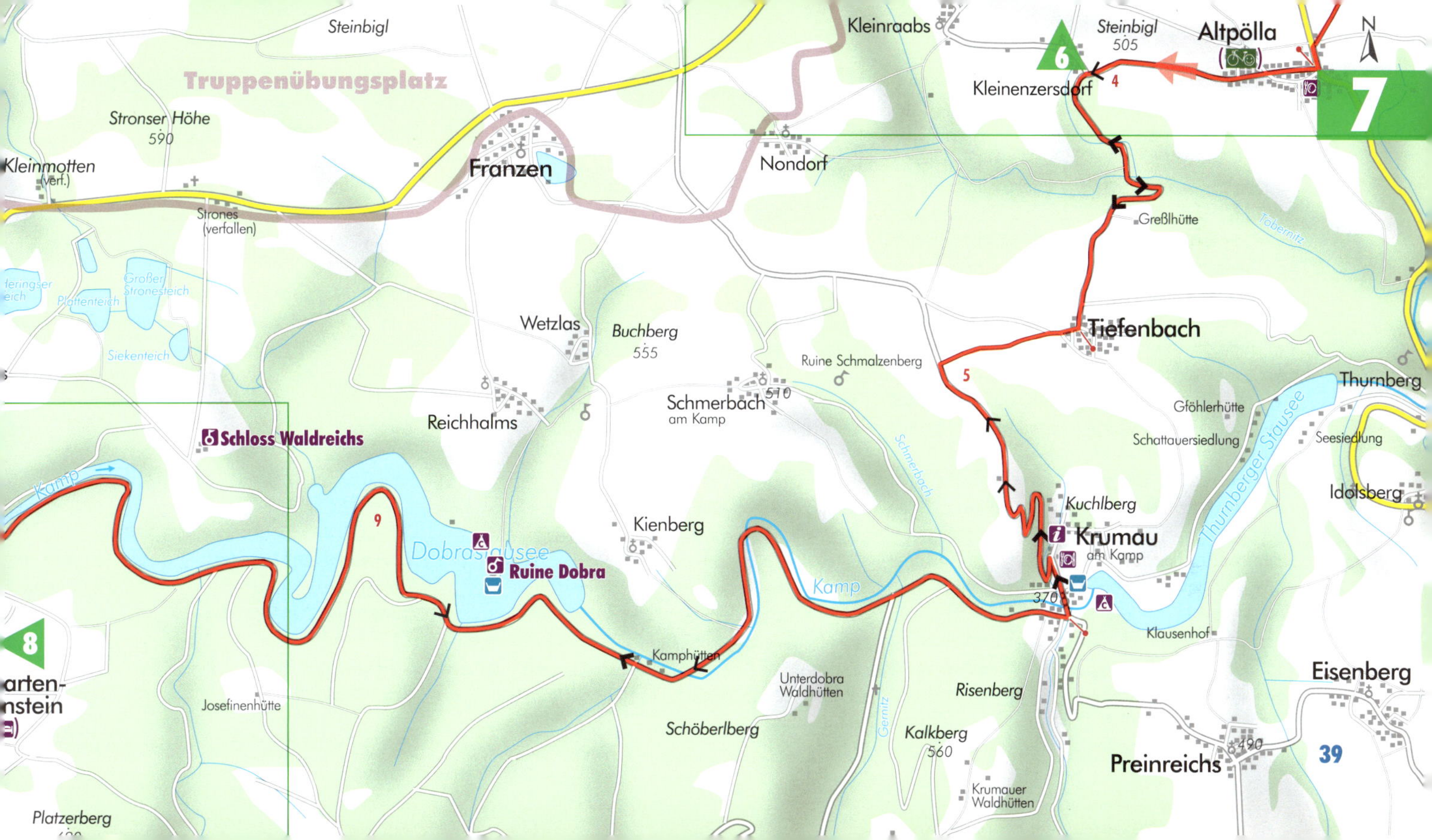

Steinbigl
Truppenübungsplatz
Stronser Höhe
590
Kleinmotten
(verf.)
Strones
(verfallen)
Franzen
Nondorf
Kleinraabs
Steinbigl
505
Altpölla
6
7
Kleinenzersdorf
4
Greßlhütte
Tobernitz
Großer Stronesteich
Plattenteich
Siekenteich
Wetzlas
Buchberg
555
Tiefenbach
Ruine Schmalzenberg
5
Thurnberg
Schmerbach
am Kamp
510
Reichhalms
Gföhlerhütte
Schattauersiedlung
Seesiedlung
Schloss Waldreichs
Kamp
Schmerbach
Thurnberger Stausee
Kuchlberg
Idolsberg
9
Kienberg
Krumau
am Kamp
Dobrastausee
Ruine Dobra
Kamp
370
Klausenhof
8
Kamphütten
Eisenberg
Unterdobra
Waldhütten
Risenberg
Josefinenhütte
Schöberlberg
Gernitz
Kalkberg
560
490
Preinreichs
Krumauer
Waldhütten
Platzerberg

Krug eine kleine Wanderung zur Ruine Schauenstein einlegen. Die Zufahrt mit dem Fahrrad ist leider verboten.

Krug

Ruine Schauenstein

Die Ruine Schauenstein zählt zu den schönsten Ruinen im mittleren Kamptal. Auf dem steil abfallenden Ausläufer des 606 Meter hohen Buchberges gelegen, bietet sie einen herrlichen Ausblick in das Kamptal. Die Burg wurde im 11. und 12. Jahrhundert von den Babenbergern erbaut und diente als Bollwerk gegen die Böhmen. 1250 wurde der mächtige fünfeckige Burgfried dazugebaut, was den Vorteil hatte, das Wurfgeschosse von den zur Angriffsseite stehenden Flanken leichter abprallen konnten.

Nach einigen Besitzerwechseln kam die Burg 1467 an den kaiserlichen Feldhauptmann Ullrich von Grafenegg. In der Auseinandersetzung zwischen Kaiser Friedrich III. und dem Ungarnkönig Matthias Corvinus, stellt sich dieser auf die Seite der Ungarn und baute die Burg weiter zu einem Bollwerk gegen den Kaiser aus. Nach der Ächtung von Ullrich, der dadurch all seine Rechte verlor und als vogelfrei erklärt wurde, blieb sie in den Händen der Gegner Friedrich II. Erst eine Belagerung mit 2.000 Reitern und 1.000 Fußsoldaten konnte den Widerstand brechen. Doch die Burg wurde durch Feuer größtenteils zerstört. Es folgten weitere Besitzwechsel und die entscheidende Zerstörung dürfte die Burg im Dreißigjährigen Krieg erlitten haben.

Schloss Greillenstein

Seit 1987 ist ein eigener Verein für die Erhaltung der Burgruine verantwortlich. Dieser ließ auch an der Ruine Sanierungsarbeiten durchführen, wodurch das Betreten der Ruine heute wieder möglich ist.

In Krug treffen Sie auf die Hauptstraße und folgen dieser rechts Richtung Ramsau, wie die Schilder weisen ~ in **Ramsau** kommen Sie an eine Kreuzung ~ hier halten Sie sich links Richtung Altpölla.

Altpölla

PLZ: 3593; Vorwahl: 02988

Marktgemeinde Pölla, Neupölla 4, ✆ 6220

1. Österreichische Museum für Alltagsgeschichte, Neupölla 10, ✆ 6220 od. 6657, ÖZ: Mai-26 Okt., So/Fei 14-16.30 Uhr. Es bietet einen Überblick über die Alltagsgeschichte und die sozialen Veränderungen der ländlichen Bevölkerung der letzten 300 Jahre.

Von Altpölla nach Schloss Ottenstein 18 km

In Altpölla der Hauptstraße links folgen Richtung Gföhl ~ nach wenigen hundert Metern rechts Richtung Tiefenbach ~ die Straße entlang durch Altpölla Richtung Kleinenzersdorf ~ noch bevor Sie den Ort erreichen links in die Straße Richtung Krumau und Tiefenbach.

Tiefenbach

Vor bis zur nächsten Kreuzung ~ links Richtung Krumau ~ weiter die Straße nach Krumau ⚠ die Fahrt wird ziemlich rasant und in engen Kurven und Kehren windet sich die Straße steil ins Tal hinab.

Krumau am Kamp

PLZ: 3543; Vorwahl: 02731

Gemeindeamt, Krumau am Kamp Nr. 22, ✆ 8230

Märchenturm Burg Krumau, Krumau 1, ✆ 8230 od. ✆ 8420, ÖZ: April-Okt., Di-So n. V.

Felix, der Dorfheilige. Statue auf dem geschlossenen Dorfplatz.

9
6
Kolmhütte
Ottensteiner Stausee
Schloss Waldreichs
8
Kamp
Schloss Ottenstein
Friedersbach
Lichtenfels
9
7
Josefinenhütte
Friedersbach
Siebenwirth
Peygarten-Ottenstein
7
Platzerberg
620
einschönau
605
680
Rastenfeld
Eschabruck
Hurbühel
Purzelkamp
Dobrabach
Hirsberg
Wolfsberg
Ober-Waltenreith
Schöpfermühle
Eichberg
655
Waldlüß
Sprögnitz
Steinberg
Meierhof
Lämmerberg
625
7,5
Werschenschlag
Burg Rastenberg
Rastenberg
Sprögnitz
Gutenbrunn
Niederwaltenreith
Hofmühle
Zwettlberg
680
Niedernondorf

Stausee Thurnberg

Zwischen Waldhängen eingebettet, von der überallhin sichtbaren Burg überragt, liegt Krumau am Kamp am Anfang des Stausees. Hier in dieser stillen Abgeschiedenheit verbrachte Margarete von Österreich ihre letzten Lebensjahre.

Sie fahren rechts in den Ort Krumau und folgen der Straße bis zur Brücke über den Kamp ~ weiter vor bis zur nächsten Vorrangstraße ~ hier biegen Sie links ab Richtung Eisengraberamt.

Nach der aufregenden Talfahrt erwartet Sie hier ein herrliches, 9 Kilometer langes Stück ohne Steigung, vorbei an der Ruine Dobra.

Immer entlang der fjordartigen Stauseen bis Sie zur Bundesstraße B 38 kommen. ⚠ Vorsicht beim Überqueren der Bundesstraße, etwas unübersichtlich !

Hier treffen Sie auf eine Beschilderung, die Sie geradeaus Richtung Staudamm weiterleitet ~ kurz vor der Staumauer links auf einen schmalen asphaltierten Waldweg, der erst einmal steil bergauf geht ~ durch den Wald, bis Sie auf die Straße zum Stausee Ottenstein treffen.

Tipp: Wenn Sie sich an der B 38 nach rechts wenden und ein kurzes Stück auf der stark befahrenen Straße bergauf fahren, kommen Sie zum Schloss Ottenstein, welches sicher einen Besuch wert ist.

Schloss Ottenstein

PLZ: 3532; Vorwahl: 02826

Schloss Ottenstein (12. Jh.), Ottenstein 1, ✆ 254 od. 251. Sehenswert die römische Burgkapelle mit den Fresken (deren Fund von überregionaler Bedeutung ist), die barocke Schatzkammer und das Päpstezimmer. Das Schloss ist aber auch Ausstellungszentrum von Handwerkskunst, einer Kunst- und Antiquitätenmesse und einer jährlichen Sommerausstellung.

Besichtigung des Kraftwerkes und der Staumauer, Ottenstein 70, ✆ 420, Juli, Aug., jeden Do 10 Uhr, sonst n. V.

Als Skandinavien des Waldviertels wird der Stausee Ottenstein bezeichnet. Und das zu Recht. Der fjordähnliche Charakter und die beeindruckenden Wälder an den Ufern des größten Kamptalstausees lassen dieses Gefühl bei all seinen Besuchern entstehen.

Von Schloss Ottenstein nach Zwettl 23 km

Auf der Hauptroute fahren Sie jetzt ein kurzes Stück bis Sie wieder auf die B 38 treffen ~ hier rechts Richtung Peygarten.

In Peygarten wenden Sie sich vor der Kapelle rechts die kleine Straße hinauf ~ durch das Siedlungsgebiet ~ danach treffen Sie noch vor der Bundesstraße auf einen asphaltierten Radweg ~ nun das letzte Stück auf die B 38 ⚠ Vorsicht bei der Überquerung der Kreuzung mit der B 38 ~ geradeaus nach Rastenfeld hinein.

Rastenfeld

PLZ: 3532; Vorwahl: 02826

Gemeindeamt, Rastenfeld 30, ✆ 289

Pfarrkirche Rastenfeld

Waldviertler Flachsverarbeitung „Leinenstube", Rastenfeld 169, ✆ 7012 od. 7726, ÖZ: Mo-Fr 8-12 Uhr und 13-17 Uhr, Sa 9-12 Uhr, jeden 1. Sa im Monat 9-12 Uhr und 13-17 Uhr. Reinleinenkollektionen, Leinenstoffe in Meterware, biologische Dämmstoffe u. v. m.

Hotelrestaurant Ottenstein, Peygarten-Ottenstein Nr. 60, ✆ 251

Tankstelle Riss, Peygarten-Ottenstein Nr. 125, ✆ 88136

Sie folgen den Schildern links Richtung Kirche, vorbei am Friedhof, der sich auf der linken Seite befindet ~ weiter Richtung B 37 ~ noch vor dieser dem asphaltierten Feldweg daneben folgen bis zur nächsten Ortschaft **Rastenberg** ~ hier bei der Kreuzung mit der Vorrangstraße rechts Richtung Zwettl ~ bei der nächsten Kreuzung geradeaus ~ weiter rechts Richtung **Wolfsberg**, es geht leicht bergab ~ am Ortsende ändert sich das und es geht wieder bergauf aus dem Ort hinaus ~ die nächste Ortschaft ist **Friedersbach** ~ nach dem Wegkreuz gibt es ein starkes Gefälle ~ weiter bis zu einer kleinen Brücke.

Truppenübungsplatz
9
11
Galgenberg
Kühbach
(verfallen)
Gerotten
Thomaskircherl
(verfallen)
Pötzles
Gradnitz
Zwettler Berg
Niederplöttbach
(verfallen)
Museum Dürnhof
Dürnhof
Spielberg
545
Deckerhaus
Klosterwald
Stift Zwettl
Zwettl Stift
Ottensteiner
Stausee
Bozener Siedlung
Kampsiedlung
Oberhof
Hundertwasser-
brunnen
Kamp
Waldrandsdlg.
Edelhof
Landwirtschaftliche
Fachschule
Mitterreith
545
Zwettl
520
Traunerhäusl
Syrnau
Seeteich
Kolmhütte
Zwettl
Rudmanns
Moidrams
Propstei
landweg
Moidramsberg
Kamp
Kolbhof
8
Friedersbach
3
3
1
2
2,5
6
7,5

Friedersbach

Hotel Schweighofer, Friedersbach Nr. 53, ✆ 02822/775110

Bei der Vorrangtafel geradeaus weiter in den Ort hinein auf die Kirche zu ⤳ die Straße führt Sie relativ kurvenreich bergab über eine kleine Brücke, vorbei an einem Laden mit Bauernmöbeln ⤳ weiter vor bis zur Vorrangstraße ⤳ links Richtung Zwettl und Rudmanns ⤳ am Ende des Angerdorfes geht es rechts bergauf ⤳ durch eine Unterführung ⤳ danach durch eine Linkskurve und hinauf zur Vorfahrtsstraße, dort rechts Richtung Mitterreith und Edelhof abbiegen.

Mitterreith

In Mitterreith kurz nach der Kapelle rechts abbiegen ⤳ den Ort verlassen ⤳ durch den Wald ⤳ am Badeplatz des Stausees Ottenstein vorbei ⤳ steil bergauf ⤳ an der Weggabelung geradeaus weiter Richtung Zwettl und Edelhof, schon von weitem können Sie die landwirtschaftliche Fachschule **Edelhof** erkennen.

In **Edelhof** bei der T-Kreuzung rechts nach Rudmanns bei der kleinen Kreuzung geradeaus Richtung **Stift Zwettl** ⤳ die Straße wird hier zu einem zweispurigen Betonplattenweg mit einem Wiesenstreifen in der Mitte ⤳ nach dem Waldstück treffen Sie direkt auf das Stift ⤳ hier links ⤳ zuerst über die Stein- dann über die Holzbrücke ⤳ weiter auf der Kopfsteinpflasterstraße bergauf um das Stift herum.

Zwettl

PLZ: 3910; Vorwahl: 02822

Tourist-Info, Hauptpl. 4, ✆ 503-129

Stadtmuseum, Altes Rathaus, Hauptpl. 4, ✆ 52564, ÖZ: Mai-Okt., Fr 14-17 Uhr, Sa, So/Fei 10-12 Uhr und 14-17 Uhr, Juli, Aug., zusätzlich Di, Do 14-17 Uhr.Gezeigt wird Wissenswertes zur Stadtgeschichte und zur Geschichte des Waldviertels, verschiedene Objekte von Walther von der Vogelweide, der in der Nähe von Zwettl, in Walthers geboren worden sein soll.

Museum Dürnhof, 2 km westlich, ✆ 53180, ÖZ: Mai-Okt., Di-So 10-18 Uhr. Um 1200 erbaut, erstmals als „Durrenhove" in einem Dokument des Papstes Innocenz III. vom 30. Jän. 1210 erwähnt. Seit 1984 Museum für Medizin-Meteorologie. Schwerpunkte sind die Entwicklung der Humanbiometeorologie, Brauchtum und Aberglaube in Meteorologie und Medizin, Umweltbelastungen und Zivilisationskrankheiten.

Zisterzienserstift Zwettl, 3 km von der Stadt entfernt, ✆ 550-0, Besichtigung nur mit Führung möglich. Mai-Okt., während der Osterfeiertage, So/Fei 11, 14 und 15 Uhr, Mo-Sa 10, 11, 14 und 15 Uhr. Juli, Aug., Sept. auch 16 Uhr, Nov.-April Führungen n. V. Das wohl berühmteste Kulturdenkmal wurde 1138 von Hadmar von Kuenring gegründet. Es stellt eine unvergleichliche Synthese der Stilrichtungen Romanik, Gotik und des Barocks dar. Einmalig ist auch die einzige noch erhaltene Latrinenanlage (Toilette mit Fließwasser) Mitteleuropas, ein unglaublicher Komfort für eine mittelalterliche Wohnung. Die Kunstkammer birgt einmalige Schätze, wie z. B. das „Zwettler Kreuz" (1180), einen Abtstab (11. Jh.) aus Elfenbein, eine französische Elfenbeinmadonna (1258) und das „Agneskreuz" (14. Jh.) sowie die Dauerausstellung "Wer's glaubt wird seelig".

Spitalskirche zum Hl. Martin, Klosterstr. 2, 1438 nach der Zerstörung durch die Hussiten wieder errichtet. Sehenswert die gotischen Steinmetzarbeiten wie das Portal zur Sakristei, die Sessionsnische und das quadratische Sakramentshäuschen. Die drei Glocken aus 1179, 1818 und 1881 fielen den Kriegen zum Opfer, wurden jedoch 1998 durch drei neue ersetzt.

Propsteikirche (Johanneskirche), Am Propsteiberg, in der 2. Hälfte des 12. Jhs. entstanden, mit der Michaelskapelle (13. Jh.), dem Rundkarner (13. Jh.), den spätgotischen Totenleuchten und dem spätromanischen „Kasten" – einem langgestreckten Hallenbau, wahrscheinlich das Hauptgebäude des Pfarrhofes.

Der Kreuzweg mit **Kreuzigungsgruppe** führt vom Platz bei der Hamböckbrücke hinauf zur Propstei. Die ursprünglich hölzernen Stationen wurden 1870 durch gemauerte ersetzt. Gegenüber der 12. Station steht die aus der 1. Hälfte des 18. Jhs. stammende Sandsteingruppe der Kreuzigung Jesu.

Der Neue Markt. 1230 erfolgte die erste Erweiterung der Stadt Zwettl. Bis ins 20. Jh. wurden hier wöchentlich Viehmärkte abgehalten.

Das Alte Rathaus, Hauptpl. 4, bereits 1307 wurde es von Leuthold I. von Kuenring-Dürnstein um- bzw. ausgebaut. Seit

1850 dient es als Rathaus. Im Zuge eines Turmzubaues wurde die Front mit Sgraffiti geschmückt. Es wurde in Folge mehrmals umgebaut, so auch nach den beiden Stadtbränden 1772 und 1814.

- **Hundertwasserbrunnen**, Hauptplatz. 1994 im Zuge der Neugestaltung von Friedensreich Hundertwasser, welcher in der Nähe von Zwettl eine alte Mühle besaß, geplant und errichtet.
- **Brauerlebnis Zwettl**, Syrnauer Str. 22-25, ✆ 500-51. Führungen: Mo-Fr 8-17 Uhr, Sa 9-14 Uhr, Dämmerschoppentour: Di 18.30-22 Uhr.
- **Park- und Erlebnisbad** Zwettl, Hammerweg, ✆ 52175
- **Sonnenbad im Kamptal**
- **Sport Kastner**, Landstr. 4, ✆ 52843
- **Bikergasthof „Dichter Hamerling"**, Galgenbergstr. 3, ✆ 523440

Der Name der Stadt geht auf den altslawischen Namen „Svetla" zurück und bedeuted so viel wie „Lichtung".

Die auf dem heutigen Propsteiberg entstandene Burg- und Kirchenanlage wurde von den Kuenringern in der zweiten Hälfte des 12. Jahrhunderts gegründet. Bereits 1200 wurde die auf dem Felsplateau zwischen Kamp und Zwettl errichtete Siedlung in einer Urkunde von Herzog Leopold VI. als Stadt bezeichnet.

1176 wurde das Dorf Zwettl von den Böhmen erstürmt und niedergebrannt. Ihre Nachfahren die „Hussiten" kamen im 15. Jahrhundert und zu Beginn des Dreißigjährigen Krieges wieder. Unter den Belagerern der Stadt fanden sich jedoch auch Schweden, Ungarn und Franzosen.

Die wechselvolle Geschichte der Stadt erzählt von Wohlstand genauso wie von Katastrophen, Kriegen, Seuchen und Feuersbrünsten. Bei Bränden in den Jahren 1500, 1649, 1772 und 1814 wurde jeweils mehr als die Hälfte der Stadt in Schutt und Asche gelegt.

Doch die Bevölkerung ließ sich nie entmutigen und baute die Stadt immer wieder aus den Trümmern neu auf.

Schon seit Urzeiten wird in Zwettl Bier gebraut und seit dem Jahre 2000 darf sich Zwettl auch als Braustadt bezeichnen, begründet durch die steigende wirtschaftliche Bedeutung der Privatbrauerei der Familie Schwarz. Bei einem Besuch des Betriebes sollten Besucher die Möglichkeit einer Bierdegustation wahrnehmen.

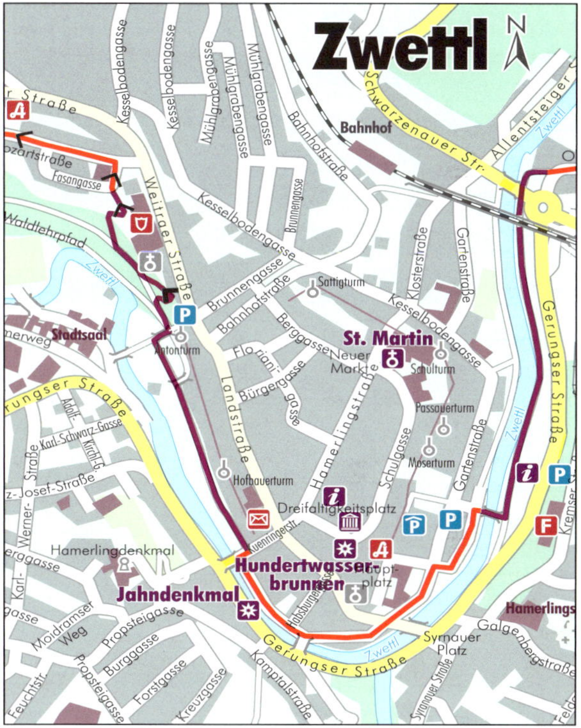

Von Stift Zwettl nach Retz 146 km

Der zweite Abschnitt beginnt im Umfeld des weitläufigen Zisterzienserklosters Stift Zwettl, das zu den großen Kunstschätzen Mitteleuropas zählt. Sie verlassen nun den Kamp, um den nächsten der drei Flüsse, die für die Namensgebung dieses Radweges verantwortlich sind, zu begleiten – die Thaya. Diese führt Sie durch weite Strecken des nördlichen Waldviertels, vor allem aber durch ein malerisches und mäanderreiches Durchbruchstal und den Nationalpark Thayatal, der mit seiner wunderschönen Auenlandschaft geradezu zum Kraft und Energie tanken einlädt. Entdecken Sie in weiterer Folge das Retzer Land mit seinen von Feldern und Weingärten überzogenen, sanft gewellten Hügeln rund um die attraktive Weinstadt Retz. Ein Ausflug durch den Nationalpark Thayatal und ins angrenzende Nachbarland Tschechien nach Znaim bietet zusätzliche Abwechslung auf Ihrer Radreise.

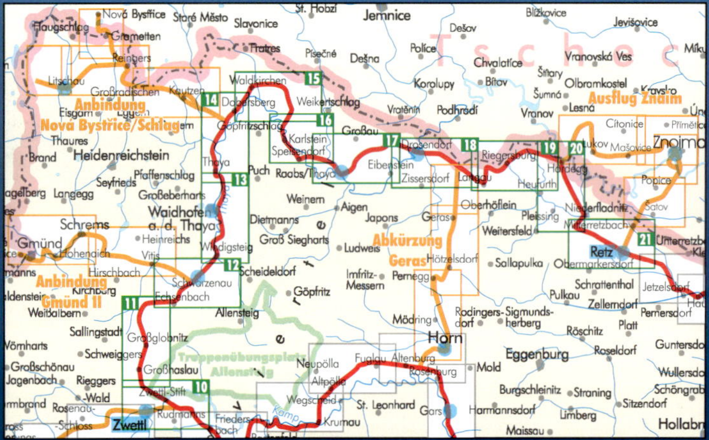

Sie fahren auf diesem Wegstück fast ausschließlich au ruhigen asphaltierten Nebenstraßen und Güterwegen. Nur selten begegnen Ihnen unbefestigte oder verkehrsreiche Abschnitte. Konditionell stellt die Strecke durch das Waldviertel durchaus Ansprüche an Sie.

Zwettl s. S. 44

Von Zwettl nach Großglobnitz 13 km

Tipp: Unmittelbar nach dem Stift beginnt die Anbindung zum Oberösterreichischen-Grenzlandweg Richtung Arbesbach. Die Beschreibung dazu finden Sie ab S. 119.

An der Kreuzung nach dem Stift Zwettl rechts Richtung Dürnhof weiterfahren ~ an der folgenden Kreuzung rechts und kurz darauf links abbiegen ~ am Museum Dürnhof vorbei ~ durch die Allee vor bis zur Vorfahrtsstraße ~ ⚠ Auf den Querverkehr achtgeben!

Die Straße überqueren und weiter Richtung Gasthof Theresienhof auf der schmalen Asphaltstraße weiterfahren ~ am Waldrand entlang ~ rechts an einem Marterl vorbei und über den Bahnübergang ~ an einem Hochstand vorbei und am Waldrand entlang ~ in den Wald hinein und bergab weiter ~ über eine kleine Brücke ~ an der kommenden Weggabelung rechts Richtung Großhaslau weiter ~ dem KTM Schild folgen ~ leicht bergab ~ erneut über eine kleine Brücke ~ durch einen Wald ~ an einem Kreuz links vorbei ~ an einem Materl vorbei ~ noch vor der Bundesstraße links abbiegen ~ auf der schmalen Asphaltstraße weiter ~ durch eine scharfe Linkskurve ~ an der folgenden Kreuzung rechts in den asphaltierten Feldweg abbiegen ~ an einem Materl mit Gedenkstein vorbei ~ an der kommenden T-Kreuzung rechts ~ kurz darauf links ~ an einigen Höfen von **Großhaslau** vorbei ~ erneut an einem Materl vorbei ~ danach parallel zur Bundesstraße weiter ~ beim Vorrang-geben-Schild links Richtung Ritzmannshof abbiegen ~ ab hier auf einer etwas breiteren Asphaltstraße entlang ~ durch **Ritzmannshof** ~ am Hofteich vorbei ~ kurz darauf rechts an einem Kreuz vorbei ~ die Fahrbahn wird wieder etwas schmäler ~ den Straßenteich passieren ~ an der folgenden Kreu-

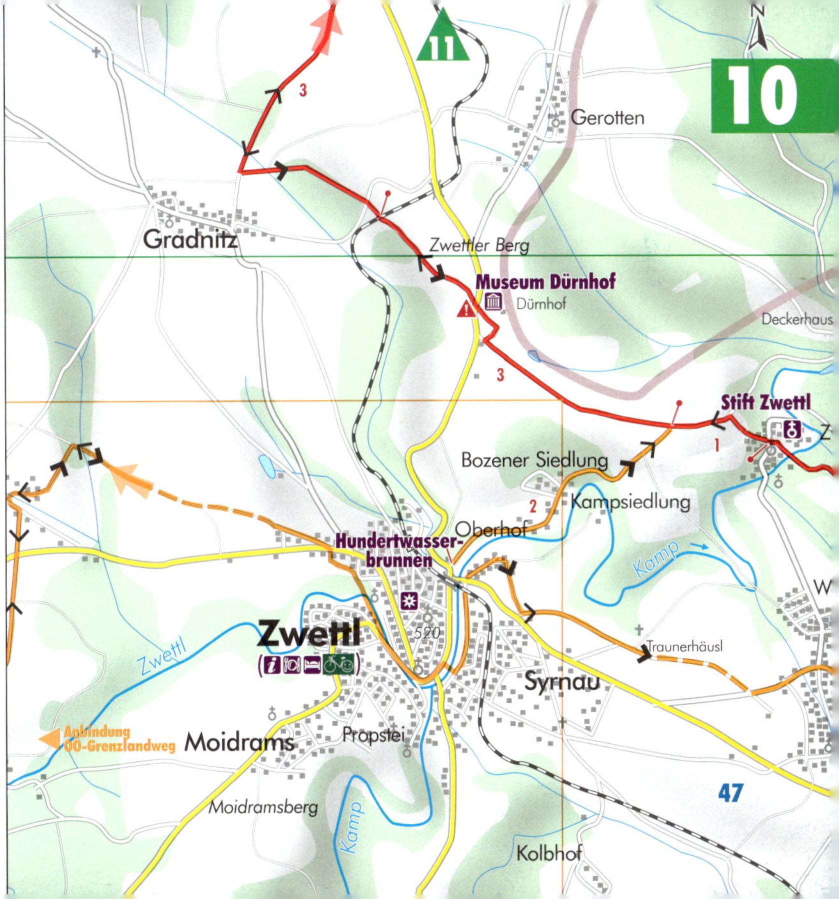

zung links in die Vorfahrtsstraße abbiegen ⤳ zu den **Teichhäusern** fahren ⤳ an einem Gasthof vorbei ⤳ unmittelbar danach rechts in den schmalen Güterweg einbiegen ⤳ durch eine kleine Baumgruppe ⤳ nach **Großglobnitz** hineinfahren.

Großglobnitz

Von Großglobnitz nach Schwarzenau 15 km

Beim Architekturzentrum und an einem Möbelhaus vorbei und kurz darauf links abbiegen ⤳ bald danach rechts abbiegen ⤳ an einem grünen Haus und danach an einigen Höfen vorbei ⤳ leichtes Gefälle ⤳ an der darauffolgenden Kreuzung links abbiegen ⤳ am Trafohäuschen vorbei und den Ort verlassen ⤳ rechts an einem Kreuz vorbei ⤳ bei der nächsten Kreuzung links ⤳ leicht hügelig dahin ⤳ erneut an einem Kreuz vorbei und kurz darauf das Ortsschild von **Ottenschlag** passieren.

Ottenschlag

Leicht bergab ⤳ links an der Kapelle vorbei ⤳ dem Straßenverlauf folgen ⤳ am Löschteich vorbei ⤳ bergauf den Ort verlassen ⤳ an einem Teich und an den Warnungshöfen vorbei ⤳ schließlich nach **Warnungs** hinein ⤳ leicht bergab ⤳ den Ort verlassen ⤳ einen Bach überqueren ⤳ danach folgt eine Gegensteigung ⤳ weiter nach **Wolfenstein** ⤳ die Vorfahrtsstraße überqueren ⤳ geradeaus weiter Richtung Allentsteig und Haimschlag ⤳ unmittelbar nach dem Ortsausgangsschild rechts abbiegen und Richtung Rieweis weiterfahren ⤳ links an einem kleinen Kreuz vorbei, ab hier beginnt ein leichtes Gefälle ⤳ in **Rieweis** an der Kapelle rechts vorbei ⤳ die Bushaltestelle passieren und Rieweis verlassen ⤳ leicht bergauf weiter ⤳ an einem Wasserhochbehälter vorbei ⤳ bergab zum Ortsschild von Echsenbach.

Echsenbach

PLZ: 3903; Vorwahl: 02849

- **Gemeindeamt**, Bachzeile 4, ✆ 8218
- **1. Österreichisches Schnaps-Glas-Museum**, Kirchenberg 4, ✆ 84507, ÖZ: ganzjährig 9-17 Uhr. Mehr als 5.000 Einzelstücke zählt die Sammlung des Echsenbacher Glasspezialisten Harald Rath, davon werden rund 1.000 Gläser im Museum präsentiert. Bestände vom Habsburgerhof, der Fürsten Esterhazy, Palffy und der Familie Rothschild gehören zu den kunstvoll gefertigten Schnaps- und Likörgläsern aber auch Entwürfe bekannter Künstler aus der Zeit des Historismus. Gläser der Wiener Werkstätte und von Adolf Loos zählen zu den absoluten Highlights dieser sehenswerten Ausstellung.
- **Erholungszentrum mit Badeteich**

In Echsenbach ist auch der Sitz des ältesten Fertigteilhausherstellers Österreichs. Der Betrieb war bereits bei der Wiener Weltausstellung vertreten und hat für diesen Anlass ein Musterhaus aus Holz für den Kaiser angefertigt. Dieses Jagdhaus steht noch heute in Echsenbach und befindet sich in Privatbesitz der Familie Hartl.

Kurz darauf rechts in die **Hauptstraße** abbiegen ⤳ dem Straßenverlauf folgen ⤳ eine Brücke überqueren ⤳ beim Kriegerdenkmal links Richtung Modlisch und Schwarzenau abbiegen ⤳ dem **Kirchenberg** bergauf folgen ⤳ nach dem Ortsausgangsschild beginnt das Gefälle ⤳ an der Baumreihe entlang ⤳ unter einer Eisenbahnbrücke durch ⤳ danach links an der Bahnlinie entlang ⤳ die Haltestelle Echsenbach passieren ⤳ beim Wegweiser Richtung Schwarzenau links abbiegen ⤳ die Brücke überqueren ⤳ danach vor bis zum Biotic Institute Austria.

Tipp: Hier besteht die Möglichkeit links zur Anbindung nach Gmünd abzubiegen. Die Beschreibung dafür finden Sie ab S. 125.

Kirchenlüß
Hammerschmiede
Gerhartsmühle
Wolfenstein
555
Haimschlag
12
Echsenbach
4
Rieweis
Warnungs
Süßenbach
Warnunghöfe
Thaya
Niederglobnitz
5,5
Ottenschlag
Maierhöfen
550
Bösenneunzen
Kleinotten
Lugenteich
Großglobnitz
595
Friedenteich
Teichhäuser
6
Germanns
Straßenteich
Hofteich
Ritzmannshof
Gerotter Wald
Unterrabenthan
Großhaslau
3
49
Gradnitz
10
Gerotten
11

Linker Hand liegt der **Friedhof** von Schwarzenau und hier treffen Sie auf die Beschilderung der „Kamp-Thaya-March-Radroute" und auch des Thayatal-Radweges ~ rechts über die Brücke ~ der Beschilderung auf den unbefestigten Weg entlang der Thaya folgen ~ der Radweg führt entlang der Bahntrasse ~ links die Thaya, rechts der Bahndamm ~ weiter bis zur Hauptstraße ~ in der **Thayagasse** weisen die Schilder links Richtung Sportplatz ~ an diesem vorbei, über den Parkplatz Richtung Hauptstraße ~ weiter vor bis zur Brücke über die Thaya ~ unter der Brücke durch ~ auf der anderen Seite in einem scharfen Linksbogen bergauf auf den Gehsteig.

Schwarzenau

PLZ: 3900; Vorwahl: 02849

Gemeindeamt, Waidhofnerstr. 2, ☎ 2247

Märchenschlossstraße, Ausstellung im Renaissanceschloss Schwarzenau, ÖZ: Mai-Sept., Do-So/Fei 9-12 Uhr und 13-17 Uhr

Schloss Schwarzenau (nicht öffentlich zugänglich). Mit kleinem Porzellan- und Kuriositätenmuseum, Kristallwelt. Eines der schönsten und eines der wenigen, völlig restaurierten Renaissance-Schlösser Österreichs. Sein heutiges Aussehen verdankt es im Wesentlichen zwei Adelsgeschlechtern. Denen von Streun (vom 13. Jh. bis 1636 Besitzer), sie errichteten Ende des 16. Jhs. die zweistöckige, dreiflügelige Anlage mit den zwei markanten Ecktürmen an der Vorderfront. Und Franz Adam von Polheim. Der Graf erwarb das Schloss 1728 und ließ den italienischen Meister Giovanni Battista d'Allio alle repräsentativen Räume mit Stuck verzieren. In den Kellern ist das größte private Selbstschutzzentrum Österreichs untergebracht. Es ist für 300 Personen ausgerichtet.

Freizeitanlage „Brühlteich", einige Minuten außerhalb von Schwarzenau, mit sehenswertem Skulpturenpark aus Waldviertler Granit und einer „Russischen Kegelbahn".

Pferdekutschenfahrten, Fam. Spiesmaier, ☎ 2620

Naturdenkmal **„Schwedenstein"**

Brühlteich

Thaya-Aupark entlang der B2 gegenüber des Schlosses

Schwarzenau wurde erstmals 1150 urkundlich erwähnt. Im 12. Jahrhundert war es Hoheitsgebiet der Kuenringer.

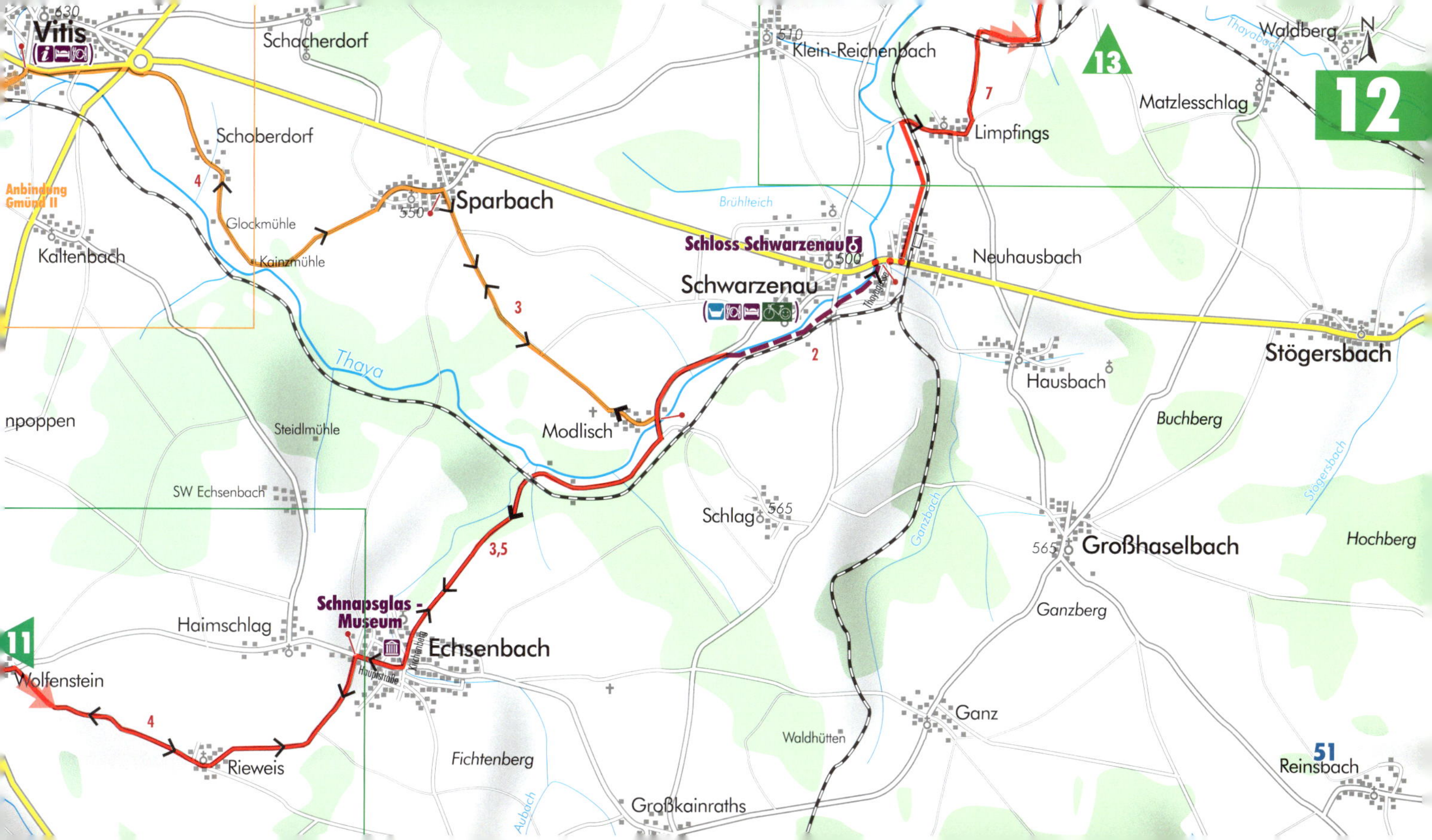

Vitis
630
Schacherdorf
Klein-Reichenbach
510
Waldberg
Thayabach
13
12
Matzlesschlag
Limpfings
7
Schoberdorf
4
Anbindung Gmünd II
Sparbach
550
Glockmühle
Kainzmühle
Kaltenbach
Brühlteich
Schloss Schwarzenau
500
Neuhausbach
Schwarzenau
Thayagasse
3
2
Thaya
Stögersbach
Hausbach
Modlisch
Buchberg
npoppen
Steidlmühle
Schlag
565
SW Echsenbach
Ganzbach
Stögersbach
Großhaselbach
Hochberg
3,5
Schnapsglas-Museum
Haimschlag
Echsenbach
Ganzberg
11
Wolfenstein
Hauptstraße
Kirchenberg
Ganz
4
Waldhütten
Rieweis
Fichtenberg
51
Reinsbach
Aubach
Großkainraths

1197 errichtete Pilgrim de Swarcenave eine Wasserburg zum Schutz des Fernweges von Gmünd nach Böhmen. 1891, anlässlich eines Kaisermanövers – es trafen sich die drei Kaiser: Franz Joseph I. von Österreich, Wilhelm II. von Preußen und Albert I. von Sachsen – wurde das Schloss Schwarzenau das kaiserliche Hauptquartier.

Einen wirtschaftlichen Aufschwung erlebte der Ort Ende des 19. Jahrhunderts durch den Bau der Franz-Josefs-Bahn und den abzweigenden Bahnen nach Zwettl und Waidhofen.

1930 wurde Schwarzenau zum Markt erhoben.

Von Schwarzenau nach Waihofenan der Thaya 14 km

Entlang der **Bundesstraße 2**, Richtung Vitis und dem Schloss Schwarzenau vor bis zur nächsten Kreuzung ~ rechts Richtung Waidhofen an der Thaya ~ bei der Weggabelung außerhalb von Schwarzenau rechts ~ über die kleine Holzbrücke ~ unter der Eisenbahnbrücke durch ~ in einem Rechtsbogen nach Limpfings hinein.

Limpfings

Ab der Ortstafel Limpfings beginnt eine Kopfsteinpflasterstraße bergauf ~ in einem Linksbogen

aus Limpfings hinaus ~ außerhalb der Ortschaft, bei der Weggabelung geradeaus über die Kreuzung ~ die Bahngleise auf einer Brücke queren ~ unmittelbar nach der Brücke rechts auf den Güterweg entlang der Bahngleise ~ weiter vor bis zur Bahnunterführung ~ hier links Richtung Willings ~ bei der Kreuzung mit der Bahn, bei der Stopp-Tafel rechts ⚠ ~ über die Gleise geradeaus ~ bei der nächsten Kreuzung links Richtung Waidhofen ~ über eine Brücke mit 20-Tonnen-Beschränkung über die Thaya ~ in einer Rechtskurve kommen Sie nach Windigsteig hinein.

Windigsteig

Badesee Strandbad

Bei der Vorrangstraße links ~ weiter bis zur Bahnkreuzung und geradeaus hinüber ~ über eine Brücke über einen kleinen Teich ~ geradeaus Richtung Waidhofen, links eine Abzweigung Richtung Schwarzenau ~ bei der Weggabelung außerhalb von Windigsteig rechts den Radwegschildern folgen ~ auf dem Güterweg müssen Sie wieder die Bahngleise geradeaus überqueren ~ weiter vor bis zu einer T-Kreuzung ~ rechts über die Brücke nach Meires hinein.

Meires

Bei der nächsten Abzweigung links Richtung Neumühle ~ Sie fahren rechts an der Neumühle vorbei ~ durch einen kleinen Wald in einer Rechtskurve ~ links die Thaya ~ weiter bis nach Vestenpoppen.

Vestenpoppen

An der Vorrangstraße geradeaus weiter ~ vorbei an der Kirche ⚠ Achtung hier ist eine Engstelle ~ rechts befindet sich die Feuerwehr Vestenpoppen/Wohlfahrts ~ über die Thayabrücke nach Wohlfahrts hinein.

Wohlfahrts

Am Glockenturm vorbei ~ weiter der Straße durch den Ort folgen.

Tipp: Außerhalb von Wohlfahrts teilt sich der beschilderte Radweg. Links führt der Thayatal-

13
14
12
53
Großgerharts
Jarolden
Jaroldsmühle
500
10,5
Kleineberharts
Schloss
Dimling
Vestenötting
Hollenbach
Sixmühle
Stoißmühle
500.
Jägerteich
Vestenöttinger Straße
Ziegengeist-straße
Rathaus
510
Altwaidhofen
Badgasse
Matzles
Karl-Illner-Straße
Waidhofen
a. d. Thaya
Vitiser Straße
Jasnitz
6
Thaya
7
Vestenpoppen
Ulrichschlag
Kainraths
Götzweis
Wohlfahrts
Lensbach
Neumühle
Kottschallings
Meires
Edengans
Rafings
Großmühle
Lichtenberg
Rafingsberg
Windigsteig
Markl
Willings
Aumühle
Klein-Reichenbach
Waldberg
Limpfings
Matzlesschlag
Thayabach

Radweg weg und geradeaus ist der KTM-Radweg beschildert. Der Weg links ist zwar etwas länger, dafür verkehrsfrei.

Die Hauptroute des KTM-Radweges führt weiter geradeaus bis Sie in Waidhofen auf der Moritz-Schadek-Straße eintreffen.

Von der **Moritz-Schadek-Straße** bei der nächsten Möglichkeit rechts Richtung Freizeitzentrum ~ über den Parkplatz vor bis zur Thaya (rechts halten) ~ ⚠ der Weg ist hier unbefestigt und sehr schmal und führt direkt neben der Thaya entlang ~ am **Sportplatz** vorbei ~ über den Parkplatz vom **Volksfestgelände** ~ beim Umspannwerk links in die **Badgasse**, diese ist wieder asphaltiert ~ vorbei am **Campingplatz** und am „Haus der Zuversicht" ~ weiter in der schmalen Wohnstraße, der Badgasse, direkt neben der Thaya ~ vor bis zur Kreuzung mit der Wiener Straße ⚠.

Tipp: Hier müssen Sie ein kurzes Stück auf der stark befahrenen Wiener Straße bergauf fahren.

Waidhofen an der Thaya

PLZ: 3830; Vorwahl: 02842

Informationsbüro, Hauptpl. 1, ☎ 503-0

Heimatmuseum (1577), Wiener Str. 14, ☎ 53401. In diesem mittelalterlichen Haus mit Fluchtkeller und Fassadenmalerei im Renais-

sancestil an der Straßenseite, können Sie eine Bürgerwohnung aus dem Biedermeier, eine bäuerliche Stube mit einer„Schwarzen Kuchl" (Rauchküche) besichtigen. Weiters wird in zwei Räumen die Geschichte der Stadt dargestellt, es folgt die „Neubistritzer Heimatstube" und der „Robert-Hamerling-Gedenkraum". Verschiedene Waffen, Schießscheiben und Volkskunstobjekte runden die Ausstellung ab.

Neues Museum, Moritz-Schadek-G. 4, ☎ 53401, ÖZ: Mai-Okt., So/Fei 10-12 Uhr und14-16 Uhr, Juli-Aug., zusätzlich Do 10-12 Uhr, Fr 18-20 Uhr, Sa 14-16 Uhr. Gruppenführungen n. V. bei der Stadtgemeinde ☎ 50401. In dem einstigen Schweinehändlerpalais, einem Gebäude im klassizistischen Stil, findet sich eine Darstellung der Entwicklung von Handwerk und Gewerbe (eine Schneider- und Schusterwerkstatt) und das „Erste Waldviertler Webereimuseum", eine vollständig eingerichtete Greißlerei und ständig wechselnde Sonderausstellungen.

Silomuseum, Getreidesilo, Raiffeisenstr. 14, ☎ 52535. Hier können Sie in 50 m Höhe alte bäuerliche Geräte besichtigen.

Erstes Waldviertler Textilmuseum, Moritz-Schadek-Gasse, ☎ 53401, ÖZ: Mai-Okt., So/Fei 10-12 Uhr Und 14-16 Uhr, Juli, Aug., zusätzl. Do 10-12 Uhr, Fr 18-20 Uhr, Sa 14-16 Uhr.

Stadtpfarrkirche. Der auf dem höchsten Punkt der Stadt errichtete „Dom des Thayatals" wurde 1713-23 vom Maurermeister Mathias Fölser erbaut. Sehenswert die barocke Innenausstattung mit reichen Stukkaturen und Deckenfresken.

Schloss. Die Burganlage mit dem wuchtigen Turm und Zinnen wurde 1770 in ein Schloss umgebaut. Das Schloss befindet sich heute in Privatbesitz.

Rathaus (16. Jh.), im Zentrum des Hauptplatzes gelegen. Ein Renaissancebau mit gotischem Kern, Treppengiebel und „Dachreiter"-Turm.

Gerichtsgebäude, das heutige Bezirksgericht war im 18. Jh. die Waldviertler Zentrale der „Schwechater Cotton-Manufaktur", des größten Baumwollerzeugers der Monarchie. Ab 1848 wurde das Gebäude für Verwaltungszwecke genutzt.

Dreifaltigkeitssäule, 1709 mit Statuen von Wolfgang Stainböck angefertigt. Beiderseits der Barocksäule stehen die anlässlich der Silberhochzeit von Kaiser Franz Josef und „Sissi" am 24. April 1879 gepflanzten Kaiserlinden.

Haus, Hauptpl. 18, der Legende nach soll hier schon vor der ersten urkundlichen Erwähnung im Jahre 1171 ein „Waydthoff", ein Jagdhaus gestanden sein, von dem sich der Name Waidhofen ableitet.

Hallenbad, Bahnhofstr. 9, ☎ 52689

Waldrappgehege, frei zugänglich

Fa. Kreil, Heidenreichsteiner Str. 12, ☎ 20252

Intersport Ruby, Böhmg. 30, ✆ 521360
Fa. Kreil, Heidenreichsteiner Str. 12, ✆ 20252
Intersport Ruby, Böhmg. 30, ✆ 521360

Waidhofen an der Thaya entstand 1150 am linken Thayaufer als Gründung der Grafen von Pernegg. 1220 ging Waidhofen in den Besitz der österreichischen Landesfürsten über und 1230 wurde Waidhofen mit den Stadtrechten ausgestattet. Die Stadt sollte Verteidigungsaufgaben gegenüber Böhmen und Mähren erfüllen und wurde auch in den Jahren 1278, 1328 und während der Hussitenkriege von böhmischen Heeren schwer in Mitleidenschaft gezogen. Waidhofen war seit der Stadtwerdung zentraler Ort für das Umland und wirtschaftliches Zentrum des Thayatals. Ende des 18. Jahrhunderts galt die Stadt als bedeutende Gewerbestadt. Der Wohlstand kam aus der Erzeugung von Leinenbändern und Baumwollwaren und mit dem Handel damit. Wichtige Einnahmequelle war jedoch auch der Viehhandel mit Südmähren. Heute ist Waidhofen wichtiger Verwaltungs-, Schul-, Gewerbe- und Einkaufsort für das Thayatal.

Von Waidhofen an der Thaya nach Thaya — 7 km

Der Straße Richtung Zentrum folgen ~ in der Linkskurve rechts in die zweite Gasse, die **Schlossgasse**, eine Kopfsteinpflasterstraße ~ in einem Linksbogen um das Schloss ~ weiter bis zur Vorrangstraße ~ rechts auf die L 8126, die **Ziegengeiststraße** ~ bei der Weggabelung geradeaus auf die L 8124, die **Vestenöttinger Straße** ~ weiter bis zur Kreuzung mit der B 5 ~ ⚠ Achtung beim Überqueren ~ weiter der Straße folgen bis nach Vestenötting hinein.

Vestenötting

In einem Linksbogen in die Ortschaft hinein ~ vorbei am Gasthaus Streicher ~ am Schloss zur Rechten geradeaus vorbei ~ bei der Kreuzung geradeaus Richtung Jarolden ~ in einer Rechtskurve aus Vestenötting hinaus.

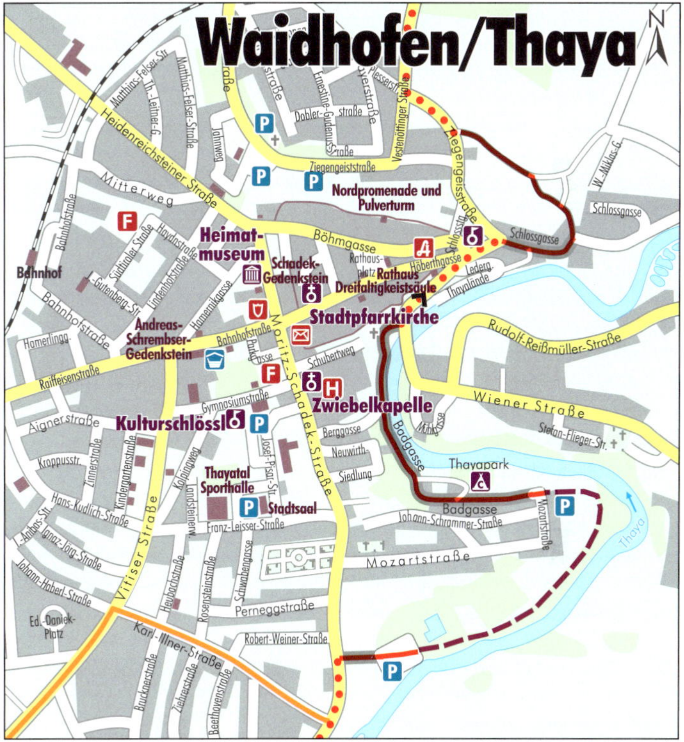

An der **Jaroldsmühle** vorbei → kurz vor der Ortschaft Jarolden in einem Linksbogen Richtung Thaya → weiter der Straße bis Thaya folgen.

Über die Bahngleise → in einem Linksbogen in die Ortschaft hinein → gegenüber befindet sich ein Dachziegelwerk → über die große Brücke über die Thaya → danach beginnt eine Kopfsteinpflasterstraße, welche bergauf führt → weiter bis zur Vorrangstraße.

Thaya

PLZ: 3842; Vorwahl: 02842

Gemeinde Thaya, ✆ 52663

Heimatmuseum

Mittelalterliche Dorfwüstungen Hard und Kleinhard

Flussbad Thaya

Von Thaya nach Dobersberg 11 km

Geradeaus weiter an der Kirche vorbei → bei der Kreuzung mit der B 36 geradeaus → bei der nächsten Abzweigung rechts Richtung Gastern und Eggmanns → in einem Linksbogen aus Thaya hinaus → weiter dem Straßenverlauf folgen → bei der nächsten Abzweigung, beim Saßmarterl rechts Richtung Kautzen → weiter geradeaus an **Oberedlitz** vorbei → vor Peigarten führt die Straße bergab → vorbei an der auf der linken Seite stehenden Kapelle in einer Linkskurve nach Peigarten hinein.

Peigarten

Über die Brücke über den Taxenbach → bei der Bushaltestelle rechts abbiegen → links an einer Wiese entlang → bei einem hellgrünen Haus links abbiegen → leicht bergauf → schließlich die Brillhäuser verlassen → der schmalen Asphaltstraße weiter folgen → der Asphalt ist auf diesem Streckenabschnitt in schlechtem Zustand → rechts an einem Hof mit Silos vorbei → an **Goschenreith** vorbei.

Goschenreith

Eine scharfe Linkskurve gefolgt von einer Rechtskurve → schließlich beim Vorrang-geben-Schild rechts abbiegen → Goschenreith verlassen → nach der Ortschaft durch einen kleinen Wald → bei der kleinen Kreuzung geradeaus Richtung Dobersberg.

Tipp: Hier an der Kreuzung vor Großharmanns führt Sie eine Verbindung nach Schlag, in den nördlichsten Teil Niederösterreichs bzw. nach Neu Bistric in Tschechien. Die Beschreibung dazu finden Sie ab S. 129.

Der Straße bis nach Dobersberg folgen.

Dobersberg

PLZ: 3843; Vorwahl: 02843

Touristinformation, Gemeindeamt, Schlossg. 1, ✆ 2332 od. ✆ 26161.

Feuerwehrmuseum im Schloss Dobersberg, ÖZ: So/Fei 10-12 uhr und 13-16 Uhr.

Naturkundemuseum im Schloss Dobersberg, ✆ 26161 od. ✆ 2332, ÖZ: Ostern-Allerheiligen, Sa, So/Fei: 10-12 Uhr und 14-16 Uhr.

Schloss Dobersberg, Schlossg. 1, ✆ 2332, nur von Außen zu besichtigen.

Naturpark Dobersberg, ✆ 26161 Erlebnisführungen: Ostern-Allerheiligen n. V.

Wald-und Farnlehrpfad, Wünschelroutenerlebnisweg

Badesee

Raiffeisen Autohaus, Lagerhausstr. 2, 2466-0

Von Dobersberg nach Raabs an der Thaya 27 km

Beim **Sparkassenplatz** nach der Post links abbiegen → an der Feuerwehr und der Gendamerie rechts vorbei → den Wegweisern Richtung Waldkirchen und Fratres folgen → der **Waldkirchnerstraße** folgen und den Ort verlassen → bergauf weiter → an der nächsten Kreuzung beim Kreuz rechts Richtung **Lexnitz** abbiegen → bergab in den Ort hinein → danach auf einem schmalen Asphaltgüterweg weiter → die Bahnlinie überqueren → durch eine langgezogene Linkskurve → über eine kleine Betonbrücke → an der folgenden Weggabelung rechts dem KTM-Schild folgen → parallel zur Bahnlinie weiter

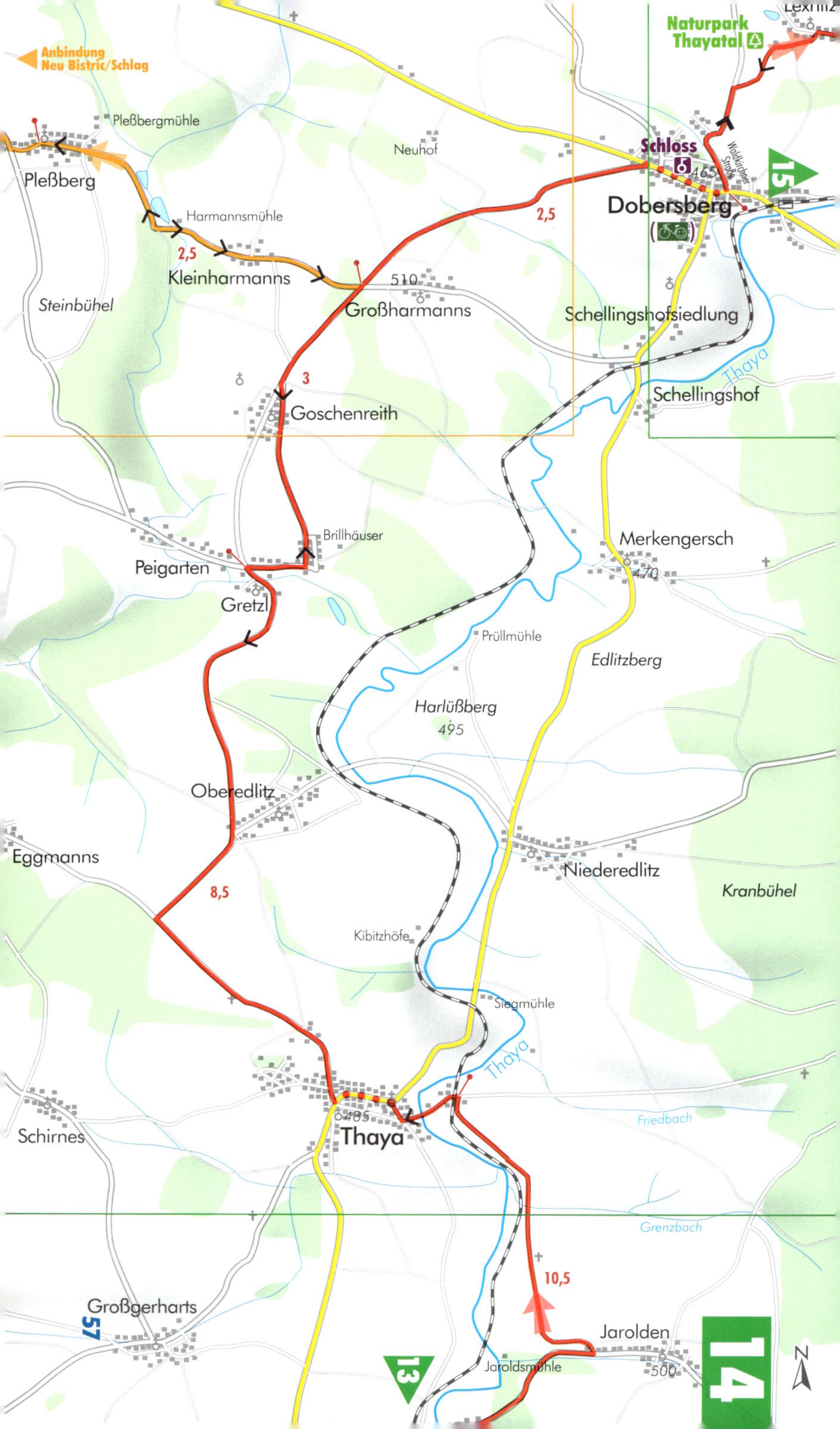
Anbindung Neu Bistric/Schlag
Naturpark Thayatal
Schloss
Waldkirchner Straße
Dobersberg
465
15
Pleßbergmühle
Neuhof
Pleßberg
Harmannsmühle
2,5
Kleinharmanns
510
Großharmanns
Steinbühel
Schellingshofsiedlung
Thaya
Schellingshof
3
Goschenreith
Brillhäuser
Peigarten
Gretzl
Merkengersch
470
Prüllmühle
Edlitzberg
Harlüßberg
495
Oberedlitz
Eggmanns
8,5
Niederedlitz
Kranbühel
Kibitzhöfe
Siegmühle
Thaya
485
Thaya
Schirnes
Friedbach
Grenzbach
10,5
Großgerharts
57
Jarolden
Jaroldsmühle
500
13
14
N

~ an der folgenden Kreuzung geradeaus weiter ~ am gelben Haus rechts vorbei ~ am Fluss entlang ~ unterhalb der Bahn durch einen kleinen Tunnel durch ~ kurz darauf wieder die Bahnlinie überqueren ~ an einer Koppel entlang ~ an der folgenden Kreuzung links abbiegen ~ erneut die Bahn überqueren ~ kurze Steigung ~ am Waldrand entlang ~ das Ortsschild von **Waldkirchen** passieren.

Waldkirchen an der Thaya

PLZ: 3844; Vorwahl: 02843

Gemeinde Waldkirchen, Nr. 65, ✆ 2282

Badesee Sauteich

Raiffeisen Lagerhaus, 02843/2881

Unmittelbar danach rechts abbiegen ~ an der Vorfahrtsstraße wieder rechts abbiegen ~ die Bahnlinie überqueren ~ dann über eine kleine Brücke über den Bach ~ bergauf weiter ~ Waldkirchen verlassen und durch die Felder ~ links an einem Kreuz vorbei ~ nach **Waldhers** hinein.

Waldhers

An der kommenden Kreuzung rechts abbiegen ~ der Ortsdurchfahrtsstraße folgen ~ den Ort verlassen und an einem Marterl vorbei ~ an einem Kreuz vorbei ~ leichtes Gefälle, gefolgt von einer Gegensteigung ~ am Waldrand entlang ~ dem Straßenverlauf weiter folgen Richtung Wetzles und Weikertschlag ~ bergab nach **Wetzles** hinein ~ kurz nach dem Ortsschild rechts abbiegen Richtung Raabs und Thures ~ leichtes Gefälle ~ Achtung: Unübersichtliche Stelle! ~ rechts in einen Schotterweg einbiegen ~ der relativ breiten Schotterstraße folgen ~ kurz bergauf ~ nach dem Hochstand bergab weiter ~ nach den ersten Häusern von **Thures** wieder auf Asphalt weiter ~ an der nächsten Kreuzung geradeaus weiter ~ an der Feuerwehr vorbei ~ durch den Ort bergab ~ am Waldrand leicht bergauf ~ nach einer Weile beginnt ein Gefälle ~ an der Gerhartsmühle vorbei ~ über eine Brücke den Bach und die Bahngleise überqueren ⚠ ~ leicht bergauf in den Wald hinein ~ an der Vorfahrtsstraße links Richtung **Münchreith** abbiegen.

Münchreith

Bergauf in den Ort hinein ~ bei der Bushaltestelle links abbiegen ~ leicht bergauf weiter ~ Münchreith verlassen ~ an der kommenden T-Kreuzung rechts abbiegen ~ bis zur B 30 ~ diese überqueren und nach Karlstein hinein ~ bei der nächsten Gelegenheit rechts abbiegen ~ durch lockeres Siedlungsgebiet ~ vor einer Pappelallee links ~ etwas steiler bergab ~ an der Vorfahrtsstraße gleich neben der Kirche nach rechts.

Nationalpark Thayatal

Karlstein an der Thaya

PLZ: 3822; Vorwahl: 02844

Gemeindeamt, Hauptstr. 12 ✆ 279

Burg Karlstein, nicht zugänglich

Paracelsushaus, ✆ 7070-12, ÖZ: Mo-Sa 8-18 Uhr, Juni-Sept. zusätzl. So/Fei 11-15 Uhr. Informations- und Verkaufszentrum für Heilkräuter des Kräuterpfarrers Weidinger.

Thaya Flussbad

Noch vor der Brücke rechts direkt auf das Schloss zu ~ links befinden sich Sportplätze ~ kurvig und bergauf führt die Straße aus Karlstein hinaus ~ bei der nächsten Abzweigung nach Goschenreith geradeaus weiter ~ bei der Kreuzung links Richtung Speisendorf und Eggersdorf.

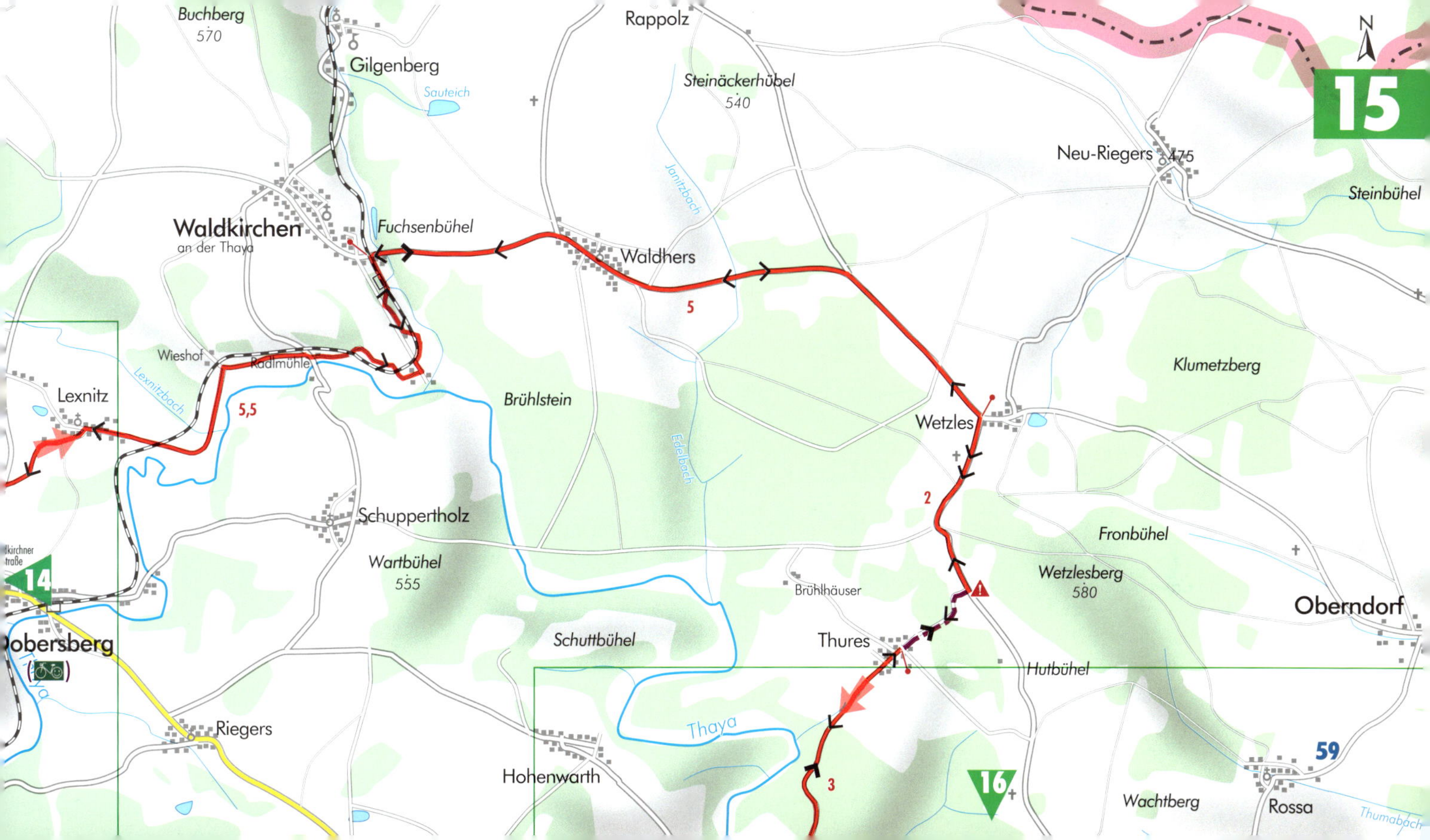

Buchberg
570
Gilgenberg
Sauteich
Rappolz
Steinäckerhübel
540
15
Neu-Riegers
475
Steinbühel
Janitzbach
Waldkirchen
an der Thaya
Fuchsenbühel
Waldhers
5
Wieshof
Radlmühle
Lexnitz
Lexnitzbach
5,5
Brühlstein
Klumetzberg
Wetzles
Edelbach
2
Schuppertholz
Wartbühel
555
Fronbühel
Wetzlesberg
580
Brühlhäuser
Oberndorf
14
Dobersberg
Thaya
Thures
Schuttbühel
Hutbühel
Riegers
Hohenwarth
3
16
Wachtberg
Rossa
59
Thumabach

Speisendorf

Bei der Kreuzung Richtung Pommersdorf geradeaus ⇝ in einer Links-Rechts-Kurve steil bergab aus Speisendorf hinaus ⇝ zuerst über eine kleine und danach über eine große Brücke über die Thaya ⇝ geradeaus Richtung Raabs an der Thaya in die unbefestigte Baumallee ⇝ an der Kreuzung gerade über die Vorrangstraße ⇝ weiter durch die Baumallee nach **Raabs an der Thaya** hinein.

Vor der Hauptstraße, der B 30 rechts auf den asphaltierten Güterweg neben der Straße ⇝ bei der nächsten Möglichkeit wieder rechts entlang der Thaya ⇝ der Weg führt Sie am Hallenbad vorbei

Burg Karlstein an der Thaya

⇝ direkt beim Hallenbad gibt es eine Schranke ⚠ Achtung Engstelle ⇝ über den Parkplatz vor bis zur Vorrangstraße ⇝ über die Thayabrücke (erbaut 1968) über die Mährische Thaya rechts.

Raabs an der Thaya

PLZ: 3820; Vorwahl: 02846

Stadtgemeinde, Hauptstr. 25, ✆ 365

Grenzlandmuseum Raabs, Hauptpl. 11, ✆ 365 od. ✆ 366, ÖZ: Mai-Sept., Mo-Do 9-12 Uhr und 13-16 Uhr, Fr 9-12 Uhr, Juli, Aug., wie oben und zusätzl. Sa 10-12 Uhr. Bodenfunde aus der Ur- und Frühgeschichte. Das Fundmaterial gibt Einblick in jene Zeit als ungarische Streitscharen die slawische Siedlung „Sand" auf dem Umlaufberg der Thaya niederbrannten. Da bis jetzt keine menschlichen Knochen gefunden wurden, nimmt man an, dass den Menschen damals die Flucht gelang.

Pfarrkirche Maria Himmelfahrt auf dem Berge, der älteste Teil zeigt spätromanische Formen aus dem 13. Jh. Im 15. Jh. gotisiert und in eine dreischiffige Staffelkirche umgebaut. Beachtenswert das Kreuzrippengewölbe, Grabsteine und das von Kaiserin Maria Theresia gestiftete Altarbild. Im Kirchturm befindet sich die älteste Glocke Österreichs (1343).

Schloss Raabs, Oberndorf 1, ✆ 02856/3794, ÖZ: Aug., Fr-So 10-17 Uhr, jeweils zur vollen Stunde mit Führung. Von einem Ahnherrn der späteren „Grafen von Raabs" in der 2. Hälfte des 11. Jhs. als Steinburg errichtet. 1100 erstmals als „castrum Racouz" in der „Chronica Bohemorum" erwähnt. Die Burg erlebte eine wechselvolle Geschichte und wurde 1702 zu seiner heutigen Form als Schloss umgebaut. Es befindet sich heute in österr. Privatbesitz und nach umfangreichen Renovierungsarbeiten steht es für Ausstellungen und diverse Veranstaltungen zur Verfügung.

Ruine Kollmitz

Die Welt der feinen Destillate – Schaubrennen ab 20 Personen, Oberndorf 48, ✆ 0664/1056561 n. V.

Klettergarten Thayatal, Wandklettern, Überhandkletterei, Schwierigkeitsgrad: III-VIII. Infos: ✆ 02844/7464

Kanufahrten auf der Thaya, geführte Kanutouren, Tagestouren, Leihkanus, Infos: ✆ 202 u. 7501

Freizeitzentrum, ✆ 7111. Mit Hallenbad, Sauna, Solarium, Minigolf, Tennisplätzen, Bootsverleih u. v. m. ÖZ Hallenbad: Okt.-Juni, Di-Fr 16-21 Uhr, Sa, So 14-20 Uhr, Juli-1. Sept., Mo-So 12-20 Uhr

Flussbad

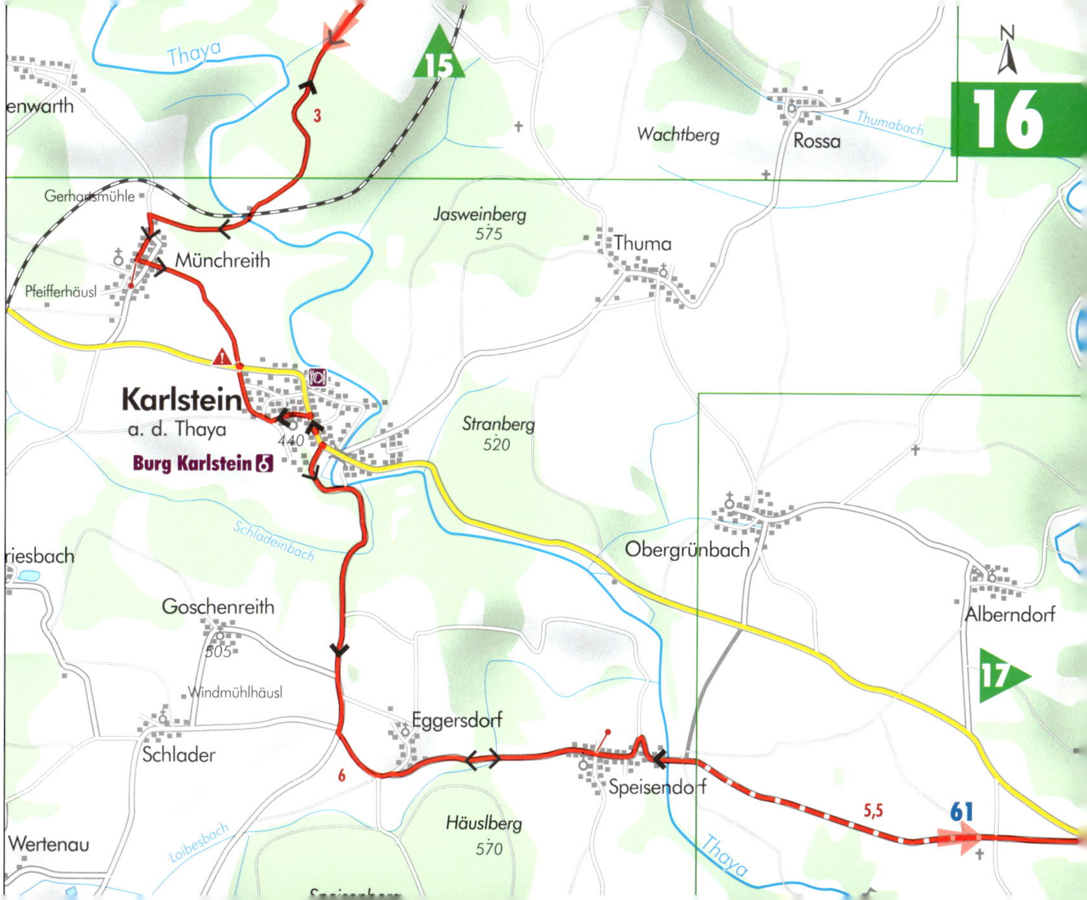

- Gemeindeamt
- Hallenbad
- **Fa. Lindner**, Großau, Hauptstr. 37, ✆ 360

Von Raabs an der Thaya nach Drosendorf 12,5 km

Bei der nächsten Kreuzung links Richtung Drosendorf in die **Schulstraße** ~ rechts in den **Modsiedler Steig** bergauf ~ dem asphaltierten Güterweg aus Raabs hinausfolgen ~ kurz vor Modsiedl bei der Weggabelung mit der Vorrangstraße links nach Modsiedl.

Modsiedl

Im Ort bei der Abzweigung Richtung Nonndorf rechts ~ über eine Brücke geradeaus ~ weiter bis nach Zemmendorf.

Zemmendorf

An der Kirche, auf der linken Seite vorbei ~ gerade durch den Ort ~ Sie folgen einfach dem Straßenverlauf Richtung Nonndorf ~ bei der T-Kreuzung nach Trabersdorf links nach Nonndorf.

Nonndorf bei Raabs

Rechts über die kleine, schmale Brücke ~ weiter bis zur Vorrangstraße ~ rechts bergauf ~ vorbei am Golf- und Reiterdorf Autendorf auf der linken Seite.

Autendorf

Weiter in Kurven bergab (über Ihnen thront das Schloss Drosendorf) ~ über die Thayabrücke in einem Linksbogen bergauf nach Drosendorf hinein.

Drosendorf

PLZ: 2095; Vorwahl: 02915

- **Tourismusbüro**, Hauptpl. 1, ✆ 2213
- **Franz-Kießling-Museum**, Bürgerspitalg. 11, ✆ 2213, ÖZ: Juli, Aug., Besichtigung nach Voranmeldung möglich. Das Museum ist im ehemaligen Bürgerspital untergebracht und beherbergt Dokumentationen und Sammlungen zur Erdgeschichte, Ur- und Frühgeschichte, Stadtgeschichte und Volkskunde.
- **Urgeschichtliche Sammlung Dr. Bauer**, Oberthürnau 9, ✆ 2213, ÖZ: nach Voranmeldung. Prähistorische Oberflächenfunde aus dem Drosendorfer Raum können besichtigt werden.
- **Schloss Drosendorf**, Schlosspl. 1, ✆ 23210, Besichtigung nur von Außen möglich.
- **Alte Hammerschmiede**, Altstadt 44, ✆ 2272, Besichtigung der sich noch in Betrieb befindlichen Schmiede gegen Voranmeldung.
- **Terrassenbad**
- **Strandbad „Kneipp-Aktiv-Thayabad"**
- **Gasthof „Zur Hammerschmiede", Altstadt 34, ✆ 2334**

Die Besiedlungsspuren um Drosendorf gehen bis in die Jungsteinzeit zurück, erstmals urkundlich erwähnt wird die Siedlung im Jahr 1188.

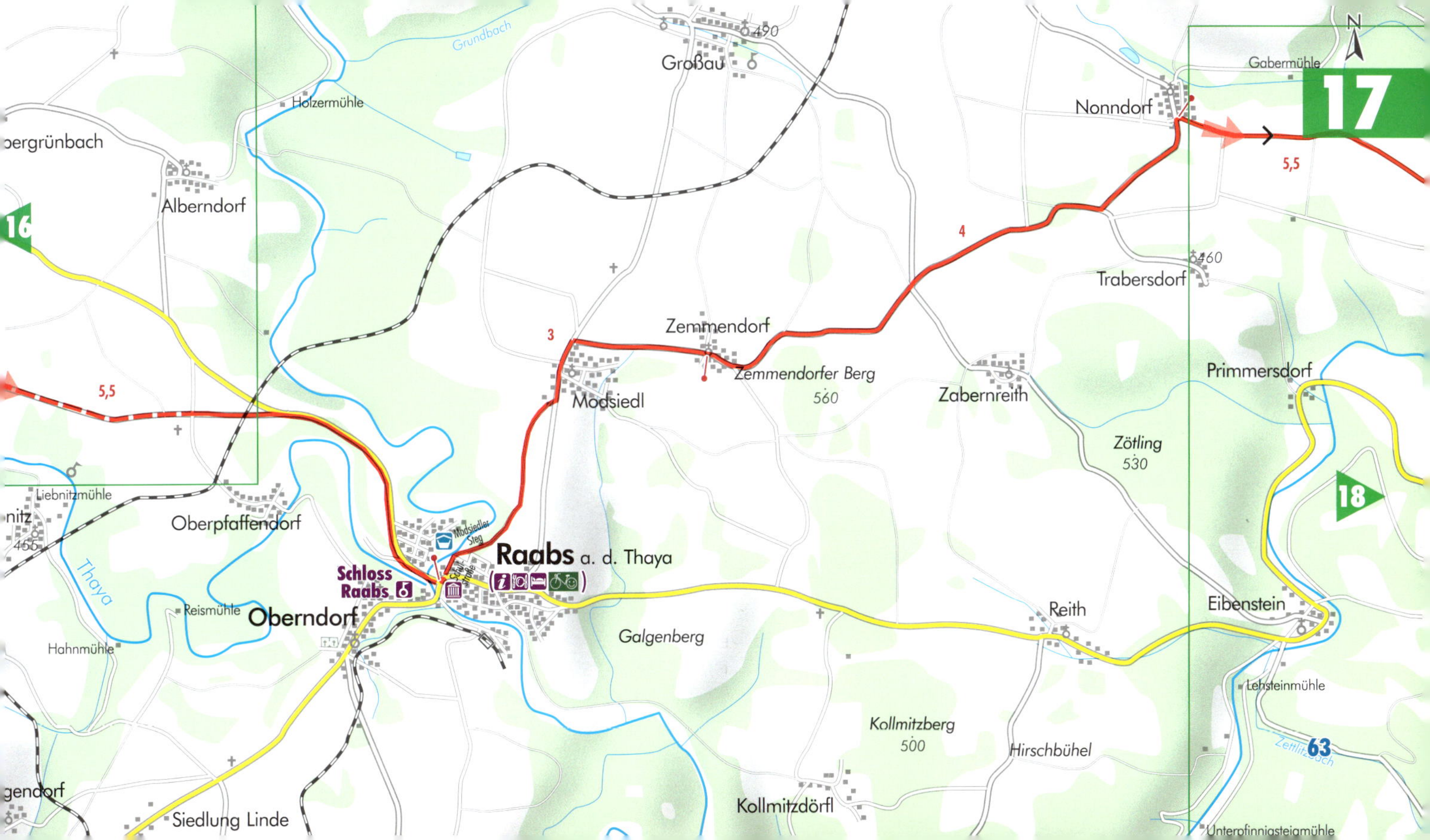

Großau
490
Grundbach
Holzermühle
Gabermühle
17
Nonndorf
5,5
ergrünbach
Alberndorf
16
4
460
Trabersdorf
3
Zemmendorf
Zemmendorfer Berg
560
Zabernreith
Primmersdorf
5,5
Modsiedl
Zötling
530
Liebnitzmühle
18
Oberpfaffendorf
nitz
455
Modsiedler Steg
Raabs a. d. Thaya
Thaya
Schloss Raabs
Schulstraße
Reismühle
Oberndorf
Reith
Eibenstein
Hahnmühle
Galgenberg
Lehsteinmühle
Kollmitzberg
500
Hirschbühel
Zettlitzbach
63
gendorf
Siedlung Linde
Kollmitzdörfl
Unterpfinniasteigmühle

Gegründet wurde Drosendorf als Burgstadt zur Grenzsicherung gegen Böhmen. Auf einem Felsrücken über der Thaya gelegen und von ihr gleich auf drei Seiten umspült, ist Drosendorf ein bezaubernder Ferienort.

Diese Lage hatte vor allem strategischen Wert, nach dem Dreißigjährigen Krieg jedoch erlosch diese Bedeutung Drosendorfs nach und nach. Wiederentdeckt wurde das friedliche Städtchen erst wieder zu Beginn des 20. Jahrhunderts, mit dem Bau der Bahnlinie wurde Drosendorf zu einem beliebten Sommerfrische-Ort.

In einem Rechtsbogen durch das **Raabser Tor** steil bergauf in die Stadt hinein ~ kurz vor dem Tor geht die Straße in eine Kopfsteinpflasterstraße über ~ über den Hauptplatz von Drosendorf geradeaus ~ weiter vor bis zum Kreisverkehr.

Tipp: Hier beim Kreisverkehr treffen und teilen sich die beiden Radwege Thayatal-Radweg und KTM-Radweg. Der Thayatal-Radweg bringt Sie zuerst nach Geras (Anbindung an den Kloster-Radweg) und im Anschluss daran nach Langau, der Kamp-Thaya-March-Radweg direkt nach Langau. Das Verkehrsaufkommen ist über Geras relativ hoch.

Schloss Raabs an der Thaya

Von Drosendorf nach Langau — 10 km

Beim Kreisverkehr Richtung **Drosendorf-Altstadt** weiterfahren ~ am Bahnhof vorbei ~ dem Straßenverlauf folgen ~ vom Kopfsteinpflaster rechts abbiegen Richtung Langau ~ auf Asphalt steil bergauf weiter ~ durch den Wald ~ an der folgenden Weggabelung rechts in den schmäleren Güterweg abbiegen ~ an der darauffolgenden Weggabelung links weiter ~ leicht bergauf ~ an der kommenden Weggabelung dem Straßenverlauf folgen ~ kurz darauf links abbiegen ~ am Galgenberg mit Rastbänken vorbei ~ bei der nächsten Kreuzung geradeaus weiter ~ kurz darauf beginnt eine Schotterstraße ~ am Waldrand entlang ~ auf Asphalt weiter ~ an der Vorfahrtsstraße rechts abbiegen ~ nach **Wolfsbach** hineinfahren.

Wolfsbach

Beim Stopp-Schild an der folgenden Kreuzung links dem KTM-Schild folgen ~ leicht bergauf durch den Ort ~ an der Vorfahrtsstraße beim Marterl rechts Richtung Kottaun abbiegen ~ leicht bergab ~ an der folgenden Kreuzung links abbiegen und dem Teich- und Tümpelradschild folgen ~ Richtung Retz weiterfahren ~ an den Feldern vorbei ~ unter einer Stromleitung durch ~ bei der kommenden Weggabelung geradeaus weiter ~ an einem Teich vorbei ~ einen Rastplatz direkt am Teich passieren ~ in den Ort **Langau** hineinfahren.

Langau

PLZ: 2091; Vorwahl: 02912

Gemeindeamt, Langau 103, ✆ 401

Langauer Bergwerkseen. Inmitten einer von Birken dominierten idyllischen Teichlandschaft erstreckt sich der etwa ein Kilometer lange Badesee mit Badeplatz und Sommerlager.

Fa. Zotter, Langau Nr.195, ✆ 7030

Von Langau nach Hardegg — 14,5 km

An der Vorfahrtsstraße links Richtung Hardegg und Retz abbiegen ~ immer geradeaus

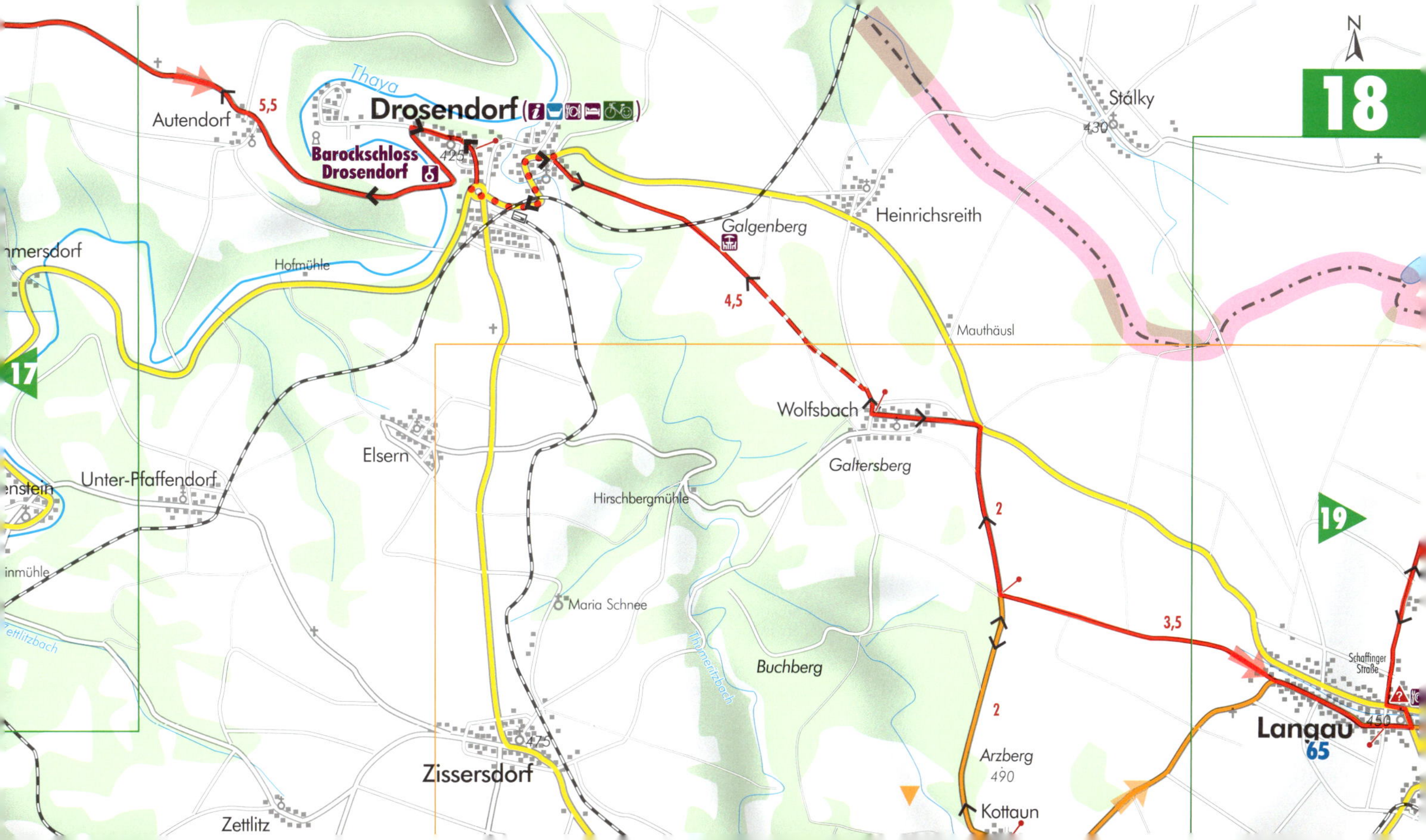
18
Drosendorf
Barockschloss Drosendorf
Thaya
Autendorf
5,5
425
Galgenberg
Heinrichsreith
Stálky
430
4,5
Mauthäusl
Wolfsbach
Galtersberg
Hofmühle
Elsern
Unter-Pfaffendorf
Hirschbergmühle
Maria Schnee
Buchberg
Thumeritzbach
2
3,5
Schaffinger Straße
Langau
450
65
Arzberg
490
Kottaun
Zissersdorf
475
Zettlitz
17
19

durch den Ort ~ dem KTM-Schild folgen ~ über eine kleine Brücke ~ links an der Kirche samt Friedhof vorbei ~ an der Vorfahrtsstraße links abbiegen ~ am Gasthof Zur alten Post vorbei ~ unmittelbar danach rechts abbiegen und dem grünen Schild Freizeitzentrum/Camping folgen ~ entlang der **Schaffingerstraße** ~ Langau verlassen und weiterhin dem grünen Campingschild folgen.

Leicht hügelig dahin ~ am Campingplatz vorbei ~ an der kommenden Kreuzung rechts Richtung Bergwerksseen, Sommerlager und Feizeitzentrum Langau abbiegen ~ schließlich links am Freizeitzentrum vorbei und kurz darauf am Bergwerkssee vorbei ~ leicht bergauf durch einen Birkenwald ~ über eine kleine Holzbrücke ~ danach links dem schmalen Asphaltgüterweg weiter folgen ~ an der nächsten Weggabelung rechts weiter ~ durch den dichten Nadelwald bergauf weiter ~ an der Vorfahrtsstraße links abbiegen ~ ohne Steigungen treffen Sie in **Riegersburg** ein.

Riegersburg

PLZ: 2092; Vorwahl: 02916

Museum Barockschloss Riegersburg, ✆ 332 od. 400, ÖZ: April-Mitte Nov., Mo-So 9-17 Uhr, Juli und Aug., 9-19 Uhr.

Um einen burgartig befestigten Gutshof entstand das erstmals urkundlich 1212 als „De Ruggers" erwähnte Dorf. Nach Erwerb des Riegersburger Lehens samt Dorf ließ Reichsgraf Sigmund von Hardegg-Prueschenk die Burg 1580 zu einem Wasserschloss umbauen, welches jedoch nach dem Dreißigjährigen Krieg mehr und mehr verfiel. Unter Reichsgraf Khevenhüller baute der Baumeister Franz Anton Pilgram ab 1730 das alte Gemäuer zu einem Barockschloss um. Berühmt wurde vor allem einer der Fürsten aus dem Geschlecht der Khevenhüller, Fürst Johann Josef. Der einstige Obersthofmarschall der Kaiserin Maria Theresia hinterließ ein Tagebuch über das Österreich des 18. Jahrhunderts. Es diente Hugo von Hofmannsthal als Anregung für sein Libretto zum Rosenkavalier. In der Strauß-Komposition wird der Khevenhüller-Fürst als Baron Ochs verewigt.

Nach den Zerstörungen des Zweiten Weltkrieges und den anschließenden langandauernden Renovierungsarbeiten, präsentieren sich die glanzvoll als Museum ausgestatteten Repräsentationsräume des Barockschlosses heute als „Adeliger Landsitz des 18. Jahrhunderts".

Der Reblaus Express

An die Zeiten des Wasserschlosses erinnern heute noch die Fischteiche, die das Schloss Riegersburg umgarnen. Jedes Jahr im Herbst wird hier, wie auch sonst überall im Waldviertel, das Wasser abgelassen und daraufhin abgefischt. Neues Lebenselixier für neue Fische spendet ausschließlich das Grundwasser.

Bei der Kreuzung fahren Sie geradeaus weiter ~ in einem Rechtsbogen am links liegenden Schloss Riegersburg vorbei ~ bei der Weggabelung außerhalb von Riegersburg links Richtung Hardegg ~ die Straße geht hier wieder bergauf ~ Sie kommen in die nächste Ortschaft Felling.

19
Touristischer Grenzübergang, ab 2005 geplant
Langwiesenfeld
Saumaiß
Šafov
(Schaffa)
445
Felling
440
5,5
3
Dunkelkopf
435
Burgrecht
485
Schloss
Riegersburg
Riegersburg
Kastenberg
475
Fellinger Höhe
18
Schaffinger Feld
6
430
Freizeitzentrum
Langau
Langauer
Bergwerkseen
445
440
Kreuzberg
460
20
Lochwiesenberg
Mallersbach
Schindberg
450
Fellingbach
Fugnitz
Hohe Sulz
465
B 30
460
Pleißinger Tal
Riegersburger Bach
Mallersbach
Schaffinger
Straße
Langau
Weißer Sand
460
Hoher Berg
Heufurther
Berg
Forsthaus
Rosenthal
450
B 30
Tamehübel
480
Hessendorf
Heufurth

Felling

PLZ: 2092; Vorwahl: 02916

Österreichs einzige Perlmuttknopfdrechslerei, Romana Mattejka, Felling 37, ✆ 203, ÖZ: Mo-Do 6.30-12 Uhr und 13-16.15 Uhr, Fr 6.30-11.30 Uhr, sonst gegen Voranmeldung.

Sie folgen der Straße weiter bergauf durch die Ortschaft ~ am Forsthaus Felling vorbei ~ von jetzt an geht es kurvenreich und steil bergab auf Hardegg zu.

Hardegg

Vorwahl: 02949; PLZ: 2082

Nationalparkzentrum Thayatal, ✆ 7005, ÖZ: April-Sept., Di-So, Fei 10-18 Uhr, März, Okt.-Dez., Do-So/Fei 10-16 Uhr.

Nationalpark Thayatal

Maximilian von Mexiko-Museum, Burg Hardegg. Dokumentation über die Laufbahn und den tragischen Tod des Erzherzogs Ferdinand Max.

Heimatmuseum, Burg Hardegg; Zeugnisse des bäuerlichen und kleinstädtischen Hauswesens und Handwerks.

Burg Hardegg, Hardegg 1, ✆ 8225, ÖZ: April-15. Nov., Mo-So 9-17 Uhr, Aug. 9-18 Uhr. Seit dem 11. Jh. befindet sich die Burg im idyllischen Thayatal zur Sicherung der Thayagrenze, heimgesucht von Zerstörung und Wiederaufbau.

Pfarrkirche mit Karner. An die barocke Pfarrkirche schmiegt sich der Karner, einer der wenigen romanischen Gebeinhäuser (1160) in Niederösterreich.

Barockschloss Riegersburg

Uhrturm, direkt an der Ortseinfahrt. Hier befindet sich auch der Eingang zur Burg.

Waldbad Hardegg

Nur wenige Einwohner zählt die kleinste Stadt Österreichs. Zur Zeit des „Eisernen Vorhangs" lag Sie lange Zeit nur am Rande des Geschehens. Dadurch hat sich das landschaftlich so reizvoll gelegene Städtchen im wildromantischen Thayatal viel von seiner Ruhe und Beschaulichkeit in unserer schnelllebigen Zeit bewahrt.

Nationalpark Thayatal

Das Thayatal ist mit 1.330 ha der kleinste unter Österreichs Nationalparks. Trotzdem bietet er Spektakuläres: Markantes Kennzeichen des Nationalparks ist der Canyon-artig eingeschnittene Flusslauf mit seinen extrem gewundenen Flussschlingen. Der Nationalpark lockt mit seinem neuen Besucherzentrum all jene, die mehr über den Park erfahren wollen: Zahlreiche Wanderführer, geführte Wanderungen, Natur-Infos, Veranstaltungsprogramme und Ausflugstipps werden hier angeboten. Neben dem Nationalparkshop und dem Nationalpark-Café Thayatal wird das Servicezentrum durch die Ausstellung „Natur-Geschichten - ThayaTales"ergänzt, die neue und faszinierende Einblicke in die Entwicklung und die natürliche Vielfalt des Thayatales gibt.

Links können Sie das Naturdenkmal, den Reginafelsen sehen und ebenfalls auf dieser Seite das Waldbad ~ durch das alte Stadttor ~ in einer scharfen Rechtskurve an der Ortseinfahrt vorbei.

Tipp: Links geht es ins Zentrum der kleinsten Stadt Österreichs. Sie können von hier aus auch einen Ausflug über Znaim starten.

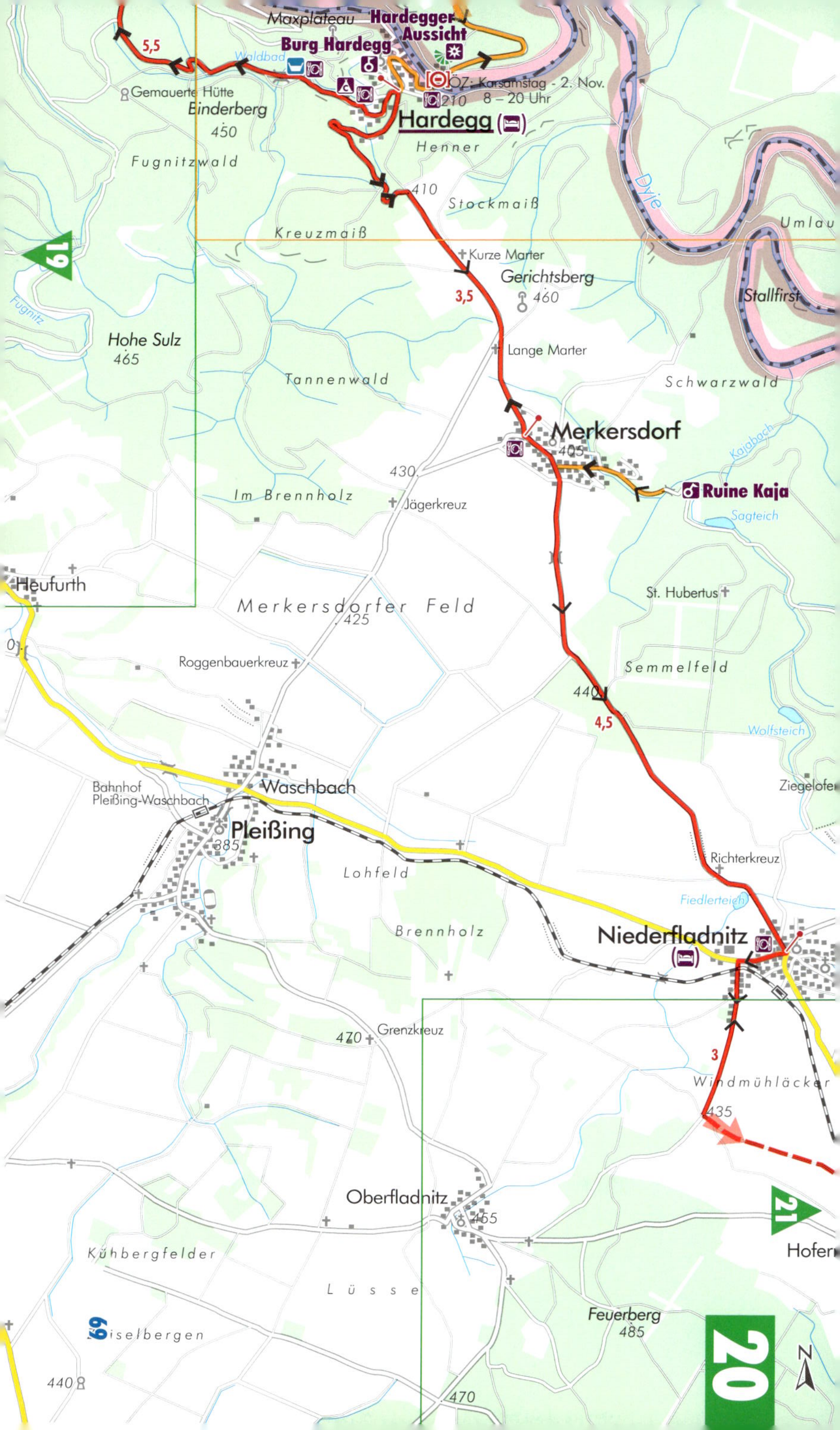

Maxplateau
Hardegger Aussicht
Burg Hardegg
Waldbad
5,5
Gemauerte Hütte
Binderberg
450
ÖZ: Karsamstag - 2. Nov. 8 – 20 Uhr
210
Hardegg
Henner
Fugnitzwald
410
Stockmaiß
Dyje
Umlau
Kreuzmaiß
Kurze Marter
Gerichtsberg
460
3,5
Stallfirst
19
Fugnitz
Hohe Sulz
465
Lange Marter
Tannenwald
Schwarzwald
Merkersdorf
405
Kajabach
430
Ruine Kaja
Sagteich
Im Brennholz
Jägerkreuz
Heufurth
St. Hubertus
Merkersdorfer Feld
425
Roggenbauerkreuz
Semmelfeld
440
4,5
Wolfsteich
Ziegelofen
Bahnhof Pleißing-Waschbach
Waschbach
Pleißing
385
Lohfeld
Richterkreuz
Fiedlerteich
Brennholz
Niederfladnitz
470
Grenzkreuz
3
Windmühläcker
435
Oberfladnitz
465
21
Hofer
Kühbergfelder
Lüsse
Feuerberg
485
Geiselbergen
440
470
20
N

Ausflug über Znaim/Znojmo nach Retz 40 km

Von Hardegg nach Znaim 24,5 km

Von der Straße Riegersburg-Retz zum Stadtturm und zum Zugang der Burg abbiegen ~ vom ehemaligen Gasthof Thayabrücke dem Straßenverlauf folgend durch Hardegg ~ vom Grenzübergang Hardegg an der Thaya (Geöffnet vom 15. April bis 31. Okt. von 8 bis 20 Uhr) folgt eine 12 % Steigung, die jedoch durch eine wundervolle Tallandschaft führt und in ein leichtes Gefälle übergeht ~ ab hier beginnt ein allgemeines Fahrverbot ~ die nächsten knapp 4 Kilometer zählen zu den landschaftlich schönsten bei diesem Ausflug ~ durch **Čížov** folgen Sie dem Straßenverlauf ~ danach leicht bergab ~ kurvenreich schlängelt sich die Straße 2,5 Kilometer nach **Horní Břečkov**.

Horní Břečkov

Gleich zu Ortsbeginn geht es steil bergauf ~ im Ort dem Radweg 6-Städte-Reise Richtung **Lukov** folgen ~ nach 3,5 Kilometern ist der Ort erreicht ~ an der Kreuzung treffen Sie auf den Radweg Nationalpark Thayatal ~ diesen jedoch nicht beachten und wenige Meter später links halten ~ nach dem Ort an der Querstraße links und kurz darauf sofort wieder rechts ~ auf der Hauptstraße weiter Richtung **Podmolí** ~ hinunter zur kleinen Kirche ~ durch Podmolí dem Hauptstraßenverlauf folgen ~ bis **Mašovice** fällte die Route stetig ~ den Ort in einer weiten S-Kurve durchfahren ~ es folgt eine 2 Kilometer lange leicht fallende Kirschbaumallee ~ nach **Hradište** hineinfahren.

Burg Hardegg

Tipp: Einen wunderbaren Blick auf Znaim bietet sich von der Kapelle am vorgelagerten Platz der ehemaligen Probstei Pöltenberg dar. Um zum Aussichtspunkt zu gelangen verlassen Sie geradeaus die Hauptstraße. Dann nach rechts an dem renovierten Kirchturm der ehemaligen Probstei vorbei, nach knapp 500 Metern ist die Kapelle erreicht.

Vom **Pöltenberg** steil bergab ~ ebenso steil wieder bergauf ins Granitzbachtal.

Rechts zur Hauptstraße **Pražská** abbiegen und stadteinwärts weiterfahren ~ kurz darauf rechts in die Straße **Rumunská** einbiegen ~ etwa 200 Meter später in die **Jugoslávská** abbiegen ~ bei nächster Gelegenheit links und der **Slovenská** weiter folgen ~ bei einer Parkanlage rechts in die **Dvořákova** einbiegen ~ diese verlassen und links in einen Fußweg ~ dann die Hauptstraße **Pražská** queren ~ nach rechts über den Parkplatz ~ ab einem modernen Kaufhaus beginnt der Parkweg ~ geradeaus durch den Park bis zum Platz **náměstí Komenského** vorfahren ~ von hier besteht die Möglichkeit rechts durch die Straße **Kovářská** ins Zentrum zu gelangen.

Znaim/Znojmo

PLZ: 66901; Vorwahl: 00420/515

- **Mestsky urad**, Obroková 10, ✆ 222552
- **Südmährisches Museum**, Premyslovcu 6. In der Krypta der Kirche des ehemaligen Minoritenklosters befindet sich das Grab von König Premysl Ottokar II.
- **Znaimer Burg**. Das historische Gemäuer auf dem Felsvorsprung über der Thaya wird von einer Brauerei umringt, das schmälert je-

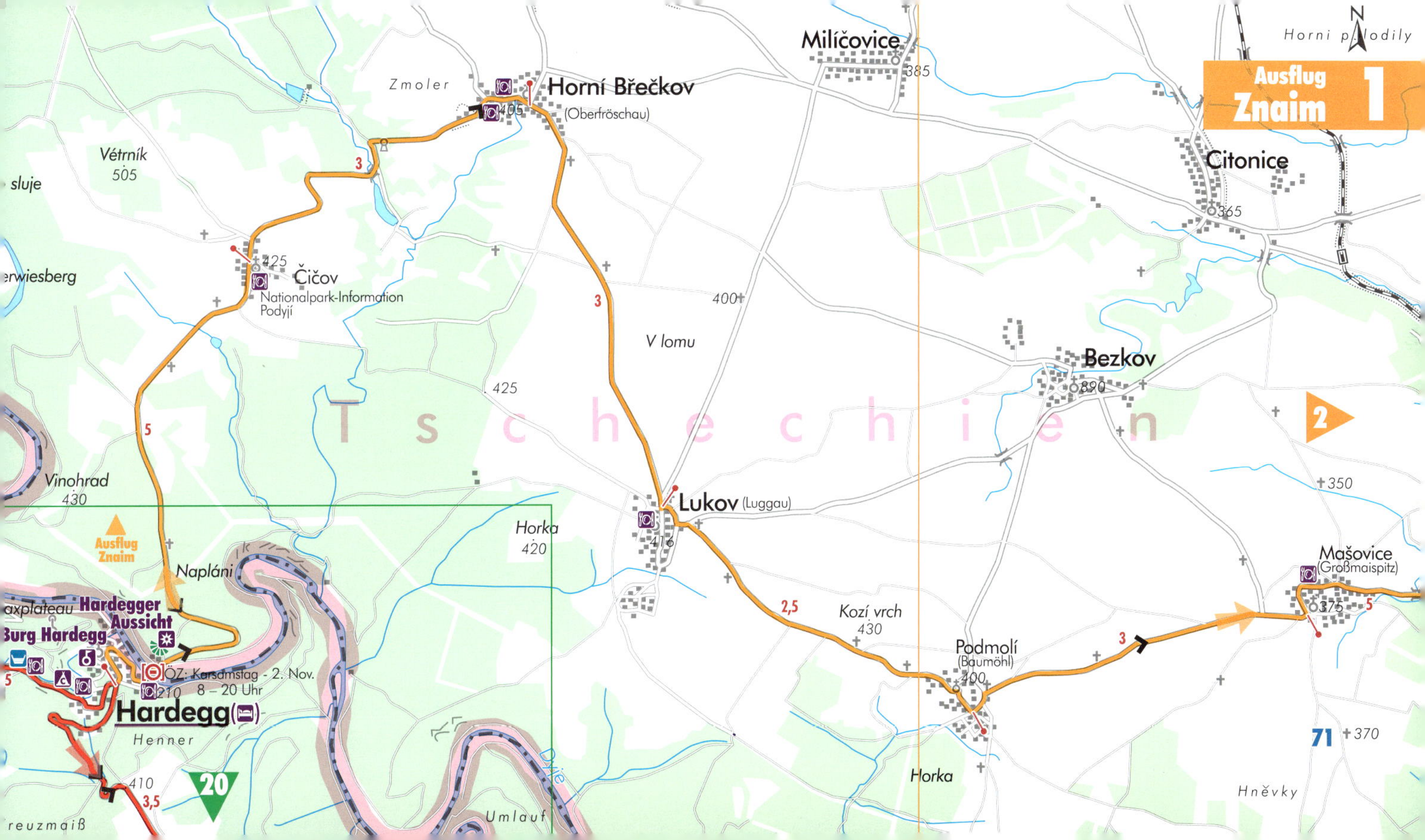

Ausflug Znaim 1
Horni Palodily
Milíčovice
385
Horní Břečkov
(Oberfröschau)
Zmoler
405
Citonice
365
Větrník
505
sluje
Čičov
425
Nationalpark-Information Podyjí
erwiesberg
400
V lomu
425
Bezkov
390
Tschechien
2
Vinohrad
430
Lukov (Luggau)
416
350
Horka
420
Ausflug Znaim
Napláni
Mašovice (Großmaispitz)
375
axplateau
Hardegger Aussicht
Burg Hardegg
Kozí vrch
430
2,5
3
5
Podmolí (Baumöhl)
400
ÖZ: Karsamstag - 2. Nov. 8 – 20 Uhr
210
Hardegg
Henner
Horka
71
370
410
3,5
20
Dyje
Hněvky
Umlauf
reuzmaiß

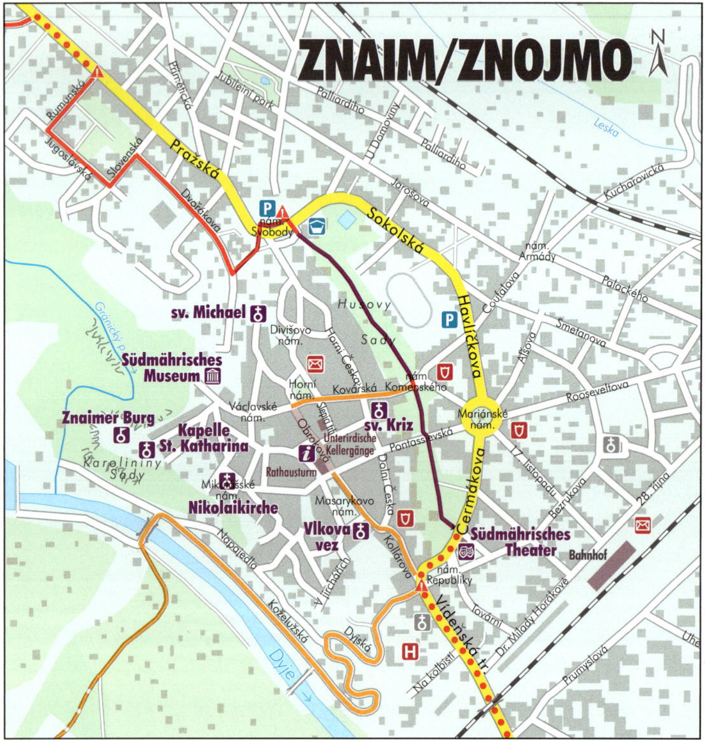

doch nicht den wunderbaren Blick auf die Stadt und das Thayatal.

Rathausturm, Obrokova. Der in den Jahren 1445 bis 1448 erbaute 69 Meter hohe Turm gilt wegen seiner atypischen Form als das Wahrzeichen der Stadt. Von oben bietet er einen hervorragenden Überblick über die Stadt und deren Umgebung.

Nikolaikirche, Mikulasske nam. Die aus dem 14. Jh. stammende dreischiffige Hallenkirche hat eine besonders gestaltete Kanzel, sie besitzt nämlich die Form einer Weltkugel im barocken Stil.

Kloster Louka/Bruck, Loucká. Die Stiftskirche des ansonsten etwas verfallenen 1190 gegründeten Klosters ist äußerst sehenswert. Der prachtvolle Barockbau wurde von Lukas von Hildebrandt und Anton Maulpertsch gestaltet.

Ehemalige Probstei Pöltenberg, Hradiste; von den Prager Kreuzherrenorden mit dem roten Stern 1240 gegründet.

Unterirdische Kellergänge, Slepici trh. Ein weitreichendes Netz von Kellern durchzieht den Untergrund der Stadt. Bei einer Ausdehnung von 27 Kilometern Länge, verteilt auf 3 Etagen, bekommen Sie bei der Besichtigung rund einen Kilometer zu sehen.

Die Stadtwerdung basiert auf dem aus dem 9. und 10. Jahrhundert stammenden einst mächtigen altslawischen Burgwall, der eine der wichtigsten Festungen Großmährens war. Nach dessen Zerfall entstand in der ersten Hälfte des 11. Jahrhunderts eine Burg unter Herrschaft der Premysliden. 1226 wurde Znaim durch König Premysl Ottokar I. zur Königsstadt erhoben. Im Mittelalter entstand der mit Mauern umschlossene Grundriss der Altstadt, der bis heute erhalten geblieben ist. Nachdem die Stadt 1490 völlig abbrannte, erlebte sie mit der Bestätigung des Stadtrechtes 1523 im 16. Jahrhundert ihre Blütezeit. Vor allem der Wein- und Obsthandel trugen wesentlich zum Reichtum der Stadt bei.

Der Dreißigjährige Krieg fügte der Stadt beträchtliche Schäden zu. Auch unter den Napoleonischen Kriegen musste Znaim längere Zeit leiden. Erst mit dem Bau der kaiserlichen

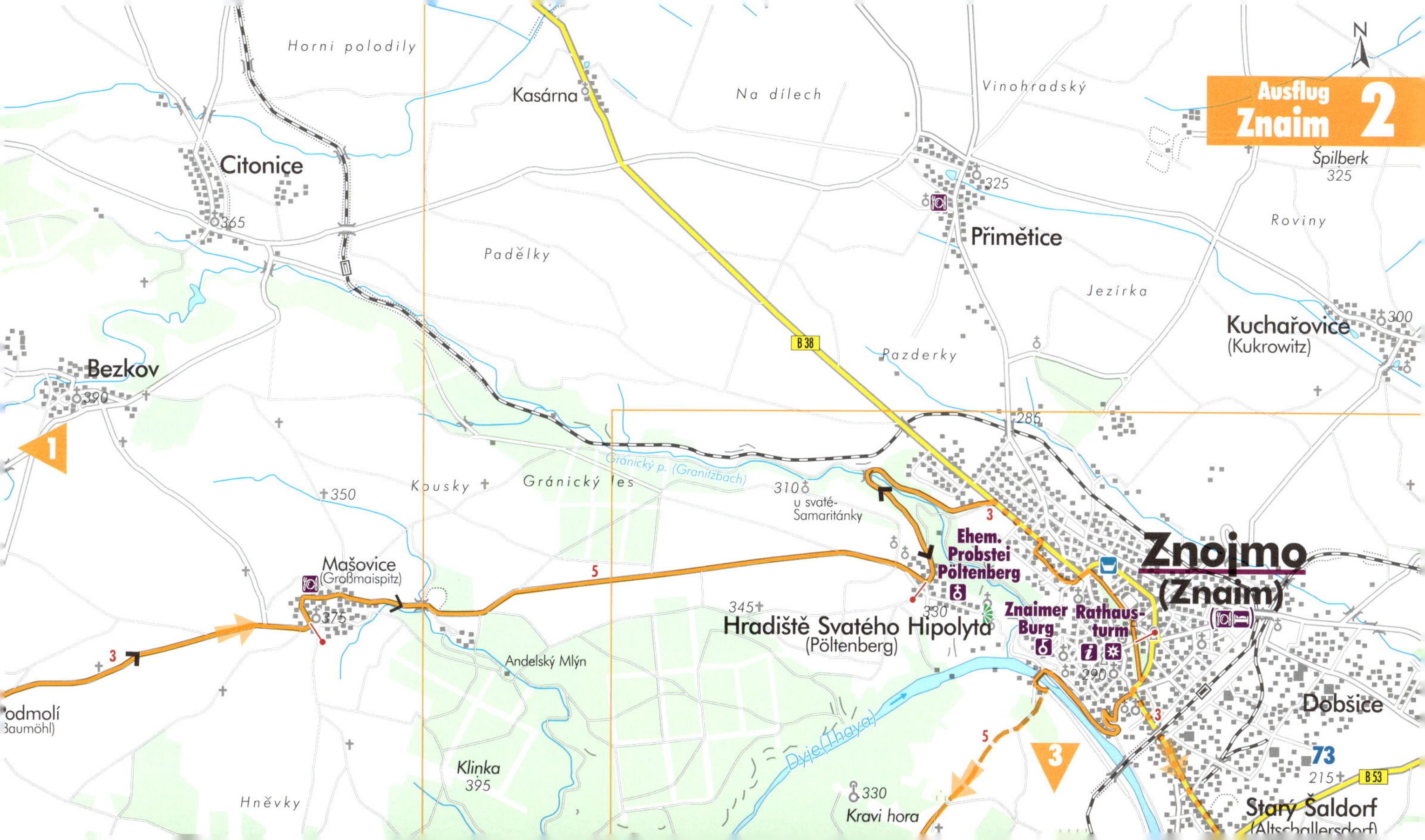

Ausflug
Znaim
2
Horni polodily
Kasárna
Na dílech
Vinohradský
Špilberk
325
Citonice
365
325
Přimětice
Roviny
Padělky
Jezírka
Kuchařovice
(Kukrowitz)
300
B 38
Pazderky
Bezkov
390
1
285
Gránický p. (Granitzbach)
Kousky
Gránický les
350
310
u svaté-
Samaritánky
3
Ehem.
Probstei
Pöltenberg
Znojmo
(Znaim)
Mašovice
(Großmaispitz)
5
345
330
Hradiště Svatého Hipolyta
(Pöltenberg)
375
Znaimer
Burg
Rathaus-
turm
290
3
Andelský Mlýn
odmolí
Baumöhl)
Dobšice
3
5
3
Dyje (Thaya)
Klinka
395
73
215
B 53
330
Hněvky
Kravi hora
Starý Šaldorf
(Altschallersdorf)

Straßen nach Brünn, Prag und Wien Anfang des 19. Jahrhunderts kam der einstige Wohlstand wieder zurück. In der Gründerzeit entwickelte sich auch die bedeutende Keramik- und Lebensmittelindustrie. Weltberühmt wurde vor allem die Verarbeitung und Züchtung der Znaimer Gurken, deren Ursprung in den Klostergärten von Znaim zu suchen ist.

Von Znojmo nach Retz 15,5 km

Bergab auf dem Rad- und Fußweg durch die Grünanlage ~ den Park verlassen und vor dem hübschen gelb gefärbten Bau des südmährischen Theaters rechts abbiegen ~ hier der **Cermákova** stadtauswärts folgen ~ beim **náměstí Republiky** links in die **Wiener Straße** ~ nach etwa 800 Meter rechts in die Straße **Pražákova** ~ leicht bergab ~ durch eine Tordruchfahrt ~ am **Kloster Bruck/Louka** vorbei ~ die Thaya überqueren ~ auf der breiten und etwas holprigen Ortsdurchfahrtsstraße **Sedlešovice** durchqueren ~ an der Kreuzung mit dem gelben Kirchlein in **Nový Šaldorf** rechts abbiegen und in Richtung **Havraníky** weiterfahren ~ von dort aus der Hauptstraße nach **Hnanice** folgen ~ danach dem hügeligen und kurvenreichen Verlauf der Vorrangstraße bis zur Grenzstation folgen.

Tipp: Die Grenzstelle ist täglich von 6-22 Uhr geöffnet (für Radfahrer ein internationaler Grenzübergang; ansonsten nur für tschechische und österreichische Staatsbürger).

Auf der Landstraße weiter nach **Mitterretzbach.**

Mitterretzbach

PLZ: 2074; Vorwahl: 02942

Gemeindeamt Retzbach-Fremdenverkehrsverein, Dorfstr. 2, ✆ 2513

An der folgenden Kreuzung dem Wegweiser nach Retz folgen.

Retz s. S. 76

Durch das **Znaimer Tor** und kurz darauf durch das **Verderberhaus** mündet der Ausflug in den Retzer Hauptplatz ~ um zum KTM-Radweg zurückzukehren, von der **Znaimer Straße** links in die **Kirchenstraße** ~ dieser bis zum Bahnübergang folgen ~ dort kurz darauf rechts abbiegen.

Von Hardegg nach Retz 15,5 km

Tipp: Die kartografische Darstellung der Hauptroute finden Sie auf der Karte 20, S. 69.

Auf der Hauptroute, außerhalb von Hardegg führt die Straße wieder kurvig und steil bergauf ~ bei der nächsten Weggabelung geradeaus und leicht bergab weiter nach Merkersdorf.

Merkersdorf

PLZ: 2082; Vorwahl: 02948

Ruine Kaja, ✆ 8450, ÖZ: Mai-26. Okt., Sa, So/Fei 10-17 Uhr u. n. V.

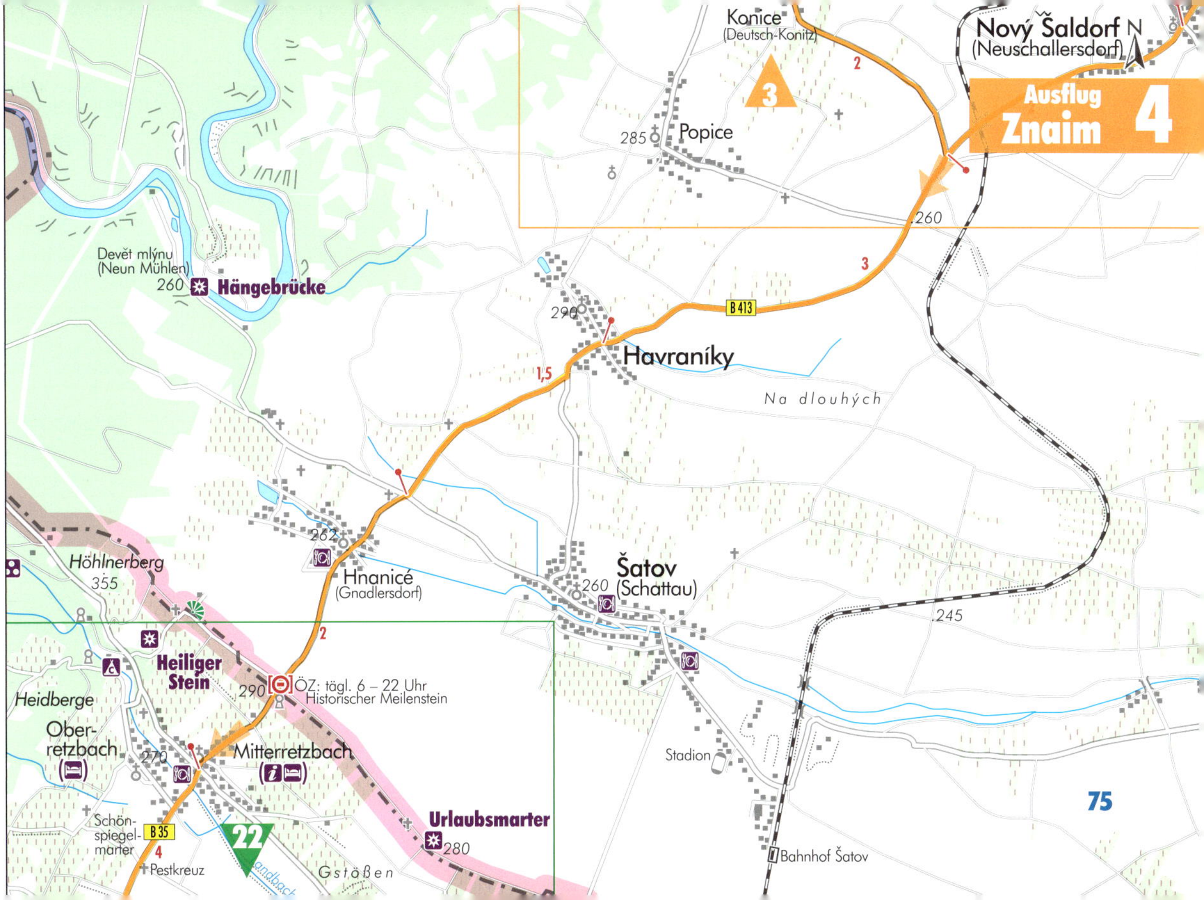

Bei der Weggabelung im Ort links ⤳ weiter geradeaus durch den Ort bis zur nächsten Kreuzung.

Tipp: Hier zweigt ein Fahrweg links ab Richtung Burgruine Kaja. Die 1,5 Kilometer entfernte Ruine mit dem Rittersaal und der Burgkapelle ragt auf einem steilen Felsen empor.

Sie folgen jedoch der Straße links aus Merkersdorf hinaus ⤳ ohne weitere An- oder Abstiege weiter bis Niederfladnitz.

Niederfladnitz

Beim Gasthof rechts abbiegen ⤳ leicht bergauf ⤳ vor einem großen Holzplatz links ⤳ kurz darauf die Bahnlinie überqueren ⤳ dem Schild bei der kleinen Marienstatue folgen ⤳ den Ort verlassen ⤳ zunächst leicht bergauf ⤳ danach folgt ein leichtes Gefälle ⤳ der schmalen Asphaltstraße folgen ⤳ beim Kreuz links in den Schotterweg einbiegen ⤳ nach **Hofern** hinein ⤳ ab hier auf Asphalt weiter ⤳ an der Vorfahrtsstraße links ⤳ auf Koptsteinpflaster weiter ⤳ über den Bahnübergang ⤳ sofort danach rechts in den Schotterweg einbiegen ⤳ parallel zur Bahnlinie weiterfahren ⤳ bei einem Haus vorbei und unmittelbar danach rechts auf die Vorfahrtsstraße abbiegen ⤳ leicht bergab ⤳ vor bis zum Bahnübergang ⤳ die Bahnlinie überqueren ⤳ kurz darauf rechts abbiegen ⤳ ab hier auf einem schmalen Güterweg weiter ⤳ bei der nächsten Weggabelung links weiter ⤳ im Laubwald beginnt ein Gefälle ⤳ aus dem Wald heraus ⤳ immer dem Verlauf der schmalen Asphaltstraße folgen ⤳ beim Kreuz links in Richtung Windmühle ⤳ leicht bergab durch einen kleinen Wald ⤳ danach durch Weinberge ⤳ hier wechselt der Bodenbelag auf Schotter ⤳ etwas später mündet der Schotterweg in einen Asphaltgüterweg ⤳ an einer Hecke entlang ⤳ am Soldatenfriedhof vorbei und nach wie vor dem schmalen Asphaltweg folgen ⤳ an der folgenden Kreuzung geradeaus weiter ⤳ bei der kommenden Weggabelung durch eine Linkskurve ⤳ entlang der Steinmauer ⤳ weiterhin bergab ⤳ in das Ortsgebiet von **Retz** eintauchen.

Retz

PLZ: 2070; Vorwahl: 02942

- **Retzer Land Regionalmanagement**, Althofg. 14, ✆ 20010
- **Informationsbüro**, Hauptpl. 30, ✆ 2700
- **Stadtmuseum**, Hauptpl. 1. Dokumentation zur historischen und topografischen Entwicklung der Stadt.
- **Museum „s'Fahrradl im Schloss"**, Schlosspl. 4, 2700 od. 0664/6431791, ÖZ: Mai-Okt., Mo-So 14-17 Uhr
- **Rathaus**. Das Wahrzeichen der Stadt steht mitten auf dem weiträumigen Hauptplatz, einem der schönsten Marktplätze von Österreich. Der Bau war ursprünglich als Kirche konzipiert, wurde aber durch den Umschwung der Ratsherren zum Protestantismus zum Rathaus umgewidmet.
- **Sgraffitohaus**. Das „bemalte Haus" wurde nach Art der italienischen Fassadenmalerei gestaltet.
- **Verderberhaus**. Italienische Baumeister schufen im 16. Jh. aus drei verschiedenen Bauwerken dieses Bürgerhaus im venezianischen Stil.
- **Windmühle**, Kalvarienberg 1, Besichtigung: April-Okt., Sa, So/Fei 10.30-16.30 Uhr. 1772 wurde erstmals eine auf einem Holzpflock gelagerte drehbare hölzerne Windmühle errichtet. Drei Jahre später entstand gleich daneben ein zylindrischer Steinbau mit einem drehbar gelagerten Windrad. Die alte Holzmühle wurde 1830 in eine kegelstumpfförmige Steinmühle umgebaut. Diese stellt bis heute die einzige noch betriebsfähige Windmühle in Österreich dar.
- **Erlebniskeller Retz**, ✆ 2700, ÖZ: Führungen von Mai-Okt., Mo-So 10.30, 14 und 16 Uhr, Nov., Dez., März, April, Mo-So 14 Uhr, Jän.-Feb. n.V. Das gesamte Stadtgebiet von Retz ist unterkellert und bildet somit den größten Weinkeller Österreichs. Teilweise ist der Untergrund, ähnlich wie in Znaim, von zwei oder drei Stockwerken durchzogen. Die Gesamtlänge der unterirdischen Kellergewölbe beträgt 20 km. Davon können 1.500 m besichtigt werden.
- **Weinlehrpfad**. Auf dem 700 m langen Lehrpfad durch die Weingärten am Stadtrand wird mittels Tafeln, Figuren und Objekten die Geschichte und Entwicklung des Weinbaus veranschaulicht.
- **Historische Stadtführung** durch Retz
- **„Auf den Spuren der Bezirksrichterin Julia"** in Retz, Hauptpl. 20, ✆ 2700, April-Okt., So 11 Uhr
- **Erlebnisbad-Parkbad**

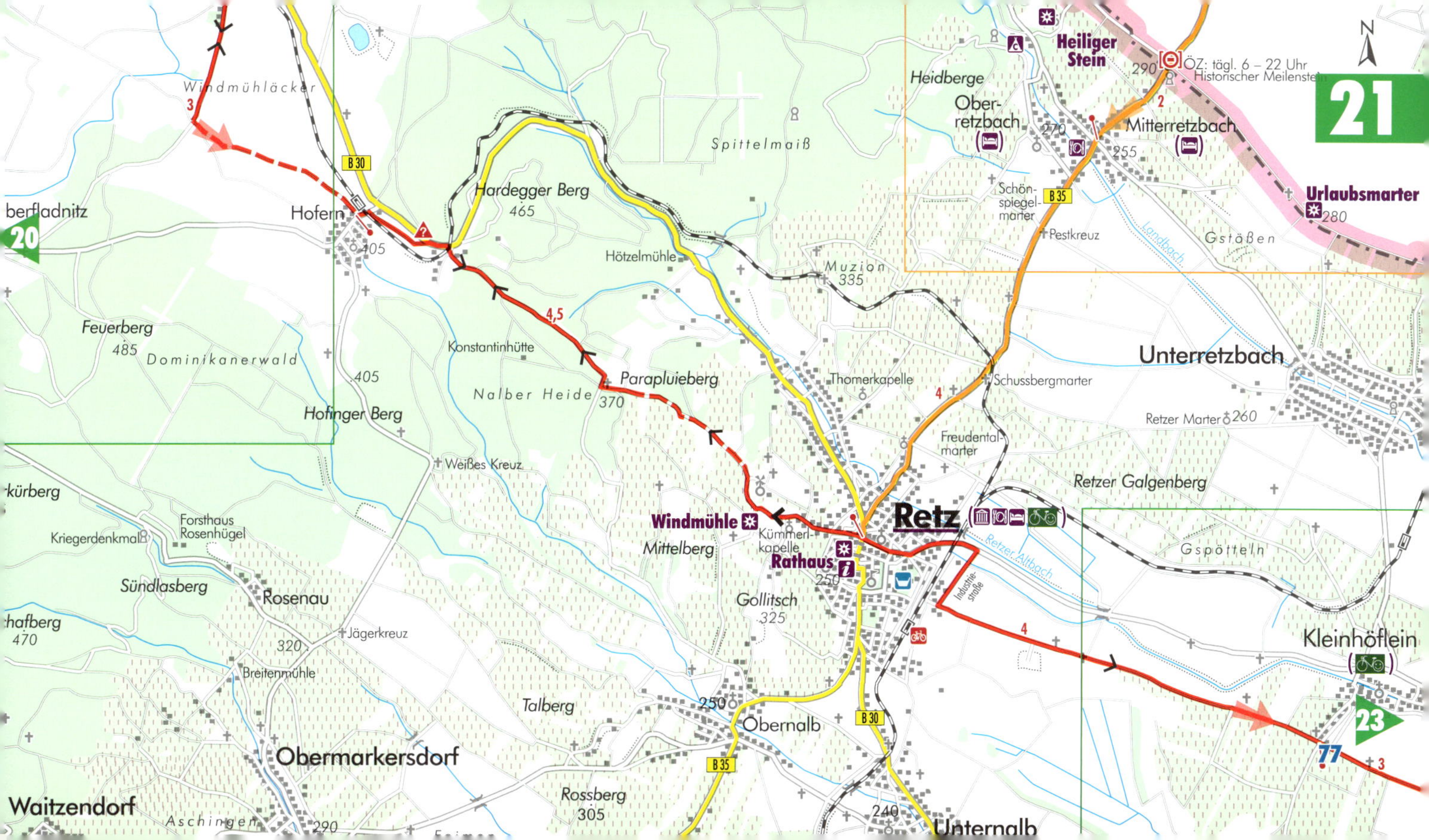

21
20
23
Windmühläcker
Hofern
405
berfladnitz
B 30
Hardegger Berg
465
Spittelmaiß
Heiliger Stein
ÖZ: tägl. 6 – 22 Uhr
Historischer Meilenstein
290
Heidberge
Ober-retzbach
270
Mitterretzbach
255
Schön-spiegel-marter
B 35
Pestkreuz
Urlaubsmarter
280
Gstäßen
Landbach
Hötzelmühle
Muzion
335
Feuerberg
485
Dominikanerwald
Konstantinhütte
405
Nalber Heide
Parapluieberg
370
Hofinger Berg
Thomerkapelle
Schussbergmarter
Unterretzbach
Retzer Marter
260
Freudental-marter
Weißes Kreuz
Retzer Galgenberg
kürberg
Forsthaus Rosenhügel
Kriegerdenkmal
Windmühle
Kümmerl-kapelle
Mittelberg
Retz
Rathaus
250
Retzer Altbach
Industrie-straße
Gspötteln
Sündlasberg
Rosenau
Gollitsch
325
hafberg
470
Jägerkreuz
320
Kleinhöflein
Breitenmühle
Talberg
250
Obernalb
B 30
B 35
Obermarkersdorf
Waitzendorf
Aschingen
290
Rossberg
305
240
Unternalb
4,5
3
4
2
77

Tourismus-Information Retz, Hauptpl. 30, ✆ 2700
Lagerhauswerkstätte Retz, Sandweg 8, ✆ 2760
Machacek, Fladnitzerstr. 21, ✆ 3420 u. 0664/4959865
Erlenstein KG, Obernalb 203, ✆ 2298

Retz – Rathausturm

Am Ende des 13. Jahrhunderts entstand, als neuer Mittelpunkt der Grafschaft Hardegg, die am Kreuzungspunkt zweier Straßen, mit großem zentralen Platz und rechteckigem Grundriss planmäßig angelegte Stadt. Die bis heute gut erhaltenen mittelalterlichen Befestigungen wie die Stadtmauer mit Eckturm und die Stadttore im Norden und Süden lassen die ursprüngliche Stadtanlage deutlich erkennen. Durch die Verleihung verschiedener Privilegien wie das Niederlagsrecht und das Weinhandelsrecht erfolgte der Aufstieg von Retz zum wirtschaftlichen und kulturellen Mittelpunkt der Region. Dies konnte auch die wahrscheinlich vollständige Zerstörung der Stadt, während der Hussitenkriege 1425, nicht verhindern. Glanzvoller Höhepunkt der Stadtgeschichte war das 16. Jahrhundert. Weinhandel und Weinbau führten zu einem bis heute unerreichten Wohlstand der Bürger. Die prächtigen Renaissancebauten am weiten Hauptplatz zeugen noch von der Blütezeit der Stadt. Die Wirren des Dreißigjährigen Krieges zogen auch die blühende Kleinstadt schwer in Mitleidenschaft. Erst der weiterhin auf dem privilegierten Weinhandel der Bürger basierende, mit der Barockisierung zahlreicher Bürgerhäuser und Sakralbauten einhergehende Aufschwung im 18. Jahrhundert, brachte den alten Glanz zurück.

Von Retz nach Hainburg an der Donau 185 km

er letzte Abschnitt führt Sie durch die von Feldern und Weingärten überzogene, sanfte Hügellandschaft des Wein-iertels. Dieses Gebiet im nordöstlichsten Teil Österreichs kann zwar, oberflächlich betrachtet, mit vergleichsweise twas weniger Attraktionen als die vorherigen Abschnitte aufwarten, dafür verströmt diese sanfte Landschaft einen speziellen, etwas melancholischen Flair. Sehr belebend hingegen wirken die zahlreichen Heurigenschenken und Kellergassen, in denen Sie gute österreichische Weine verkosten können. Ein besonderes Highlight ist der Ausflug zu den tschechischen Nachbarn. In Liechtenstein erwarten Sie architektonische Juwele in Form von Schlössern und Tempeln. Sehr beschaulich ist dann die Weiterreise durch die Marchauen, eindrucksvolle Schlösser und der Donaustrom beenden dann die ereignisreiche Radreise durch Wald- und Weinviertel.

Die Route verläuft zum Großteil auf ruhigen asphaltierten Landstraßen und Güterwegen, teilweise aber auch auf unbefestigten Feld- und Waldwegen. Abschnittsweise kommen durchaus auch kurze Strecken auf verkehrsreichen Straßen vor. Steigungen begegnen Ihnen auf diesem letzten Wegstück nur ganz selten.

Von Retz nach Haugsdorf 12,5 km

Retz s. S. 76

Im Ortsgebiet auf Kopfsteinpflaster weiter ~ am Kindergarten vorbei ~ vor bis zur Vorfahrtsstraße ~ diese überqueren und rechts an der Kirche vorbei ~ beim Kreisverkehr geradeaus weiterfahren Richtung Haugsdorf ~ beim großen Einkaufszentrum vorbei ~ Retz verlassen und die Bahnlinie überqueren ~ kurz darauf rechts ~ dem KTM bzw. Tümpel- und Teichschild folgen ~ in die relativ breiten **Industriestraße** ~ an der folgenden Kreuzung links ~ das Industriegelände verlassen und auf einer etwas schmäleren Asphaltstraße geradeaus weiter ~ die links und rechts abzweigenden Wege nicht beachten ~ an einem kleinen Kreuz vorbei ~ leichte Steigung ~ an einem Marterl vorbei ~ einen Hof passieren ~ durch Weingärten ~ erneut rechts an einem Kreuz vorbei ~ an Kleinhöflein entlang ~ nach der Weggabelung bei Kleinriedenthal wechselt der Bodenbelag auf Schotter ~ bald darauf endet der Schotterweg und es geht auf einem schmalen Asphaltweg weiter ~ immer geradeaus bis zur Vorfahrtsstraße ~ dort rechts abbiegen ~ eine Brücke überqueren ~ in den Ort **Ragelsdorf** hinein.

Ragelsdorf

Dem KTM-Schild folgen und weiter auf der Ortsdurchfahrtsstraße ~ links an einer Kapelle vorbei ~ Ragelsdorf leicht bergab verlassen ~ auf einer Brücke den Retzbach überqueren ~ kurz darauf das Ortsschild von **Jetzelsdorf** passieren.

Jetzelsdorf

PLZ: 2053; Vorwahl: 02944

Vinothek in der Weinkirche, ✆ 2304, ÖZ: n. V. Aus der alten josephinischen Pfarrkirche wurde eine Vinothek gebaut. Dort können die besten Weine der Region verkostet werden.

Rechts an den Weinkellern vorbei ~ leicht bergauf ~ bis zur Vorfahrtsstraße ~ dort rechts Richtung Wien, Hollabrunn, Haugsdorf ~ die Kapelle passieren ~ über eine Brücke ~ kurz darauf einen Bahnübergang überqueren ~ danach sofort links in die schmälere Asphaltstraße ~ parallel zur Bahnlinie weiterfahren ~ aus Jetzelsdorf hinaus ~ an der folgenden Vorfahrtsstraße rechts Richtung Haugsdorf abbiegen ~ nach einem kurzen Stück, vor der Brücke links beim gelben Haus.

Bei der kommenden Vorfahrtsstraße vor der Fassbinderei links abbiegen ~ an der nächsten Kreuzung rechts in die Allee ~ an der Gendarmerie vorbei.

Haugsdorf

PLZ: 2054; Vorwahl: 02944

Gemeindeamt, Laaer Str. 12, ✆ 2218

Initiative Pulkautal, ✆ 26066

Haugsdorfer Hauerweg, Laaer Str. 12, ✆ 2218. Der Rundwanderweg bietet Wissenswertes über Weinbau, Wasserhaushalt und Ökologie.

Bade- und Sportanlage

Von Haugsdorf nach Laa an der Thaya 30 km

Die gepflasterte **Leopoldsleutherstraße** entlang ~ an der Stelle, wo der Asphalt wieder beginnt, links abbiegen ~ rechts am Park entlang ~ an einem Tennisplatz vorbei ~ knapp der Bahnlinie entlang ~ an der folgenden Vorfahrtsstraße rechts dem KTM-Schild folgen ~ die **Kellerstraße** entlang ~ an der nächsten Vorfahrtsstraße geradeaus weiter ~ rechts an der Drogerie Schlecker vorbei ~ jetzt die **Laaer Straße** entlang ~ die Kirche passieren ~ am Restaurant Schüttkasten vorbei ~ danach links beim weißen Haus abbiegen ~ der schmalen Asphaltstraße folgen ~ links am Friedhof entlang fahren ~ schließlich Haugsdorf verlassen ~ durch ein kurzes Waldstück ~ die Bahnlinie überqueren ~ kurz darauf über eine Brücke und die Pulkau überqueren ~ danach durch eine scharfe Rechtskurve ~ der Pulkau entlang ~ an der folgenden Vorfahrtsstraße links Richtung Hadres und Laa an der Thaya abbiegen ~ an **Alberndorf** vorbeifahren ~ nach etwa 200 m rechts abbiegen ~ dem schmalen Asphaltgüterweg folgen ~ an Weingärten vorbei ~ dem Straßenverlauf folgen und an den Weinkellern vorbei ~ rechts des Weges befinden sich zwei kleine Teiche ~ am Friedhof entlang ~ an der kommenden Vorfahrtsstraße rechts abbiegen ~ kurz darauf links weiter.

Untermarkersdorf

PLZ: 2061; Vorwahl: 02943

Weinbaumuseum, in der Kellergasse, ☎ 2350, ÖZ: April-Nov., n. V. Zu sehen gibt es unter anderem verschiedene Arbeitsgeräte für den Weinbau aus dem 19. und 20. Jh.

Untermarkersdorf verlassen ~ links am Sportplatz vorbei ~ eine kleine Brücke überqueren ~ durch eine S-Kurve ~ weiterhin der schmalen Asphaltstraße folgen ~ an einem Marterl vorbei ~ nach **Hadres** hinein.

Hadres

PLZ: 2061; Vorwahl: 02943

Gemeindeamt, Hadres 367, ☎ 2303

Freilichtmuseum, Kellertrift. In der Hadreser Kellertrift sind Weinkeller mit ihren Pressen zu sehen.

Historische Fotosammlung, Hadres 57, ☎ 2303

Kellergasse, ☎ 3511 od. ☎ 0664/4305674, Kellergassenführung auf Anfrage.

Tankstelle, Hadres 41, ☎ 3602, ÖZ: Mo-Sa 7-20 Uhr, So 8-20 Uhr

Eine Besonderheit von Hadres ist die längste, geschlossene Kellergasse des Landes. In der 1,6 Kilometer langen Gasse werden übers Jahr verschiedene Feste veranstaltet wie zum Beispiel das Akazienblütenfest. In Hadres findet man auch noch eine andere Kellergasse, in der man einige Szenen für den Krimi „Blumen

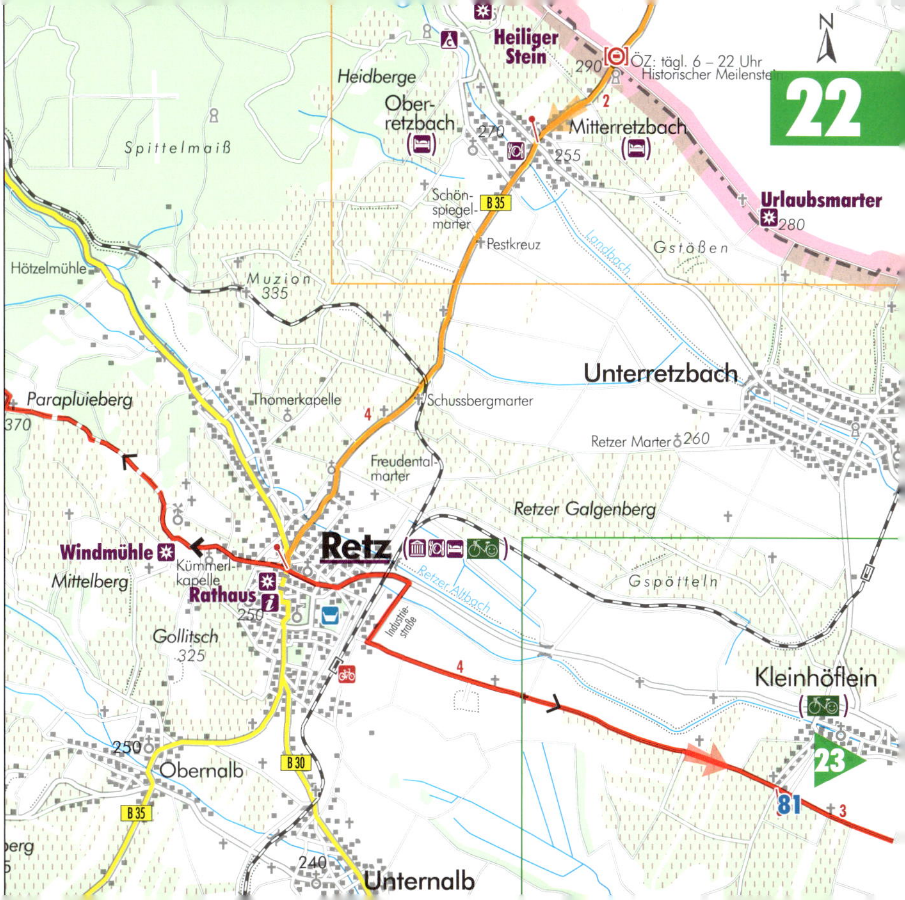

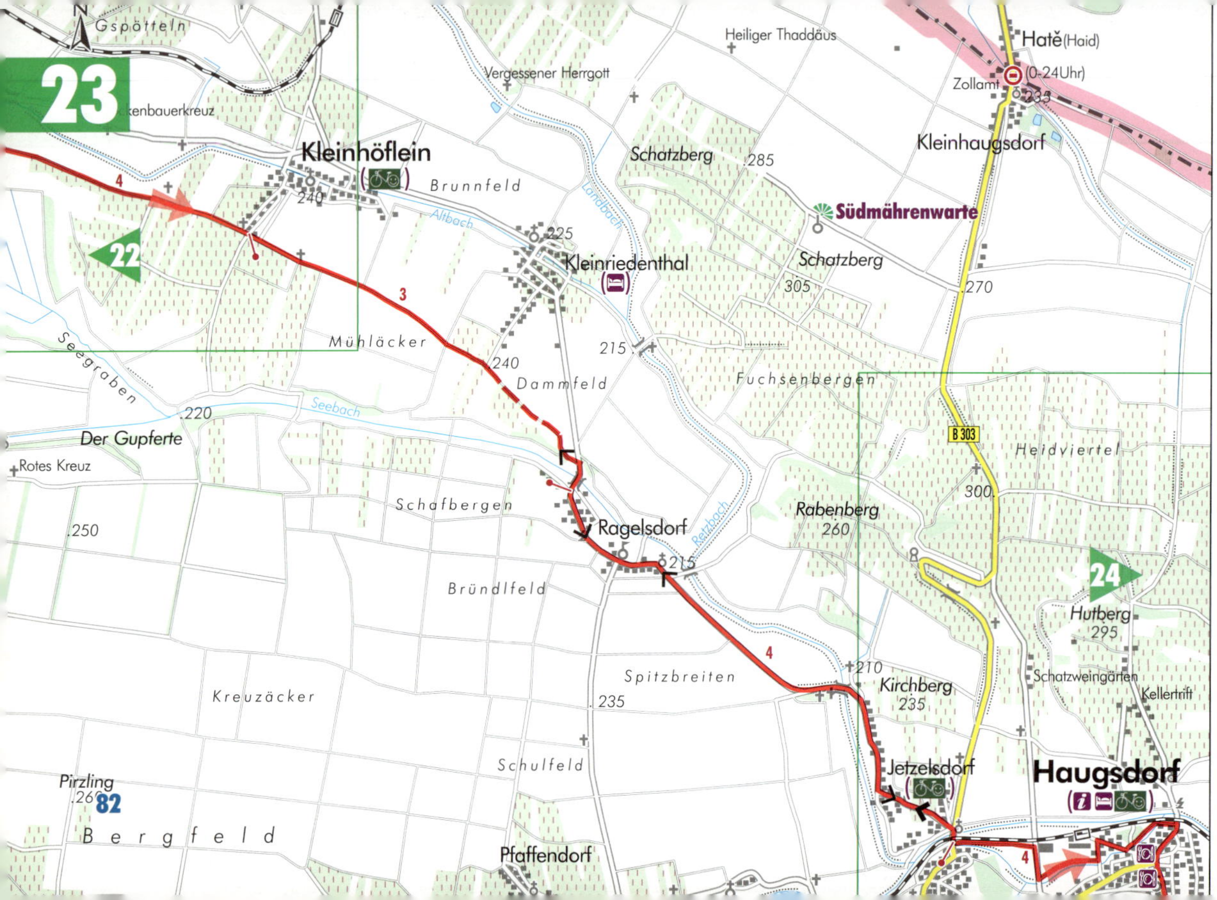

für Polt" von Alfred Komarek gedreht hat.

Bei der Vorfahrtsstraße rechts ~ unmittelbar danach links abbiegen ~ erneut links ~ an einem kleinen Park vorbei ~ vor dem grünen Haus rechts ~ schließlich Hadres verlassen ~ links an einem Kreuz vorbei ~ den folgenden Abzweig nach links nicht beachten und geradeaus weiter ~ eben dahin durch die Felder ~ durch einen Windschutzgürtel ~ bei der Kapelle links abbiegen ~ an den Häusern von Lußfeld vorbei ~ danach rechts ~ nach **Seefeld** hinein.

Seefeld

PLZ: 2062; Vorwahl: 02943

- **Schloss Seefeld,** Seefeld 39, ✆ 2201 od. ✆ 2155, nicht zugänglich
- **Kulturzentrum Esel-Mühle,** Seefeld 60, ✆ 0676/3463046, ÖZ: Sa, So/Fei 10-18 Uhr
- **Freizeitzentrum**
- **Pulkautaler Reit- u. Fahrverein,** Gr. Kadolz 400, ✆ 3450

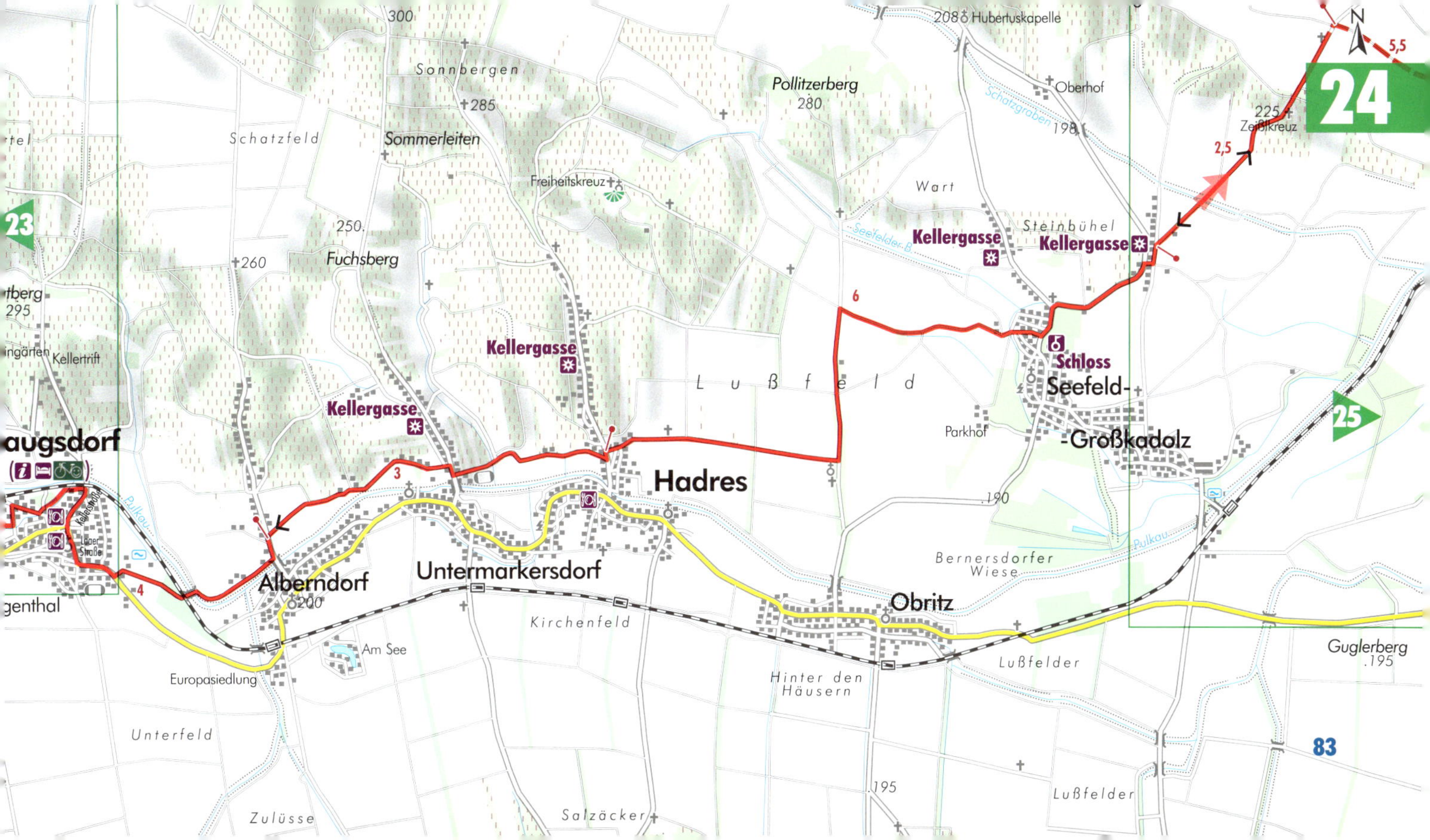

300
208 Hubertuskapelle
Sonnbergen
285
Pollitzerberg
280
Oberhof
Schatzgraben
198
225
Zeißlkreuz
24
5,5
2,5
Schatzfeld
Sommerleiten
Freiheitskreuz
Wart
23
250
260
Fuchsberg
Steinbühel
Seefelder B.
Kellergasse
Kellergasse
6
Kellergasse
Schloss
Lußfeld
Seefeld-
-Großkadolz
25
Parkhof
Kellergasse
augsdorf
Kellertrift
295
Hadres
3
190
Kellerstraße
Pulkau
Alberndorf
Untermarkersdorf
Bernersdorfer Wiese
Pulkau
4
200
Obritz
genthal
Kirchenfeld
Am See
Europasiedlung
Hinter den Häusern
Lußfelder
Guglerberg
195
Unterfeld
Zulüsse
Salzäcker
195
Lußfelder

Kulturzentrum Eselmühle, Seefeld 60
Freizeitzentrum, ✆ 2540

Bis zum Schloss Seefeld vorfahren ⇝ dort links abbiegen ⇝ bei einem Kreuz rechts ⇝ an den Weinkellern entlang ⇝ durch eine Rechtskurve ⇝ leichtes Gefälle ⇝ über eine Brücke den Schatzgraben überqueren ⇝ leicht bergauf ⇝ links an einem Kreuz vorbei ⇝ der Weg führt nun mitten durch die Weingärten hindurch ⇝ am Zeißlkreuz vorbei ⇝ danach ein kurzes Stück durch einen Graben ⇝ später wechselt der Bodenbelag auf Schotter ⇝ an der folgenden Kreuzung rechts abbiegen ⇝ eben dahin ⇝ über eine Bodenwelle ⇝ an einer Baumgruppe entlang ⇝ der Schotterweg mündet in eine schmale Asphaltstraße ⇝ durch die Kellergasse ⇝ an der darauffolgenden Vorfahrtsstraße geradeaus weiter ⇝ immer an den Weinkellern entlang ⇝ leicht bergab ⇝ bei der nächsten Weggabelung geradeaus weiter ⇝ an der folgenden Kreuzung links abbiegen ⇝ ab hier auf einem relativ breiten Schotterweg weiter ⇝ an der kommenden Weggabelung links ⇝ den Strommasten entlang ⇝ vor dem Karlhof rechts ⇝ an der folgenden Vorfahrtsstraße rechts in eine schmälere Asphaltstraße einbiegen ⇝ an einer chemischen Fabrik vorbei ⇝ ein Umspannwerk passieren ⇝ kurz darauf über eine gepflasterte Brücke ⇝ an den Fabriksgleisen entlang ⇝ kurz darauf folgt ein Bahnübergang ⇝ danach erneut über eine Brücke ⇝ sofort darauf links Richtung Wulzeshofen und Laa an der Thaya abbiegen ⇝ nach **Wulzeshofen** hineinfahren.

Wulzeshofen

An der nächsten Vorfahrtsstraße beim Spiegel links halten ⇝ am rosafarbenen Gasthof vorbei ⇝ beim Marterl links Richtung Sportplatz und Feuerwehr abbiegen ⇝ an den Tennisplätzen vorbei ⇝ den Sportplatz passieren ⇝ danach wechselt der Bodenbelag auf Schotter ⇝ ab hier knapp entlang der Bahnlinie weiter ⇝ dem breiten Schotterweg folgen ⇝ die Bahnlinie überqueren ⇝ kurz darauf über eine kleine Brücke den Gießbach überqueren ⇝ die Apfelbaumallee entlang ⇝ beim Blaustaudenhof links auf einem kurzen Asphaltstück vorbei ⇝ danach wieder der breiten Schotterstraße folgen ⇝ die Allee entlang ⇝ eine Brücke überqueren ⇝ kurz darauf rechts abbiegen ⇝ parallel zur Grenze weiterfahren ⇝ nach dem Wald mündet die Schotter- in eine Asphaltstraße ⇝ über die Brücke den Pfaffengraben überqueren ⇝ der Baumreihe entlang ⇝ an der folgenden Weggabelung links abbiegen ⇝ an der kommenden T-Kreuzung rechts ⇝ das Ortsschild von **Laa an der Thaya** passieren.

Den **Försterweg** entlangfahren ⇝ links abbiegen ⇝ auf dem Weg **Unter der Stadt** weiter ⇝ schließlich unter einem Haus durchfahren ⇝ dort links in die **Venusstraße** abbiegen ⇝ rechts zur **Hauptstraße.**

Laa an der Thaya

PLZ: 2136; Vorwahl: 02522

Tourismusverein Land um Laa, Stadtpl. 17, ✆ 2501-29

Südmährermuseum „Thayaland“, Altes Rathaus, Stadtpl. 17, ✆ 2501-29, ÖZ: April-Okt., So, Fei 14-17 Uhr. Volkskundliches Museum, das anhand von Exponaten aus dem täglichen Leben und dem Brauchtum, die Geschichte der Deutsch-Südmährer dokumentiert.

Kutschenmuseum, Hanfthaler Straße, ✆ 2501-29 ÖZ: April-Okt., So, Fei 14-17 Uhr. Die Privatsammlung zeigt die vielfältigen Transportmittel der Adeligen, der Gewerbetreibenden und der Bauern vom Barock bis zur Moderne.

Biermuseum, Burgpl. 23, ✆ 2501-29, ÖZ: Mai-Okt., Sa, So/Fei 14-16 Uhr. Die Geschichte, die Zubereitung und die Vermarktung des beliebten Hopfentees sind die Themen in dem in Österreich einzigartigen Museum.

Mittelalterliche Burg, Hauptpl. 43

Das **Zwiebelfest** findet jährlich in der letzten Sommerferienwoche statt.

Beim Hallenbad veranschaulicht ein Informationspunkt die Thermal-

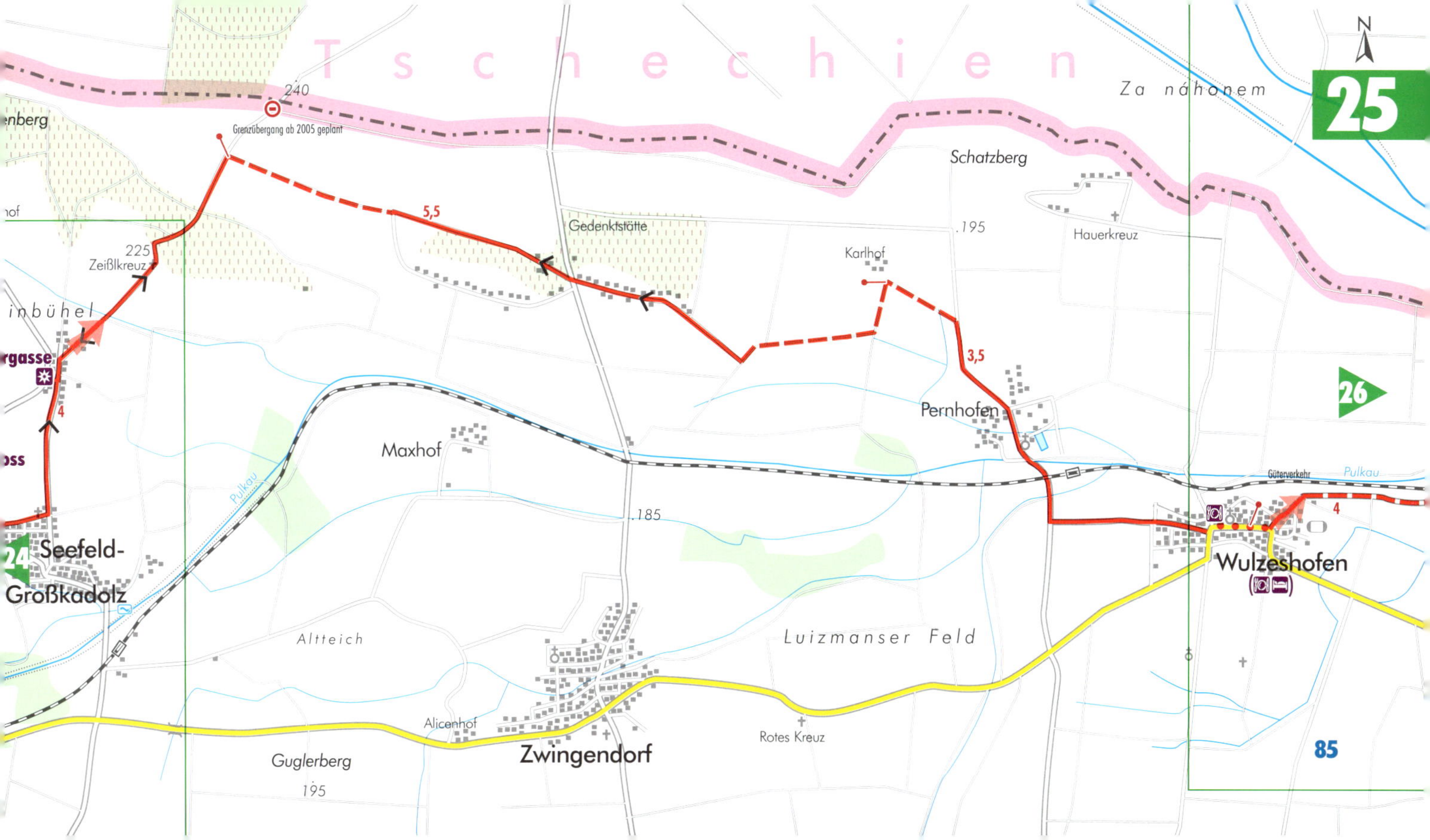
Tschechien
Za náhonem
25
240
Grenzübergang ab 2005 geplant
enberg
Schatzberg
hof
5,5
Gedenkstätte
.195
Hauerkreuz
225
Zeißlkreuz
Karlhof
inbühel
rgasse
3,5
26
4
Pernhofen
Maxhof
oss
Pulkau
Güterverkehr
Pulkau
.185
4
Seefeld-
Großkadolz
24
Wulzeshofen
Altteich
Luizmanser Feld
Alicenhof
Rotes Kreuz
Guglerberg
Zwingendorf
195

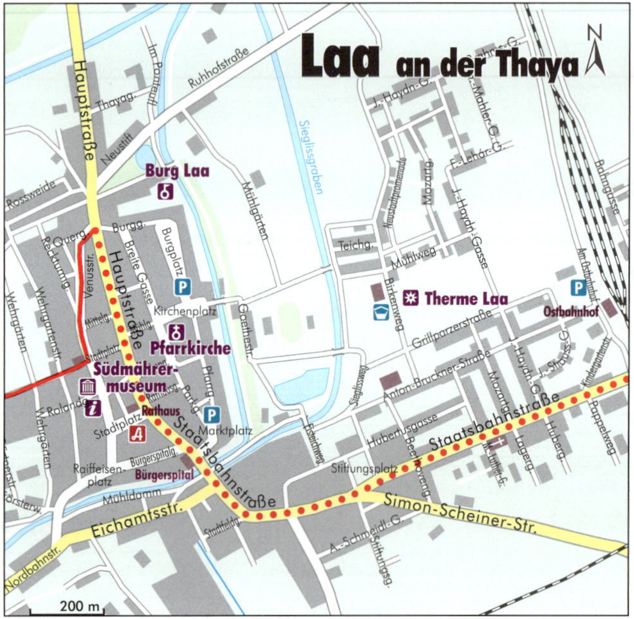

wasserbohrung und gibt Auskunft über Entstehung und Herkunft warmer Wasser.

Südöstlich der Ziegelei gibt ein geologischer Informationspunkt Aufschluss über die Laaerschichten (Karpat).

Therme Laa, Thermenpl. 1, ✆ 84700-260, ÖZ: Mo-So 9-22 Uhr

Thermengasthaus Zehetmayer, Staatsbahnstr. 114, ✆ 84521

Gemeindeamt, Stadtplatz 43, ✆ 0664/1016847

Toms Radhaus, Nordbahnstr. 19c, ✆ 84846, ÖZ: Mo-Fr 9-12 u. 15-18 Uhr, Sa 9-12 Uhr

2 Rad Laa, Bürgerspitalg. 4, ✆ 84633, ÖZ: Mo-Fr 9-12 Uhr u. 14-18 Uhr, Sa 8-12 Uhr

Von Laa an der Thaya nach Ottenthal 21 km

Die **Hauptstraße** entlangfahren ~ danach der **Staatsbahnstraße** folgen ~ den Bahnübergang überqueren ~ unmittelbar nach der Kirche links und nach einem Rechtsbogen immer geradeaus ~ den Entersgraben überqueren und an der T-Kreuzung vor dem Neudorfer Graben nach rechts ~ vor der Bahnlinie links und dem Weg bis zur Kreuzung beim Rothenseehof folgen.

Rothenseehof

Hier links abbiegen ~ es folgt eine etwas schmälere Asphaltstraße ~ bald darauf und knapp vor einer Brücke wechselt der Bodenbelag auf Schotter ~ den Bach überqueren ~ auf der breiten Schotterstraße weiter ~ links und rechts des Weges befinden sich Baumgruppen ~ über den niedrigen Lausberg ~ vor dem Mitterhof rechts abbiegen ~ leicht bergab ~ der Stromleitung entlang ~ die Straße wird etwas uneben ~ durch eine Linkskurve und kurz darauf den Wildendürnbach überqueren ~ unmittelbar danach rechts abbiegen ~ von nun an wieder auf Asphalt weiter ~ links an einer Brücke vorbei ~ links der Stromleitung entlang ~ erneut an einer kleinen Brücke vorbei ~ eine Kläranlage passieren ~ nach **Wildendürnbach** hinein.

Wildendürnbach

PLZ: 2164; Vorwahl: 02523

Gemeindeamt Wildendürnbach, ✆ 8252

Kellergasse, Kellerberg „Galgenberg".

Dem Straßenverlauf folgen ~ am Gemeindeamt vorbei ~ knapp nach der Kirche und noch vor der Raiffeisenbank links abbiegen ~ an der Feuerwehr vorbei ~ beim Schild Richtung Galgenberg und vor einer alten Weinpresse rechts ~

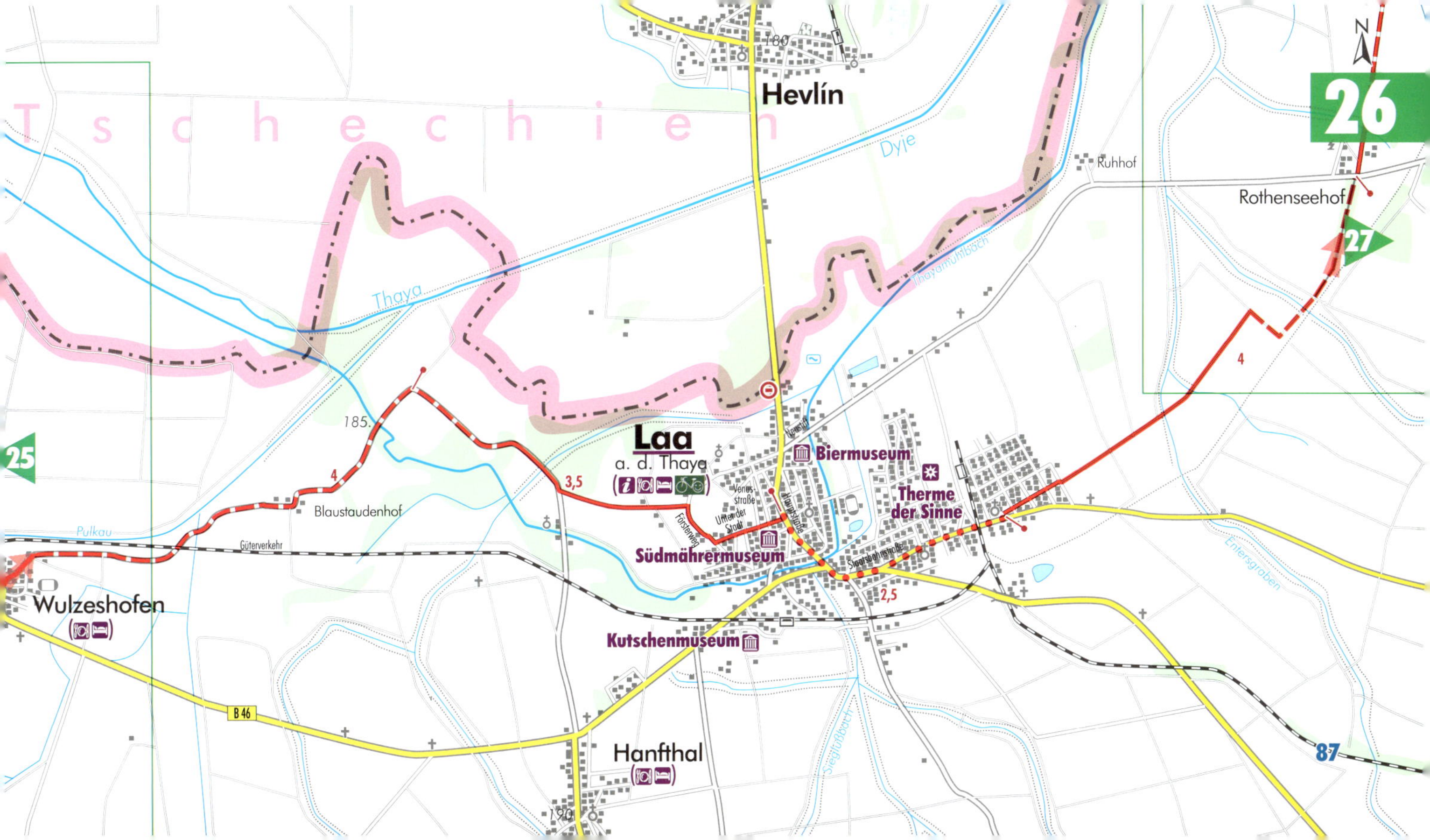

Tschechien
Hevlín
180
Dyje
Thaya
Thayamühlbach
Ruhhof
Rothenseehof
26
27
25
4
185
3,5
Laa
a. d. Thaya
Neustift
Biermuseum
Therme
der Sinne
Venus-
straße
Ufer der
Stadt
Hauptstraße
Försterweg
Südmährermuseum
Staatsbahnstraße
2,5
Blaustaudenhof
Pulkau
Güterverkehr
Wulzeshofen
Kutschenmuseum
Entersgraben
B 46
Hanfthal
Siegleubbach
190
87

27
N
Dyje
Alter Bockgraben
180.
Sandfeld
Oberes Feld
Güterverkehr
Basteingraben
Unterfeldgraben
Galgenberg
255
235
Mitterhof
7,5
5
3,5
230
Kellerberg
Wildendürnbach
Langer Berg
260
205
Pottenhofen
Schmalzberg
185
Lausberg
185
Leopoldsberg
280
Bockgraben
Wildendürnbach
205
225
Neuruppersdorf
Burgstall
Weißes Kreuz
Rothenseehof
26
260.
190.
88
4
Kirchstetten
225
Hausleitner Wald
Übe

schließlich den Ort verlassen ~ leicht bergauf ~ an einem Kreuz vorbei ~ bergab durch die Weingärten ~ an der folgenden Weggabelung bei der Kapelle vor dem Galgenberg rechts abbiegen ~ ein kurzes Stück bergauf ~ unmittelbar danach wieder rechts in einen Schotterweg einbiegen ~ leicht bergab ~ danach folgt eine Gegensteigung ~ auf Asphalt weiter ~ an der folgenden Weggabelung links beim Informationsschild abbiegen ~ dem schmalen asphaltierten Güterweg weiterhin bergab folgen ~ die kommenden Kreuzung geradeaus überqueren ~ die Asphaltstraße mündet hier in eine Schotterstraße ~ kurz darauf wieder auf Asphalt weiter ~ die kommende Weggabelung geradeaus überqueren und über die Kuppe fahren ~ bei der darauffolgenden Kreuzung rechts abbiegen und dem KTM-Schild Richtung Ottenthal und Hohenau folgen ~ an den Weingärten entlang ~ leicht bergab ~ nach **Pottenhofen** hineinfahren.

Pottenhofen

PLZ: 2163; Vorwahl: 02554

An der Vorfahrtsstraße bei der Milchgenossenschaft Pottenhofen links abbiegen ~ den Bach überqueren und die Ortschaft verlassen ~ danach links in eine schmälere Asphaltstraße abbiegen ~ über eine Kuppe fahren und ein Kreuz passieren ~ eine kleine Brücke überqueren ~ bergauf weiter ~ an der nächsten Kreuzung beim Stoppschild rechts dem KTM-Schild folgen ~ leicht bergauf ~ hügelig dahin ~ das Ortsschild von **Ottenthal** passieren.

Gedenkstein unter dem Südmährerkreuz

Ottenthal

PLZ: 2163; Vorwahl: 02554

Gemeindeamt, ✆ 8181

Privatmuseum Bruckner, Guttenbrunn 39, ✆ 6562. Herr Bruckner sammelt landwirtschaftliche Geräte und Hausrat.

Von Ottenthal nach Herrnbaumgarten 17 km

An der Volksschule vorbei ~ beim Stoppschild vor der PSK und der Raiffeisenkasse links abbiegen ~ an der kommenden T-Kreuzung rechts Richtung Drasenhofen und Guttenbrunn ~ weiterhin dem Straßenverlauf durch den Ort folgen ~ Ottenthal verlassen ~ am Sportplatz vorbei ~ nach **Guttenbrunn** hinein.

Guttenbrunn

Hier findet man auch die Beschilderung der Veltliner-Route ~ am Kriegerdenkmal und an der Kapelle vorbei ~ nach wie vor dem Straßenverlauf folgen ~ eine kleine Brücke überqueren ~ bergauf den Ort verlassen ~ an einem Kreuz vorbei ~ leicht bergab.

Tipp: Wenn Sie einen Ausflug zum Südmährerkreuz unternehmen wollen, verlassen Sie bitte den KTM-Radweg indem Sie an der kommenden Kreuzung links abbiegen. Nach 2,2 Kilometern erreichen Sie den Aussichtspunkt.

An der folgenden Kreuzung rechts Richtung Falkenstein abbiegen ~ bergab weiter ~ rechts an einem Fabrikgelände vorbei ~ danach folgt eine Gegensteigung ~ hügelig dahin ~ an einigen Weingärten vorbei ~ nach **Falkenstein** hinein.

Falkenstein

PLZ: 2162; Vorwahl: 02554

Marktgemeinde Falkenstein, Falkenstein 60, ✆ 85340

Burgruine Falkenstein, ✆ 85340, ÖZ: April-Okt., Sa, So/Fei 14-18 Uhr. Führungen: 15 und 16.30 Uhr (0664/1713106). Neben der Burgruine aus dem 11. Jh., die auf einer weithin sichtbaren Kalkklippe steht, sind auch archäologische Ausgrabungen zu bestaunen. Bei der Burgruine befindet sich ein geologischer Informationspunkt, der über den Ernstbrunner Kalk informiert.

„Gmoakeller" in der Kellergasse, ✆ 85539, ÖZ: Mi, Do ab 13 Uhr, Fr ab 15 Uhr, Sa, So/Fei ab 14 Uhr. Einige Bauern präsentieren ihre Weine und kulinarischen Spezialitäten im „Gmoakeller". Die idyllische und sorgfältig renovierte Kellergasse in Falkenstein ist eine der längsten im ganzen Weinviertel.

Das **Wein-Kunst-Kultur-Fest** findet jedes 3. Wochenende im September statt.

Weinlehrpfad, ✆ 85340. Der 2 km lange Weinlehrpfad informiert über die Geschichte und die Anbaumethoden des Weines.

Zunächst an den Weinkellern entlang ~ bis zum Kreisverkehr vorfahren ~ diesen geradeaus überqueren und bei der ersten Möglichkeit rechts in den **Kühberg** abbiegen ~ kurz darauf links in die **Marktstraße** einbiegen ~ dem Straßenverlauf weiter folgen ~ bis zum **Marktplatz** ~ dort links ~ die Marienstatue umfahren und bergab weiter ~ bis zur Steinzeile vorfahren und dort rechts in

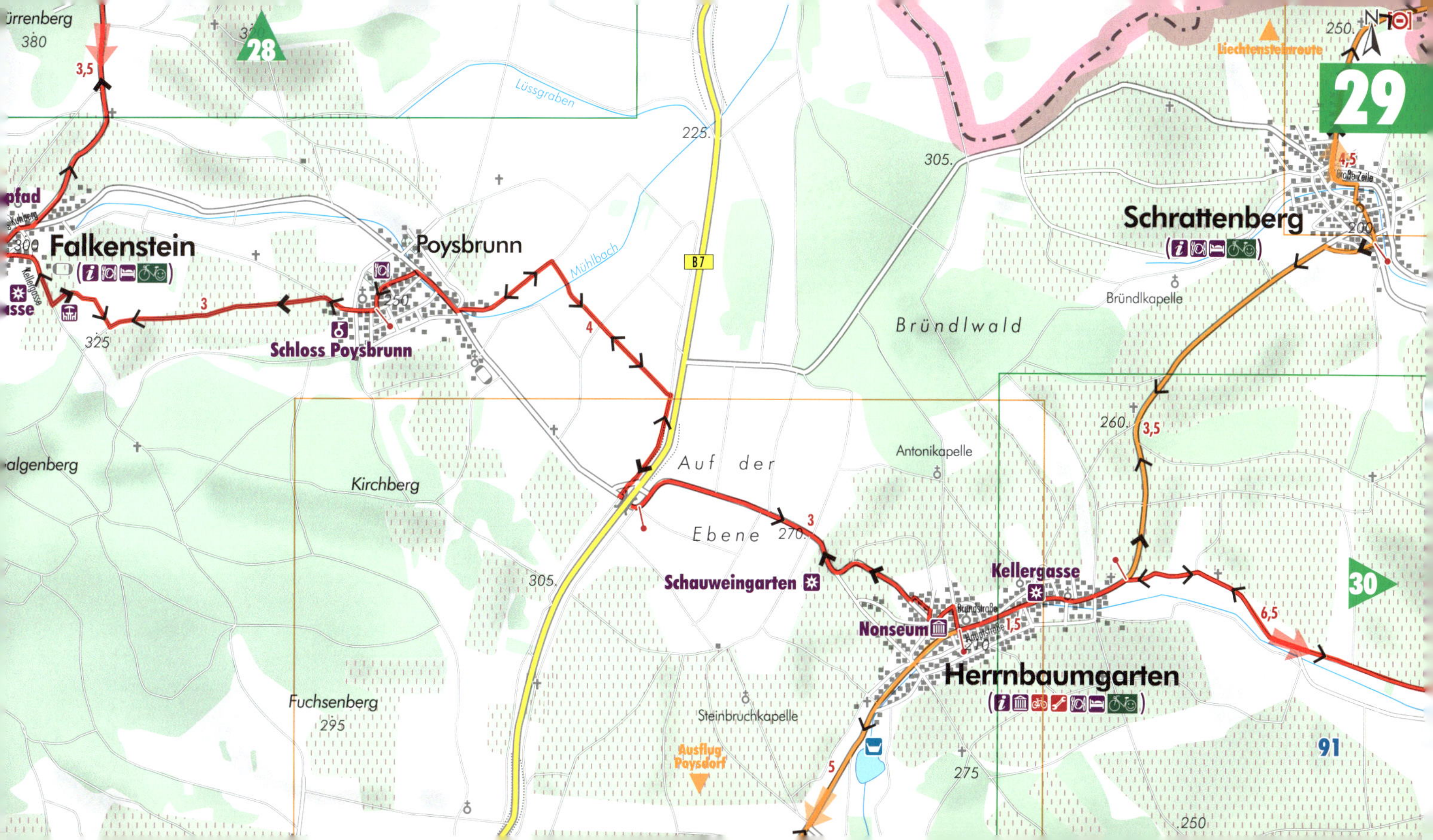

28
29
30
Falkenstein
Poysbrunn
Schloss Poysbrunn
Schrattenberg
Bründlkapelle
Bründlwald
Lüssgraben
Mühlbach
B7
Auf der Ebene
Antonikapelle
Kirchberg
Fuchsenberg
Schauweingarten
Kellergasse
Nonseum
Herrnbaumgarten
Steinbruchkapelle
Ausflug Poysdorf
Liechtensteinroute
91

Ruine Falkenstein

die **Kellergasse** einbiegen ~ leicht bergauf weiter ~ an den Weinkellern und Heurigen vorbei ~ am Ende der Kellergasse links zu den Sportanlagen abbiegen ~ leicht bergab ~ links an einem Rastplatz vorbei ~ danach etwas steiler bergauf ~ an der folgenden Weggabelung geradeaus weiter ~ an der kommenden Kreuzung rechts auf der schmalen Asphaltstraße leicht bergauf weiter ~ kurz darauf links abbiegen ~ ab hier links und rechts Weingärten ~ leichtes Gefälle ~ an Wein- und Obstgärten entlang ~ das Gefälle nimmt etwas später zu ~ an der darauffolgenden Kreuzung rechts abbiegen ~ an alten Weinkellern entlang ~ ein kurzes Stück ist gepflastert ~ bergab weiter ~ links am Schloss von **Poysbrunn** vorbei.

Poysbrunn

Nach dem Schloss links abbiegen ~ der **Kirchenstraße** bergab folgen ~ rechts am Gasthof Wolf vorbei ~ eine Brücke überqueren ~ danach rechts in die **Hauptstraße** abbiegen ~ links vom Bach entlang ~ an mehreren Stegen vorbei ~ dem Straßenverlauf folgen und kurz vor dem Ortsausgang links in einen schmäleren Asphaltgüterweg abbiegen ~ hügelig dahin ~ an der folgenden Weggabelung rechts abbiegen ~ kurz darauf den Mühlbach überqueren ~ leicht bergauf ~ an einer Baumreihe entlang ~ die folgende Kreuzung geradeaus überqueren ~ an der kommenden Weggabelung rechts halten ~ knapp an der Bundesstraße entlang ~ leichtes Gefälle mit anschließender Gegensteigung ~ bis zur Vorfahrtsstraße vorfahren ~ dort geradeaus weiter und danach links zur Unterführung abbiegen ~ in einer Linkskurve und schließlich geradeaus weiter Richtung **Herrnbaumgarten.**

Dorfkirche in Falkenstein

Tipp: In Herrnbaumgarten bietet sich ein Abstecher ins 8 Kilometer entfernte Poysdorf an.

Auf der Hauptroute immer dem Straßenverlauf folgen ~ steil bergab durch die Weingärten ~ nach **Herrnbaumgarten** leicht bergab hineinfahren.

Herrnbaumgarten

PLZ: 2171; Vorwahl: 02555

Marktgemeinde Herrnbaumgarten, Hauptstr. 50, ✆ 2200

Nonseum, Kulturzentrum, ✆ 2737, ÖZ: Ostern-Allerheiligen, Sa, So/Fei 13-18 Uhr. Geg. Voranmeldung für Gruppen ab 10 Personen auch während der Woche. Das Nonseum zeigt Erfindungen, die zwar nicht alltagstauglich sind, dafür aber zum Schmunzeln einladen.

Galerie „s'Presshaus", ✆ 2787, ÖZ: März, Mai-Juli, Sept.-Nov., Sa, So/Fei ab 15 Uhr. Die Galerie wird verwendet für Ausstellungen, Konzerte und Lesungen. Der „Verein zur Verwertung von Gedankenüberschüssen" liefert regelmäßig Beiträge für die Galerie.

Umschaids Kellerlabyrinth am „Langen Berg", ✆ 2787, ÖZ: n. V. Die mehrere hundert Meter lange Vinothek befindet sich in mehreren unterirdisch miteinander verbundenen Kellern.

In der **Kellergasse** von Herrnbaumgarten, die auch **„Schinder-**

gasse" genannt wird, gibt es eine **Mariengrotte** zu besichtigen.

- **Ranch Herrnbaumgarten**, Parzelle 1926, ✆ 2860
- **Herbert Madl**, Hauptstr. 64, ✆ 2575

Ausflug Poysdorf 5 km

An der **Hauptstraße** rechts Richtung Poysdorf abbiegen ~ durch die Weingärten ~ nach Poysdorf hinein.

Die **Feldsbergerstraße** entlang ~ danach weiter auf der **Liechtensteinstraße** ~ an der Vorfahrtsstraße beim Denkmal Joseph II links abbiegen.

Poysdorf

PLZ: 2170; Vorwahl: 02552

- **Stadtgemeinde Poysdorf**, Josefspl. 1, ✆ 2200
- **Tourismusinformation Poysdorf**, Weinmarktpl. 1, ✆ 20371, Mo-Fr 8-17 Uhr
- **Weinviertler Dreiländereck**, Liechtensteinstr. 1, ✆ 20444
- **Galerie im „Nachtwächterhaus"** – Gedächtnisstätte der akad. Malerin Maria Ohmeyer (1896-1983), Bergg. 6, ✆ 2816 od. 20371, ÖZ: Mai-Aug., So 17-19 Uhr, Sonderzeiten zu Pfingsten (Weinparade) und in der ersten Septemberwoche (Winzerfest). Die Ausstellung zeigt Leben und Werk der in Poysdorf wirkenden Malerin Maria Ohmeyer.
- **Oldtimermuseum**, Liechtensteinstr. 68, ✆ 2316, ÖZ: Ostern-Okt., So/Fei 10-12 Uhr und 14-17 Uhr. Gezeigt werden Automobile, Traktoren, Motorräder, Tragschrauber und andere technische Errungenschaften.
- **Stadtmuseum**, Brünner Str. 9, ✆ 20371, ÖZ: Mitte April-Okt., Sa, So, Fei 9-12 Uhr und 13-17 Uhr. Eine kulturhistorisch-volkskundliche Sammlung.
- **Sektkübelgalerie**, im **„Alten Klosterkeller"**, Gstetten, ✆ 2423, telef. Voranmeldung (ab 10 Personen) bei Fam. Riegelhofer. Die Privatsammlung rund um Sekt, Champagner und Schaumwein beherbergt unter anderem auch das größte Sektglas der Welt.
- Die Hochzeits- und Wallfahrtskirche **„Maria Bründl"**, die 1740-51 nach den Plänen des Architekten Donato Felice d'Allio gebaut wurde, ist ein beliebtes Ausflugziel.
- Die berühmteste Kellergasse ist die **Gstetten**, aus dem 17./18. Jh., desweiteren gibt es aber auch den Radyweg, den Bürsting und den Rösselberg, die nicht weniger interessant sind. Von April-Okt.

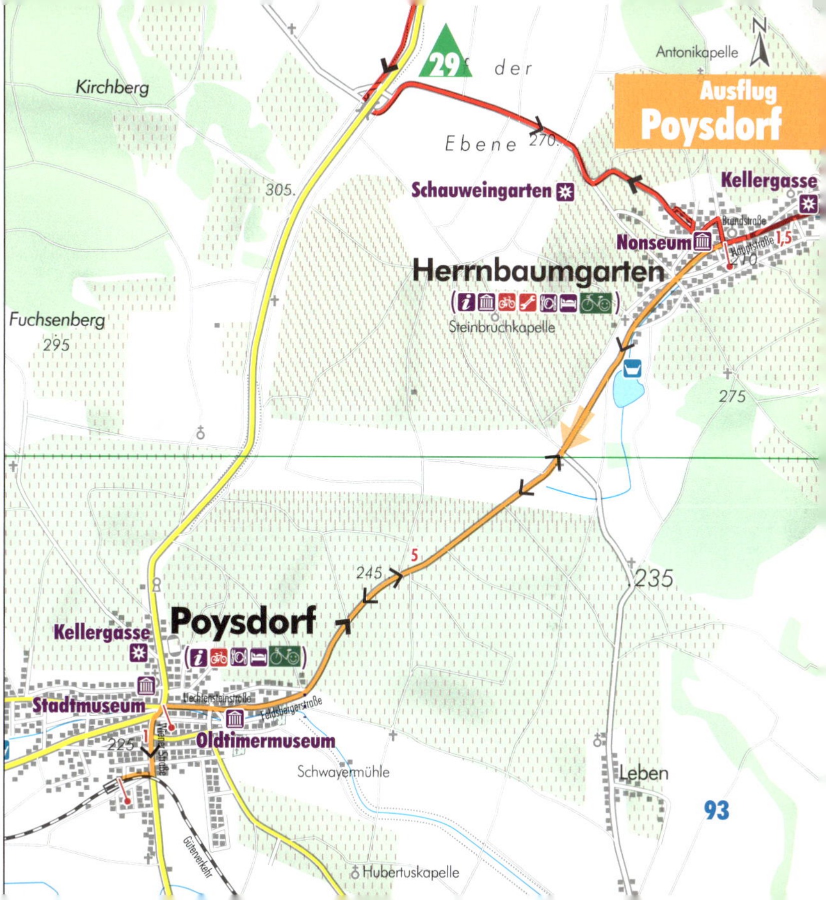

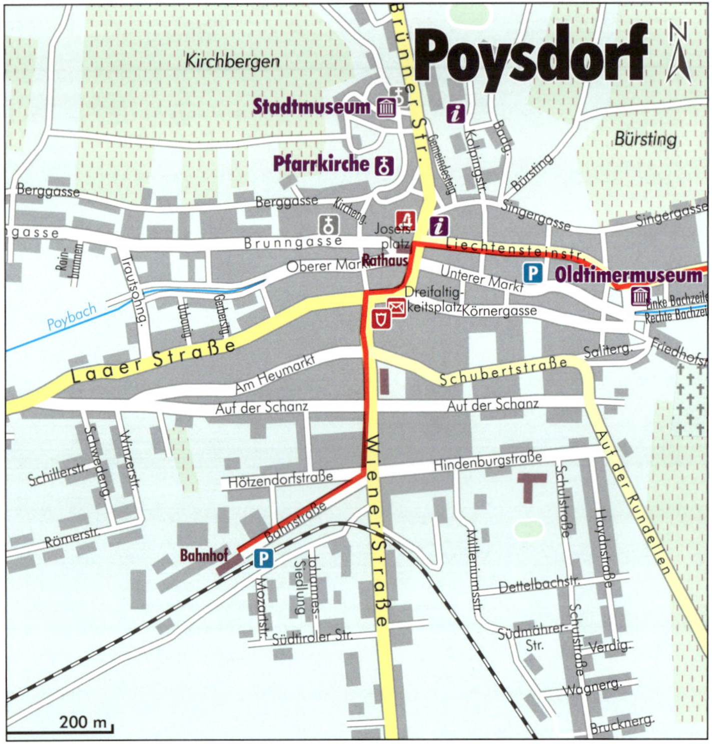

ist von Mo-So mind. ein Keller ab 14 Uhr geöffnet.

- Rundfahrten mit dem **Nostalgietraktor** durch die romantischen Kellergassen und Weinberge finden von April-Okt. jeden Sonn- und Feiertag, ab dem Weinmarkt, um 15 Uhr statt.
  ☎ 20371
- **Traktorwandern**, jeden Sa 14 Uhr geg. Voranmeldung
- Zu Pfingsten findet die Weinparade, die größte österreichische Weinmesse, statt und am 2. Septemberwochenende gibt es beim **Bezirkswinzerfest** mehr als 30 offene Keller in der Gstetten zu besichtigen.
- **Nostalgischer-Brennerei-Lehrpfad**
- **Weinlehrpfad**
- **Badesee im Freizeitzentrum**

Poysdorf ist der zentrale Ort der „Veltlinerland-Weinerlebnisstraße". Die Stadt wird auch „Champagne Österreichs" genannt, da die besten Weine als Grundlage für die Sekterzeugung dienen.

Am Gemeindeamt vorbei ~ am Supermarkt vorbei ~ gleich daneben befindet sich ein Informationsstand ~ bis zur Pestsäule vorfahren ~ dort rechts ~ sofort danach Richtung Wien abbiegen ~ der **Wiener Straße** folgen ~ vor dem Autohaus rechts ~ am Park entlang ~ schließlich vor bis zum Bahnhof Poysdorf.

Tipp: Absolutes Highlight in diesem dritten Abschnitt ist sicherlich der Ausflug zu unseren tschechischen Nachbarn. Sie treffen hier auf architektonische Kleinode inmitten einer herrlichen Landschaft, die seinesgleichen sucht. Besuchen Sie mit uns u. a. die Drei Grazien, den Diana-Tempel und den Triumphbogen Rendez-Vous.

Abstecher zur Liechtensteinroute nach Tschechien 51 km

Von Herrnbaumgarten nach Valtice 8 km

Am Kreuz vorbei ~ dem Straßenverlauf folgen ~ bergauf weiter ~ rechts an einem Rastplatz mit Marterl vorbei ~ leichtes Gefälle ~ an einigen Weingärten vorbei ~ nach **Schrattenberg** hineinfahren.

Schrattenberg

PLZ: 2172; Vorwahl: 02555

- **Gemeinde Schrattenberg**, Hauptstr. 25, ✆ 2345
- **Alte Schrotmühle**
- **Weingut und Sektkellerei Madl**, Hauptstr. 57, ✆ 2392, ÖZ: n. V.
- **Hochzeitsbackstube**, In den Gärten 13, ✆ 2354, ÖZ: Di-Fr 7-18 Uhr, Sa 8-12 Uhr u. n. V. Nach einer Besichtigung der Backstube können die Köstlichkeiten wie Torten und Kuchen verkostet und gekauft werden.

Beim Ortseingangschild an einem Marterl vorbei ~ die **Wiener Straße** entlang ~ hier findet sich auch die Beschilderung des Bernsteinweges ~ den Gasthof Karner passieren ~ am Kriegerdenkmal vorbei ~ an der folgenden Kreuzung links abbiegen ~ an der Kirche vorbei ~ den **Kirchenplatz** geradeaus überqueren ~ den Graben überqueren ~ weiter Richtung Grenze und Valtice ~ in die **Große Zeile** links abbiegen ~ geradeaus weiterfahren ~ etwas steiler bergauf ~ an den Weinkellern vorbei ~ das Zollhaus passieren ~ Schrattenberg verlassen ~ leicht bergauf ~ bis zur Grenzstation vorfahren ~ leicht bergab ~ nach der Grenze erfolgt ein leichter Anstieg ~ kurz darauf wieder leicht bergab ~ das Ortsschild von **Valtice** passieren.

Stift Valtice

Valtice

PLZ: CZ-69142; Vorwahl: 00420/519

- **TIC Valtice**, Námestí Svobody 4, ✆ 352978
- **Schloss Valtice**, Zámek 1, ✆ 352423

Errichtet wurde das Schloss im 17. Jahrhundert von Karel Eusebius von Liechtenstein und entwickelte sich schließlich zum Hauptsitz der Liechtensteins. Nach Umgestaltungen durch den österreichischen Architekten J. B. Fischer gilt das Schloss heute als eines der bemerkenswertesten Gebäude in Mähren. Im 19. Jahrhundert wurde unter Jan I. das Gebiet zwischen Valtice und Lednice umfangreich gestaltet. Die Besucher des heute öffentlich zugänglichen Schlosses sehen u.a. den Marmorsaal, den Tanzsaal, die Schlosskapelle, die Gemäldegalerie und den gelben, den roten und den grünen Salon welche mit ihrer Einrichtung und Ausstattung die Besucher begeistern.

Von Valtice nach Lednice 17 km

Zunächst der **Sobotní** folgen ~ bis zur Vorfahrtsstraße fahren und dort rechts Richtung Břeclav abbiegen ~ in einiger Entfernung am Kloster vorbei ~ kurz darauf in die **Petra Bezruče** einbiegen und dem blauen Schild Richtung Lednice folgen ~ an der Kirche vorbei ~ unmittelbar danach rechts in die **Klástkerni** abbiegen und an der Kapelle vorbei ~ sofort darauf links in die **Břeclavská** ~ bergauf weiter ~ der Allee entlang und Valtice verlassen ~ an der Tankstelle vorbei ~ der Bundesstraße 40 Richtung Břeclav folgen ~ den Bahnübergang überqueren ~ rechts an einem

Jungwald vorbei ~ nach etwa 1,4 Kilometern links in einen Schotterweg abbiegen ~ an einem kleinen See vorbei ~ ⚠ ab hier treffen Sie auf einige etwas unübersichtliche Weggabelungen! ~ nicht bis zum **Triumphbogen Rendez-Vouz** vorfahren, sondern kurz davor rechts abbiegen.

Errichtet wurde der Diana-Tempel, welcher der Jagdgöttin Diana geweiht ist, in den Jahren 1810-1812 und soll den römischen Triumphbogen nachahmen. Hier wurde während der Jagden von Jan I. oft das Frühstück eingenommen. Im Inneren werden Jagdszenen, Motive der antiken Fabel sowie die Jagdgöttin dargestellt. An der Fassade befinden sich vier Säulen mit korinthischen Kapitellen, sowie auf der Vorder- und Rückseite des Gebäudes zwei lateinische Inschriften, welche auch der Jagdgöttin geweiht sind. Das „Rendez-vous" kann heute für Hochzeiten, Präsentationen, usw. gemietet werden.

Dem Weg am äußersten rechten Rand mit der weiß-rot-weißen Markierung in den Wald hinein folgen ~ eben dahin durch den Laubwald ~ ⚠ die Bäume stehen stellenweise direkt auf dem Weg, können aber links und

Liechtensteinroute 2
Minarett
Zámecký ryb.
Lednicky park
Nejdek
Spáleniska
3,5
Januv hrad
Schloss Lednice
Zámek Lednice
Ladná
Široký Dvur
Lovecký záecek
Jagdschlösschen
Lednice
Dyje
4
Tschechien
2,5
Včelínek
Campingplatz
Apollo
Teichschlösschen
Rybnicni zámecek
7
Hlohovecký rybnik
Prostředny ryb.
Mlýnský ryb.
Apollo Tempel
Apollonuv chrám
nzchlösschen
ničnì zámeček
2
Neuhof
Tri Grácie
Nový dvur
U trí Grácii
(Drei Grazien Tempel)
Stará-Břeclav
Charvátská-Nová Ves
97
1
4
Sv. Hubert
(Hubertkapelle)

rechts umfahren werden. ~ der Weg wird etwas schmäler ~ leichtes Gefälle ~ immer der weiß-rot-weißen Markierung folgen ~ eine Kreuzung geradeaus überqueren ~ an einer Lichtung vorbei.

An der folgenden Weggabelung links abbiegen und dem gelben kleinen Radschild mit der Nr. 5045 folgen ~ ab hier ist der Weg mit einer Doppelmarkierung versehen, d. h. die weiß-rot-weiße Markierung wird in den Farben gelb-weiß fortgesetzt ~ links an der **Hubertuskapelle** vorbei ~ die Lichtung überqueren ~ der Schotterweg verbreitert sich schließlich ~ ⚠ die kommende sternförmige Kreuzung ist etwas unübersichtlich! ~ dem Wegweiser zu den **Drei Grazien** mit der weiß-rot-weißen Markierung folgen ~ also zunächst geradeaus weiter und danach den zweiten Weg rechts, also dem beginnenden Traktorweg weiter folgen ~ der Weg ist sandig und wird etwas schmäler ~ leicht bergab ~ rechts an einem Teich vorbei ~ nach wie vor durch den Laubwald und der weiß-rot-weißen Markierung folgen ~ der Pfad geht in einen Traktorweg über

Wegweiser nach Břeclav

~ schließlich trifft man auf den halbkreisförmigen Tempel mit den **Drei Grazien (U tři gracii).**

Der Drei-Grazien-Tempel wurde von Martin Fischer entworfen und stand bis 1825 im Lednicer Schlosspark. Heute befindet sich der Tempel am See Mlynsky rybnik, gegenüber dem Teichschlösschen. Umgeben werden die drei Grazien von einem halbkreisförmigen Gebäude, welches von Johann Karl Engel entworfen wurde.

Beim Tempel angekommen, verlassen Sie den Radweg 5045 und radeln bis zur Kreuzung mit der Landstraße 422 vor ~ diese queren und geradeaus bis zur Ortschaft Hlohovec fahren ~ hier ein kurzes Stück auf dem Radweg 41 ~ die gelbe Markierung weist den Weg in den Ort hinein.

Hlohovec

Nach dem Ortseingang rechts halten und am Seeufer entlang bis zum Grenzschlösschen **Hraniční zámeček** ~ weiterhin der gelben Markierung und dem Teichnordufer folgen ~ die Landstraße 422 erneut queren ~ in einiger Entfernung das Teichschlösschen **Rybniční zámeček** passieren ~ bei der folgenden Radwegkreuzung, in der Nähe des Bunkers, links abbiegen ~ der Weg entfernt sich nun immer mehr von der Bahnlinie ~ leicht bergauf ~ die Qualität des Weges wird zunehmend schlechter ~ durch eine Allee ~ an einem kleinen Backsteinbau vorbei ~ rechts an einem Kreuz vorbei ~ unmittelbar danach beim Stoppschild den Bahnübergang überqueren ~ auf Asphalt weiter ~ dem kleinen gelben Radschild mit der Nr. 5045 geradeaus folgen.

Triumphbogen Rendezvous

An der Fabrik vorbei ~ an der Vorfahrtsstraße beim Stoppschild links abbiegen ~ am Sportplatz vorbei sowie an einem Bistro und an einem Rad-

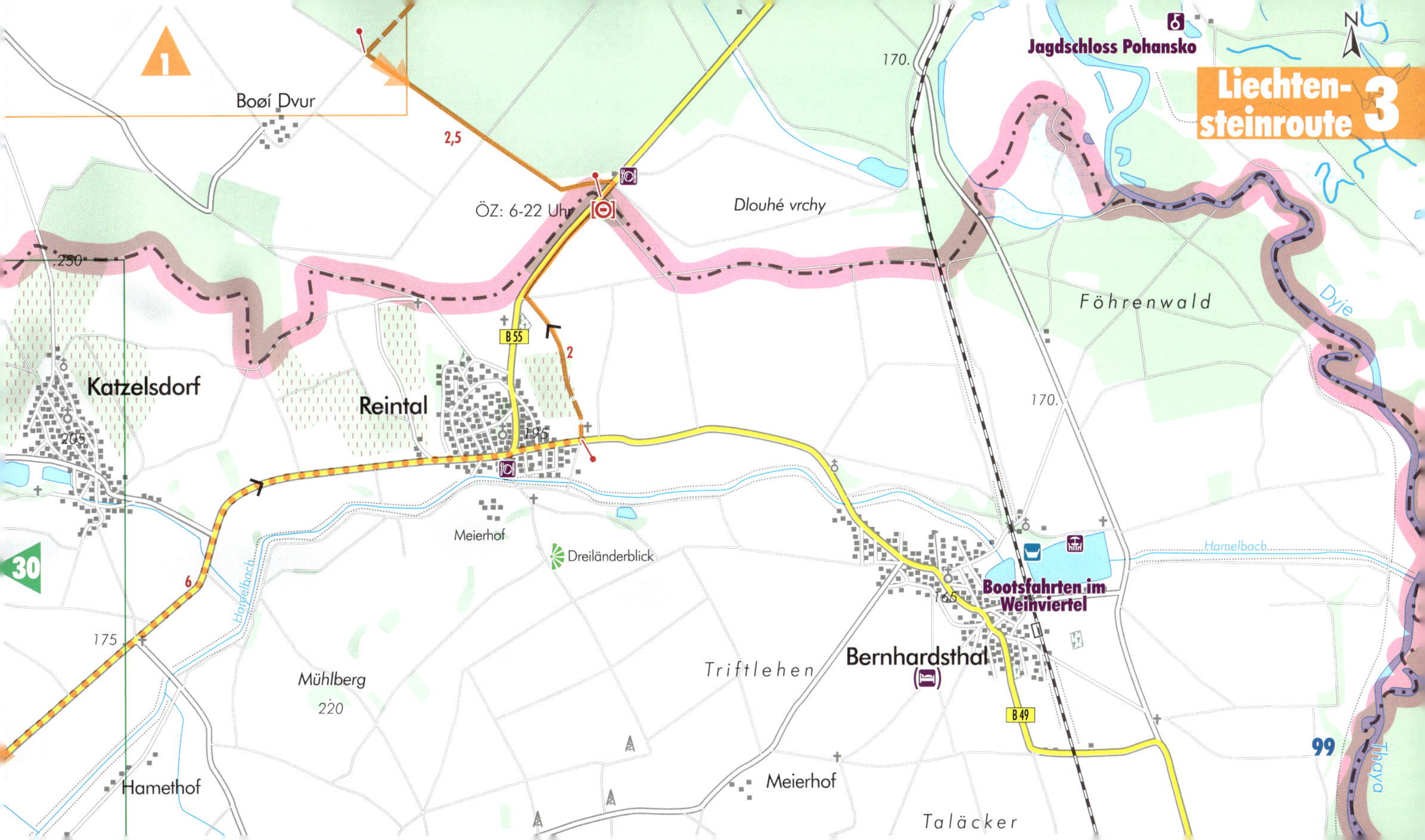

1
Boøí Dvur
2,5
ÖZ: 6-22 Uhr
Dlouhé vrchy
170.
Jagdschloss Pohansko
Liechten-
steinroute 3
.250
Katzelsdorf
Reintal
B 55
2
205
195
Föhrenwald
Dyje
170.
Meierhof
Dreiländerblick
Hamelbach
30
6
175
Mühlberg
220
Triftlehen
Bernhardsthal
165
Bootsfahrten im
Weinviertel
B 49
Hamethof
Meierhof
Taläcker
Thaya

Servicegeschäft ~ weiter in Richtung Zentrum fahren.

Lednice

PLZ: CZ-69144; Vorwahl: 00420/519

TIC Lednice, Zámecké námesti 68, ✆ 340986

Schloss Lednice, ✆ 340128

Das Schloss Lednice, welches als UNESCO-Weltkulturerbe gilt, erhielt sein heutiges Aussehen Mitte des 19. Jahrhunderts. Gestaltet ist das sehenswerte Gebäude im neugotischen Stil. Im 19. Jahrhundert wurde im Treibhaus des Schlosses die Ausstellung „10 Jahrhunderte der Architektur" abgehalten. Der Park, der das Schloss umgibt, gilt als der größte Garten Europas. Im Schloss Lednice sowie am weitläufigen Gelände können Besucher neben Möbeln der damaligen Zeit auch das Palmentreibhaus, das Teichschlösschen, das Jagdschlösschen sowie den Apollon-Tempel besichtigen. Sehenswert sind außerdem das Minarett, das Meeresaquarium sowie ein Obelisk, der an die Friedensschließung zwischen Kaiser Napoleon und dem österreichischen Erzherzog Karl erinnert. Die mittelalterliche Burgruine Janohrad wird heute gerne für Hochzeitsfeiern genutzt.

Hubertuskapelle

Von Lednice nach Reintal 20 km

Nach dem Postamt rechts abbiegen ~ Sie befinden sich nun auf dem Hauptplatz ~ unmittelbar vor dem Haupttrakt des Schlosses Lednice biegen Sie rechts ab und folgen der grünen Markierung am Baum.

Tipp: Im Parkareal ist Rad fahren bis zu einem „orientalisch" anmutenden Wehr gestattet, welches Sie zu Ihrer Linken in der Nähe des Schlosses sehen.

Der grünen Markierung durch das Parkareal folgen ~ schließlich erreichen Sie das **Jagdschlösschen Janúv hrad** ~ am Schloss vorbei ~ an der folgenden Kreuzung der Radroute 41 Richtung Břeclav folgen ~ also die Asphaltstraße queren und später der weiß-grün-weißen Markierung in den Wald hinein folgen ~ auf einer schmalen Asphaltstraße durch den Laubwald ~ an einer größeren Lichtung vorbei ~ kurz darauf erneut eine Lichtung passieren ~ an der folgenden Kreuzung rechts abbiegen und weiterhin der weiß-grün-weißen Markierung folgen ~ die Straße windet sich

Jagdschlösschen Janúv hrad

durch den Wald ~ an einer Lichtung vorbei ~ kurz darauf an der Kreuzung rechts abbiegen ~ den asphaltierten Radweg verlassen und eine kleine Brücke überqueren ~ immer geradeaus weiter ~ bei der nachfolgenden Kreuzung mit der Tafel „Achtung Kreuzung" rechts abbiegen ~ nun der Landstraße entlang und kurz darauf links abbiegen und diese überqueren ~ danach bergauf weiter und bis zum Apollotempel weiterfahren ~ danach immer geradeaus und oben angekommen, fahren Sie rechts weiter ~ nach einem kurzen Gefälle bei einer Wegkreuzung mit einem blauen Eisentor links abbiegen ~ an einer hölzernen Aussichtswarte vorbei und am Südufer des Sees entlang ~ die

Eisenbahn überqueren ~ bei der Radwegkreuzung im Wald kurz nach dem Apollo Teich links ~ kurz darauf kommt der Neuhof in Sicht ~ den Wald verlassen und den Neuhof passieren ~ nach ca. 700 Metern scharf rechts abbiegen ~ ab hier immer weiter Richtung Süden fahren ~ schließlich die Landstraße Nr. 40 queren, welche die Orte Breclav mit Valtice verbindet ~ weiter geradeaus durch den Wald Richtung Süden ~ die Bahnlinie überqueren ~ an einem eingezäunten Waldstück und anschließend an einer Föhrenjungkultur vorbei ~ rechts abbiegen und bis zum Gitterstrommast am Waldeck vorfahren ~ dort links abbiegen ~ nun geradeaus weiter und den nach rechts abzweigenden Radweg 411 nicht beachten ~ unmittelbar vor dem Grenzübergang rechts abbiegen.

Die drei Grazien

Von Reintal zur Gerichtssäule 6 km

Bis zur Grenzstation vorfahren ~ den Grenzübergang passieren ~ unmittelbar nach der Grenzstation links auf den Parkplatz abbiegen ~ sofort darauf rechts auf dem schmalen Asphaltweg parallel zur Hauptstraße weiter ~ leicht bergauf ~ bei der folgenden Weggabelung links in den Schotterweg einbiegen ~ der Liechtensteinroute und der Route Nr. 9 folgen ~ kurz darauf rechts abbiegen ~ hier endet der Schotterweg und geht in einen schmalen Asphaltweg über ~ leicht bergab ~ am Ende des Gefälles beginnt ein breiter Schotterweg ~ nach etwa 300 Metern wieder auf Asphalt weiter ~ bis zur Vorfahrtsstraße vorfahren ~ dort rechts abbiegen ~ an einem Marterl vorbei ~ nach **Reintal** hineinfahren.

Reintal

Bis zur Vorfahrtsstraße und weiter Richtung Großkrut fahren ~ der B 47 folgen ~ links an einem Lebensmittelgeschäft vorbei ~ kurz darauf ein Marterl passieren ~ die Ortschaft verlassen ~ die Brücke überqueren ~ rechts an einem Kreuz vorbei ~ den Abzweig nach Katzelsdorf nicht beachten ~ erneut eine Brücke überqueren ~ kurz darauf wieder den Hamelbach überqueren ~ leicht bergauf ~ bald darauf in einiger Entfernung links an der **Gerichtssäule** vorbei ~ leicht bergab ~ die Brücke überqueren und links in den KTM-Radweg einbiegen (s. Karte 30).

Herrnbaumgarten s.S. 92

Von Herrnbaumgarten nach Hohenau an der March 21,5 km

Auf der Hauptroute in Herrnbaumgarten an der Kreuzung beim Spiegel links abbiegen ~ an der Feuerwehr und am Dorfmuseum vorbei ~ der **Brandstraße** folgen ~ an einem Platz vorbei und links Richtung Schrattenberg in die **Hauptstraße** abbiegen.

An der Kirche vorbei ~ anschließend das Gemeindeamt passieren ~ dem Straßenverlauf weiter folgen ~ schließlich Herrnbaumgarten verlassen.

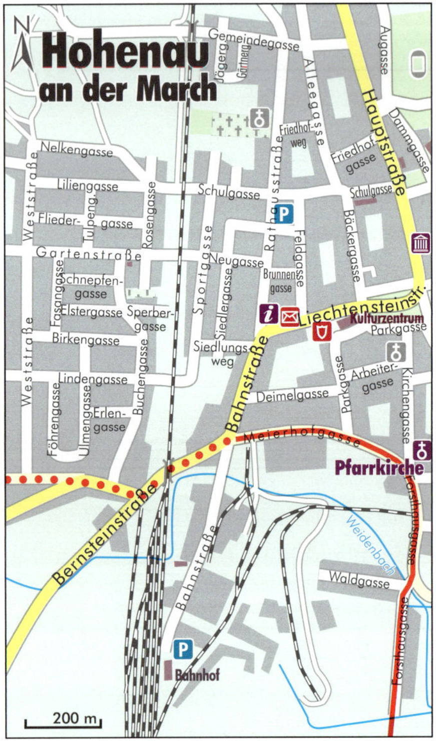

An der Kreuzung rechts in die etwas schmälere Asphaltstraße einbiegen ~ am Weingarten entlang ~ in einiger Entfernung an der Kläranlage vorbei ~ ein Kreuz passieren ~ eben am Herrnbaumgartner Graben entlang ~ an der folgenden Weggabelung geradeaus dem KTM-Schild folgen ~ eine kleine Brücke überqueren ~ eine Rechtskurve ~ erneut eine Brücke überqueren ~ danach links in den Schotterweg abbiegen ~ ab hier rechts des Grabens entlang ~ dem Schilfgürtel folgen ~ vor einer Brücke rechts abbiegen ~ kurz darauf leicht bergauf auf Asphalt weiter ~ unmittelbar danach über eine Brücke ~ wellig dahin ~ an der kommenden Weggabelung links abbiegen ~ kurz darauf rechts abbiegen ~ rechts am Graben entlang ~ bis zur Vorfahrtsstraße vorfahren.

Tipp: Hier trifft der Abstecher zur Liechtensteinroute wieder auf den KTM-Radweg.

Die Hauptstraße überqueren und die Brücke passieren ~ auf der Schotterstraße weiterfahren ~ rechts am Teichwiesengraben entlang ~ an der folgenden Weggabelung links abbiegen ~ über die kleine Brücke ~ weiter auf Asphalt ~ nun rechts des Hofstattgrabens ~ eine Brücke passieren ~ links an einer großen Halle vorbei ~ schließlich nach **Altlichtenwarth** hinein.

Altlichtenwarth

PLZ: 2144; Vorwahl: 02533

- **Gemeinde Altlichtenwarth**, Florianig. 150, ✆ 801806
- **Sammlung bäuerlicher Einrichtungsgegenstände**, Kulturhaus
- **Bauern-Dorf-Museum**
- Romanische **Pfarrkirche St. Nikolaus** (13. Jh.)
- Das **Kellerviertel** zieht sich über 7 Etagen entlang des Silberberges.
- **„Pforakeller"**, Kindergartenstraße, ✆ 801806, ÖZ: Sa ab 16 Uhr, So/Fei 10-12 Uhr und ab 15 Uhr. In der Vinothek können über 30 verschiedene Weine und Hauerbrände verkostet werden.
- **Kriegerdenkmal** mit Kapelle und Aussichtswarte

Links am Sportplatz vorbei ~ der **Teichgasse** entlang ~ an der folgenden Kreuzung rechts dem KTM-Schild folgen ~ sofort rechts in die **Peter Roseggergasse** abbiegen ~ dem Straßenverlauf folgen und an der Vorfahrtsstraße links Richtung Hausbrunn und Hohenau abbiegen ~ auf der Hauptstraße geradeaus weiter durch den Ort ~ schließlich Altlichtenwarth verlassen ~ leicht bergab nach **Hausbrunn** hinein.

Hausbrunn

Durch den langgezogenen Ort fahren und weiter geradeaus Richtung Hohenau ~ kurz vor Hohenau ist der Straßenverlauf leicht wellig ~ auf der **Hausbrunner Straße** nach **Hohenau** hinein.

Hohenau an der March

PLZ: 2273; Vorwahl: 02535

- **Gemeinde**, Rathausplatz 1, ✆ 2307
- **Regionalverband-March-Thaya-Auen**, Rathausplatz 1, ✆ 31161
- **Museum**, Hauptstr. 12, ✆ 31505 od. ✆ 2307, ÖZ: 5. April-2. Nov., Sa 14-17 Uhr, So/Fei 10-12 Uhr und 14-17 Uhr od. n. V. Ortsgeschichte, Ausstellung über Oskar Sima, Eisenbahnexponate.
- **Glockenturm**
- **Kellergasse**
- **vogel.schau.plätze**, Weststr. 7, ✆ 0664/9418881, Führungen auf Anfrage, Beringungsstation von Juli-Okt., Fr-Mo geöffnet.
- **Badesee** mit Liegewiese und Kinderspielplatz
- **Werner Goldmann**, Bernsteinstr. 8. ✆ 3744
- **Werner Goldmann**, Bernsteinstr. 8. ✆ 3744

Von Hohenau an der March nach Marchegg — 57 km

An der Vorfahrtsstraße links Richtung Reintal abbiegen ~ in weiterer Folge der **Bernsteinstraße** B 49 folgen ~ unter der Bahn hindurch ~ am Supermarkt vorbeifahren ~ bei der Drogerie rechts in die **Meierhofgasse** ~ beim gelben Haus rechts in die **Forsthausgasse** abbiegen ~ an der kommenden Weggabelung geradeaus weiter ~ Hohenau verlassen ~ über einen Graben ~ ab hier weiter auf einer breiten Schotterstraße

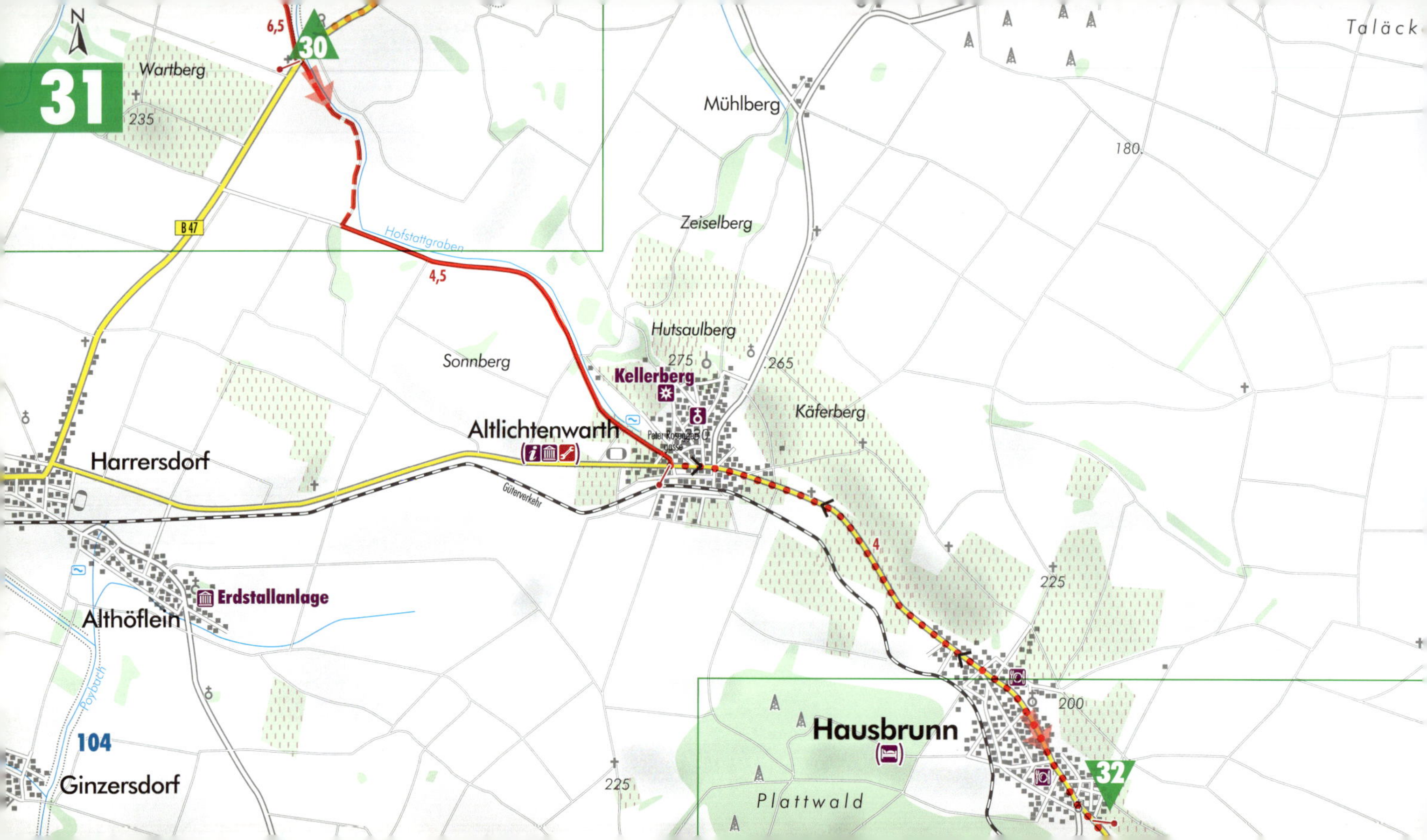

31
30
32
6,5
4,5
4
Wartberg
235
B 47
Mühlberg
Zeiselberg
Hofstattgraben
180.
Täläck
Hutsaulberg
Sonnberg
275
.265
Kellerberg
Käferberg
Altlichtenwarth
Peter Rosegger gasse
Harrersdorf
Güterverkehr
225
Erdstallanlage
Althöflein
Poybach
104
Ginzersdorf
225
200
Hausbrunn
Plattwald

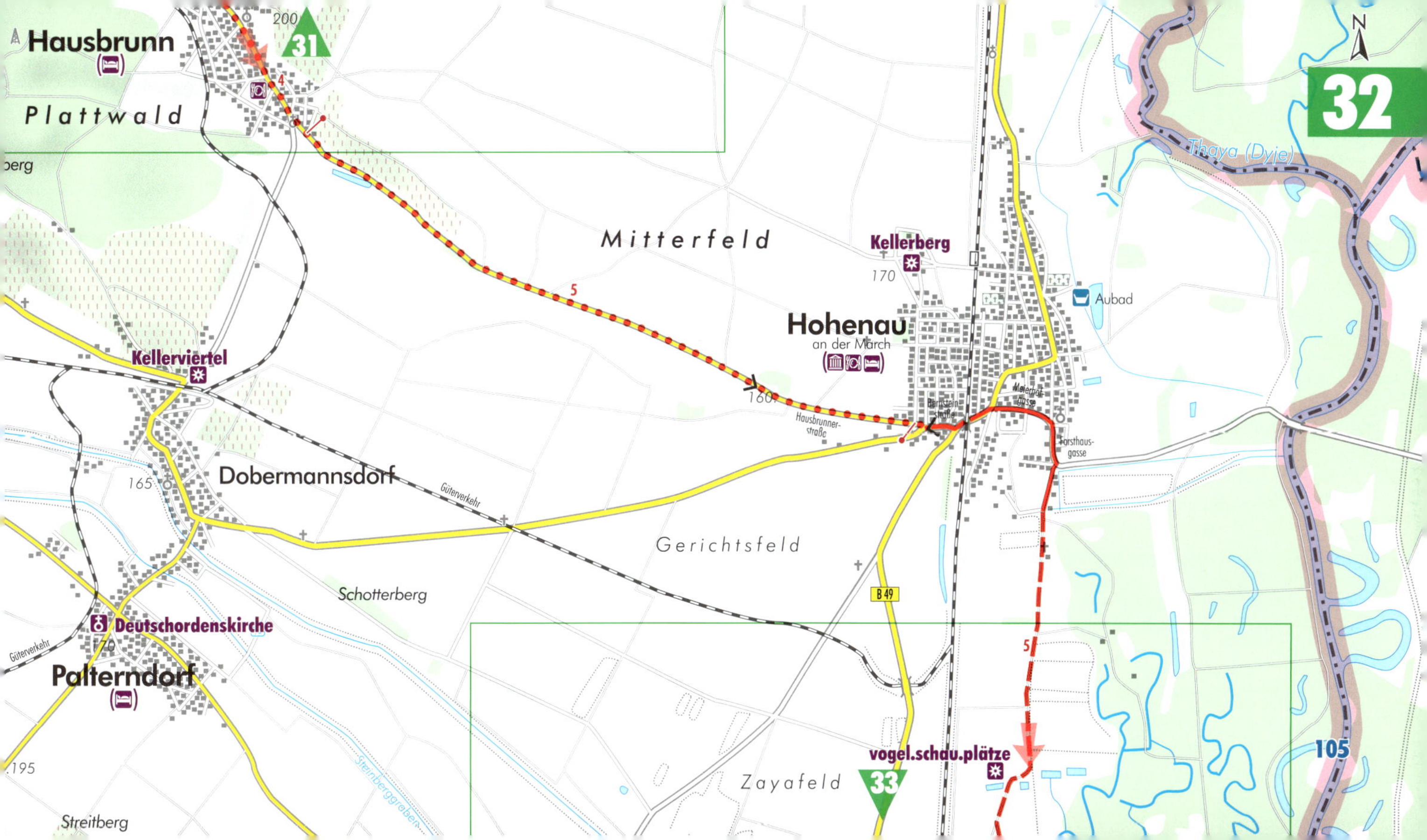

Hausbrunn
Plattwald
200
31
32
N
Thaya (Dyje)
Mitterfeld
Kellerberg
170
Aubad
Hohenau
an der March
5
4
160
Bernsteinstraße
Meierhofgasse
Hausbrunnerstraße
Forsthausgasse
Kellerviertel
Dobermannsdorf
165
Güterverkehr
Gerichtsfeld
Schotterberg
B 49
Deutschordenskirche
170
Palterndorf
195
Streitberg
Steinberggraben
Zayafeld
33
vogel.schau.plätze
105

~ den Strommasten entlang ~ rechts vom Damm ~ rechts an der Beringungsstation vorbei ~ in einer Rechtskurve dem KTM-Schild mit der Nr. 8 folgen ~ an einem Teich vorbei ~ eine Linkskurve ~ an der darauffolgenden Weggabelung links abbiegen ~ an einer kleinen Kapelle vorbei ~ ab hier wieder auf Asphalt weiterfahren ~ kurz darauf links weiter ~ rechts an den Birken vorbei ~ dem breiten Asphaltgüterweg weiter folgen ~ an der folgenden T-Kreuzung rechts ~ danach links abbiegen und die Zaya überqueren ~ an der kommenden Weggabelung rechts Richtung Ringelsdorf ~ unmittelbar danach durch die Bahnunterführung ~ die kommende Vorfahrtsstraße geradeaus überqueren ~ an der nächsten Vorfahrtsstraße links und an der Krennmühle vorbei ~ nach **Ringelsdorf** hinein.

Ringelsdorf

PLZ: 2272; Vorwahl: 02536

Marktgemeinde Ringelsdorf-Niederabsdorf, Obere Hauptstr. 115, 7292

Auf der **Unteren Hauptstraße** an der kommenden Kreuzung links Richtung Angern und Drösing weiterfahren ~ leicht bergauf ~ dem **Drösingerweg** folgen und die Ortschaft verlassen ~ die darauffolgende Vorfahrtsstraße geradeaus überqueren ~ links der Bahnlinie entlang ~ den Bahnübergang überqueren ~ das Ortsschild von **Drösing** passieren.

Drösing

PLZ: 2265; Vorwahl: 02536

Gemeinde, 7330

Erwin Schmid KFZ, Bahnstr. 15, 7251

Zunächst die **Ringelsdorferstraße** entlang ~ rechts zum Zentrum weiterfahren ~ an der Kirche vorbei ~ dem Straßenverlauf folgen ~ Richtung Waltersdorf ~ über die Bahn und nach **Waltersdorf** hinein.

Waltersdorf

Zunächst auf der **Drösingerstraße** ~ sofort darauf rechts in die **Feldgasse** abbiegen ~ an der nächsten Weggablung links ~ bis zur Vorfahrtsstraße und diese geradeaus überqueren ~ diese Passage ist etwas unübersichtlich.

Vor dem Trafohäuschen links in die **Hanggasse** ~ kurz darauf rechts in die **Kellergasse** abbiegen ~ an den Weinkellern entlang ~ dem schmalen Güterweg folgen ~ durch die Weingärten ~ schließlich nach **Sierndorf** hinein.

Sierndorf

An der folgenden Kreuzung geradeaus weiter ~ an der Kirche vorbei ~ danach leicht bergab ~ weiterhin der Kellergasse folgen ~ am Ende der Kellergasse scharf nach links abbiegen ~ an der folgenden Kreuzung rechts weiterfahren ~ leicht bergab ~ an der Vorfahrtsstraße wieder rechts abbiegen ~ Sierndorf verlassen.

Am Ortsausgangschild rechts weiter ~ sofort wieder links abbiegen ~ an der Bundesstraße rechts entlang fahren ~ rechts des Weges befinden sich Weingärten ~ links zur Vorfahrtsstraße abbiegen ~ leicht bergab nach **Jedenspeigen** hineinfahren.

Die **Bahnstraße** entlang ~ am Bahnhof vorbei ~ vorm Gasthof rechts abbiegen ~ die Bahnlinie überqueren ~ an der Zuckerfabrik vorbei ~ auf der **Hauptstraße** entlang.

Jedenspeigen

PLZ: 2264; Vorwahl: 02536

Gemeinde, Bahnstr. 2, 8224

Schloss Jedenspeigen, Bahnstr. 2, 8224, ÖZ: Mai-Okt., Sa 12-17 Uhr, So/Fei 10-17 Uhr. Dauerausstellung: Dokumentation „Schlacht bei Dürnkrut und Jedenspeigen 1278"

Die **Sierndorferstraße** entlang ~ vor der Feuerwehr links in die **Bahnstraße** abbiegen ~ an deren Ende den Bahnübergang queren ~ rechts am Graben entlang ~ bei der Kläranlage rechts abbiegen ~ durch ein kleines Waldstück ~ bei der nächsten Kreuzung geradeaus weiter ~

Zayafeld
B 49
Markuskapelle
Niederabsdorf
Zaya
Gemeindeteich
Krennmühle
Untere Hauptstraße
Ringelsdorf
170
Drösinger-weg
165
Florianiberg
Zistersdorfer Wald
Apfering
Dröseing
Drösing
Zeiselberg
Röhringsee
Geißsee
150
Drösinger Straße
Rustenberg
195
Haugasse
Feldgasse
Waltersdorf
an der March
165
Liliensee
Kellergasse
Richterberg
Sierndorf
an der March
Heimatmuseum
Goldberg
Schloss Jedenspeigen
205
B 49
Sierndorfer Straße
160
Bahnstraße
Jedenspeigen
4
1,5
2
3
32
33
34
107

knapp an der Bahnlinie entlang ~ nach **Dürnkrut** hineinfahren.

Dürnkrut

PLZ: 2263; Vorwahl: 02538

- **Marktgemeinde Dürnkrut**, Schlosspl. 1, ✆ 80562
- **Schloss Dürnkrut**, Schlosspl. 1, ✆ 80562, ÖZ: ganzjährig Mo-Do 8-15 Uhr, Fr 8-13. Das Schloss zeigt ein Diorama mit der nachgestellten Schlacht von Dürnkrut und Jedenspeigen im Jahre 1278. Anführer der Schlacht waren Rudolf von Habsburg und Ottokar von Böhmen.
- **Nanu** – Die March, ein Kanu und Du, Hauptstr. 13, ✆ 80435 od. ✆ 0676/7286363. Anfang Juni-Nov. gegen Voranmeldung.
- **Freibad**
- **Raiffeisen Lagerhaus**, Franz Holbeinstr. 19, ✆ 80377

An der kommenden Kreuzung links in die **Dr. Ponzaunerstraße** Richtung Waidendorf abbiegen ~ am Ortsende beginnt rechts der Straße ein Rad- und Fußweg ~ nach **Waidendorf** hinein.

Waidendorf

An den Weinkellern entlang ~ kurz vor der Brücke auf die Straße abbiegen ~ nach der Brücke links Richtung Ebenthal und Gänserndorf abbiegen ~ am Fußballplatz vorbei ~ an der folgenden Kreuzung links abbiegen ~ dem Schild Nr. 8 weiterfolgen ~ der **Hauptstraße** entlang ~ eine Brücke überqueren und Waidendorf verlassen ~ vor den Strommasten rechts in einen etwas schmäleren Schotterweg abbiegen ~ leicht wellig dahin ~ an der folgenden T-Kreuzung links Richtung Angern ~ kurz vor der Hauptstraße rechts abbiegen ~ kurz vorm Sendemast rechts ~ am Weingarten entlang ~ leicht bergab in den Wald hinein ~ kurze Gegensteigung ~ danach weiterhin bergab ~ nach **Grub** hinein.

Grub

Beim Vorrang geben Schild geradeaus weiter und Grub verlassen ~ kurz darauf das Ortsschild von **Stillfried** passieren.

Stillfried

PLZ: 2262; Vorwahl: 02283

- **Zentrum der Urzeit**, Hauptstr. 23, ✆ 3241 od. 0676/6113979, ÖZ: April-Okt., Sa, So/Fei 13.30-17.30.

Zunächst auf der **Hauptstraße** entlang ~ beim gelben Haus rechts in die **Wiener Straße** einbiegen ~ leicht bergauf ~ rechts in den **Kirchenweg** abbiegen ~ kurz darauf links abbiegen und an den Weinkellern entlang ~ an der folgenden T-Kreuzung beim Waldlehrpfad links ~ die nächste Kreuzung geradeaus überqueren ~ an einem Marterl vorbei ~ kurz darauf links abbiegen und der Weinstraße folgen ~ durch die Weingärten ~ rechts an der Rochuskapelle vorbei ~ vor einem kleinen Haus rechts abbiegen ~ steil bergab ~ in **Wutzelburg** an einem Park entlang ~ links an einer kleinen Kapelle vorbei ~ leicht bergab ~ geradeaus weiterfahren ~ noch nicht zur Bundesstraße abbiegen.

Mannersdorf

PLZ: 2261; Vorwahl: 02283

- **Kellerberg „Wutzelburg"**, ✆ 2290

Von der **Bernsteinstraße** rechts in die Vorfahrtsstraße abbiegen ~ am Gasthof Zur Traube vorbei ~ kurz darauf links am Friedhof entlang ~ vor der Brücke rechts und sofort darauf links weiter ~ **Mannersdorf** auf einem schmalen Güterweg verlassen ~ rechts an der Bahnlinie entlang ~ links am Tennisplatz vorbei ~ den Bahnübergang passieren ~ bald darauf über eine kleine Brücke ~ einen Platz überqueren ~ unmittelbar danach folgt ein kurzes gepflastertes Stück ~ beim Bahnübergang in **Angern** links in die Vorfahrtsstraße ein-, aber sofort wieder rechts abbiegen.

Angern

PLZ: 2261; Vorwahl: 02283

- **Marktgemeinde Angern an der March**, Bahnstr. 6, ✆ 2241
- **Fähre** zwischen Angern und Zahorska Ves (Slowakei)
- **Rochuskapelle**

Ein Betriebsgleis überqueren ~ links des Umspannwerkes entlang ~ weiterhin der schmalen

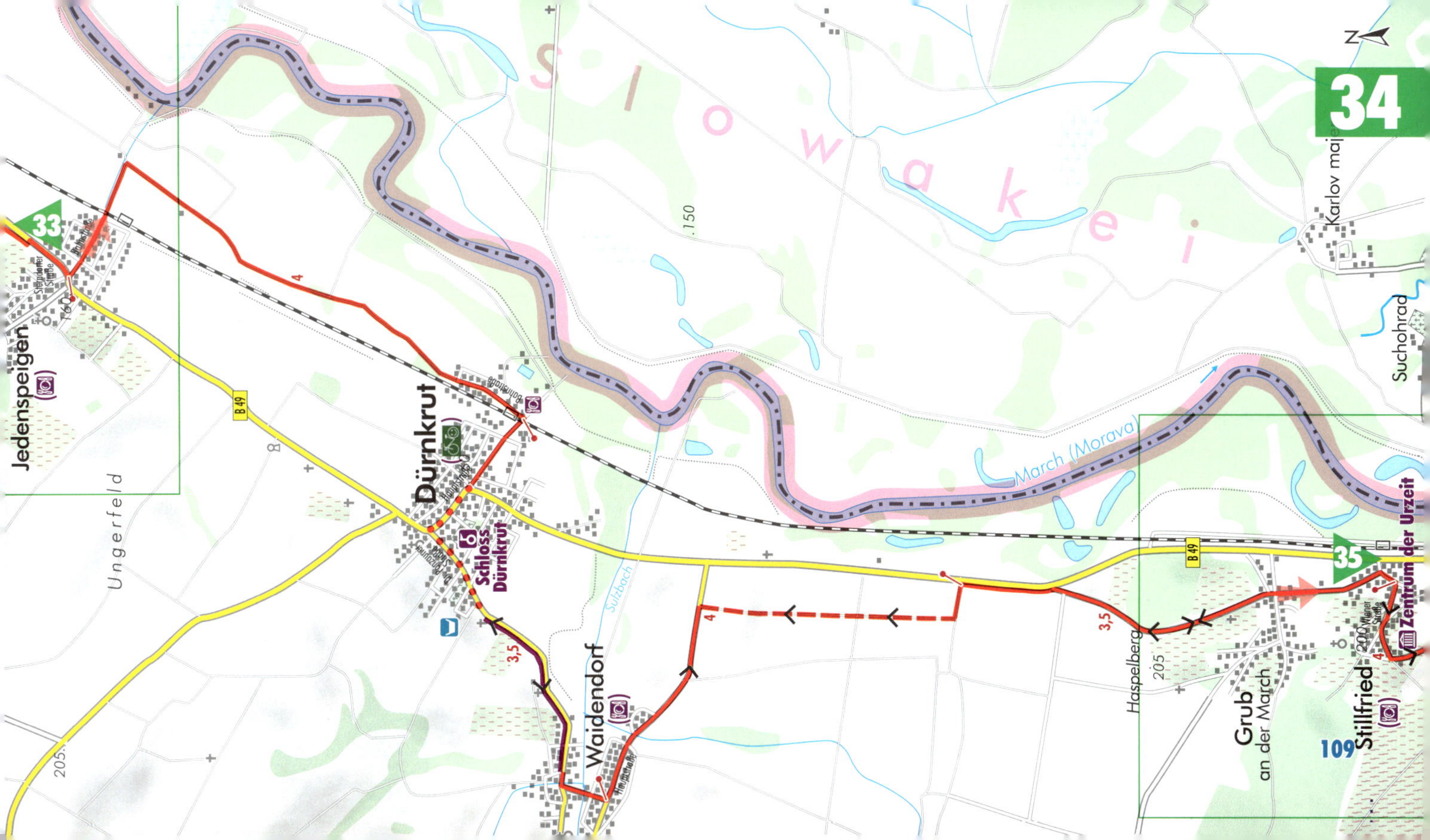

34
33
35
Slowakei
March (Morava)
Karlov majer
Suchohrad
Jedenspeigen
Ungerfeld
Dürnkrut
Schloss Dürnkrut
Waidendorf
Sulzbach
B 49
Haspelberg
Grub an der March
Stillfried
Zentrum der Urzeit
150
205
4
3,5

Asphaltstraße rechts der Bahn folgen ~ bis zum Stoppschild vorfahren ~ geradeaus weiter ~ die nach rechts abzweigenden Wege nicht beachten ~ an der Vorfahrtsstraße links und vor dem Bahnübergang rechts abbiegen ~ dem Schotterweg folgen ~ an der kommenden Kreuzung links und über die Bahn ~ links an der Haltestelle von **Tallesbrunn** vorbei ~ bis zur kommenden Vorfahrtsstraße ~ diese geradeaus überqueren ~ auch an der kommenden Kreuzung geradeaus weiter ~ schließlich Tallesbrunn verlassen ~ nach dem Ortsausgangsschild der Schotterstraße weiter

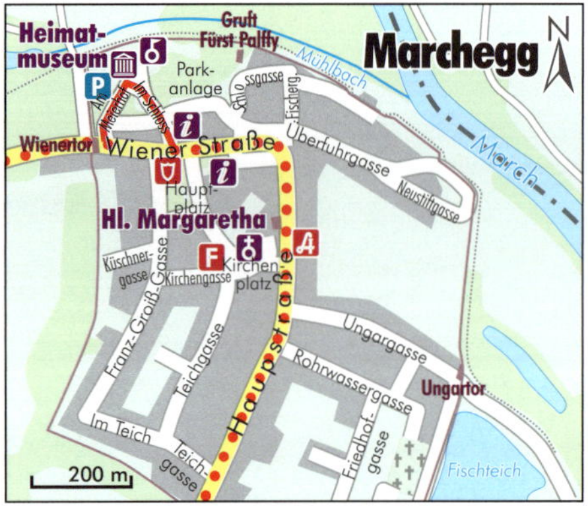

folgen ~ an der folgenden Weggabelung rechts weiter ~ die Obstgärten passieren ~ immer geradeaus der breiten Schotterstraße folgen ~ über den Weidenbach ~ kurz darauf mündet der Schotterweg in eine Asphaltstraße ~ am Sportplatz entlang ~ nach **Stripfing** hinein.

Stripfing

Links am Kinderspielplatz vorbei ~ an der Vorfahrtsstraße rechts abbiegen ~ kurz nach der Kirche links in Richtung Bahnhof ~ den Bahnübergang bei der Haltestelle Stripfing überqueren ~ an der darauffolgenden Vorfahrtsstraße links ~ im Verkehr nach **Oberweiden.**

Oberweiden

Dem Straßenverlauf geradeaus folgen ~ etwa 100 m vor dem Bahnübergang rechts abbiegen ~ ⚠ nicht dem Straßenverlauf weiterfolgen.

Am Ende des Wohnwegs links abbiegen ~ auf einer kleinen Brücke die Bahn überqueren und rechts auf dem schmalen Asphaltweg weiterfahren ~ links am Marterl vorbei ~ an der folgenden Kreuzung geradeaus weiter ~ ab hier dem Schotterweg folgen ~ neben dem kleinen Waldstück leicht bergab ~ der Weg nähert sich dem Mühlbach ~ auf grobem Schotter weiter ~ einen kleinen Laubwald durchqueren ~ in **Salmhof** rechts an einem alten Fabrikgelände vorbei ~ an der Vorfahrtsstraße dem KTM-Schild nach links folgen ~ der B 49 Richtung **Marchegg** folgen.

Marchegg

PLZ: 2293; Vorwahl: 02285
i Rathaus, ✆ 7100
Storchenkolonie, ✆ 8556

Von Marchegg nach Hainburg an der Donau — 24 km

Kurz vor dem Turm links einbiegen und die **Wiener Straße** verlassen ~ **Am Meierhof** entlang und bis zum Schloss vorfahren ~ um das Schloss herum und den Weg **Im Schloss** entlang ~ wieder links in die Wiener Straße einbiegen ~ am fahrradfreundlichen Gasthof vorbei ~ der **Hauptstraße** folgen ~ nach der Stadtmauer und beim Verlassen von Marchegg auf den Rad- und Fußweg rechts der B 49 wechseln ~ den Supermarkt passieren ~ beim Trafohäuschen wechselt der Radweg wieder auf die Straße ~ der **Bahnstraße** entlang **Marchegg-Bahnhof** durchqueren ~ am Bahnhof vorbei ~ rechts abbiegen und durch die Unterführung ~ der schlechteren Asphaltstraße folgen ~ am Sportplatz und an einigen Höfen vorbei ~ an der folgenden Vor-

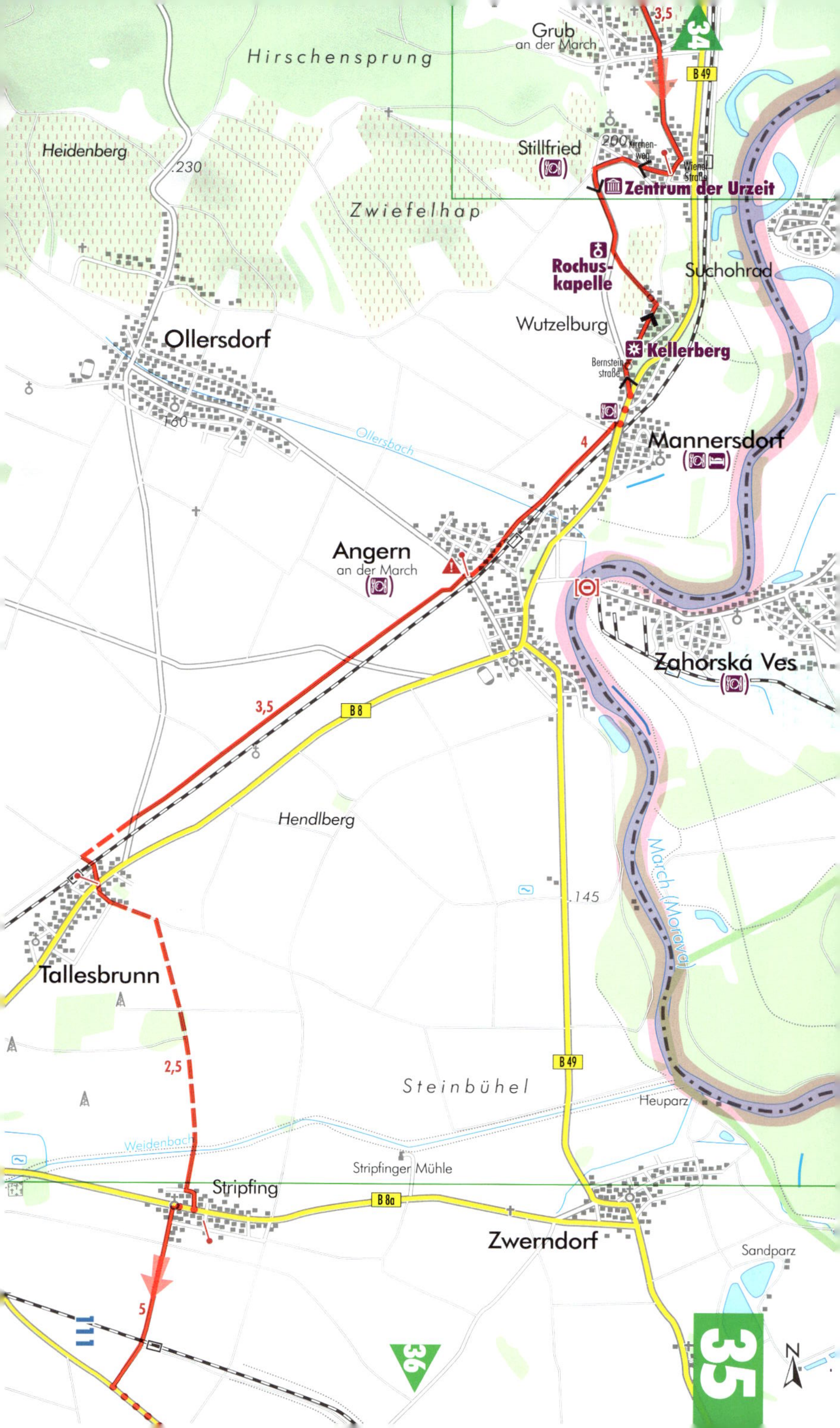

Hirschensprung
Heidenberg
230
Zwiefelhap
Grub
an der March
Stillfried
200
Kirchenweg
Wiener Straße
Zentrum der Urzeit
Rochuskapelle
Suchohrad
Wutzelburg
Kellerberg
Bernsteinstraße
Ollersdorf
160
Ollersbach
Mannersdorf
4
Angern
an der March
Zahorská Ves
3,5
B 8
B 49
Hendlberg
145
March (Morava)
Tallesbrunn
Steinbühel
Heuparz
2,5
Weidenbach
Stripfinger Mühle
Stripfing
B 8a
Zwerndorf
Sandparz
5
34
35
36

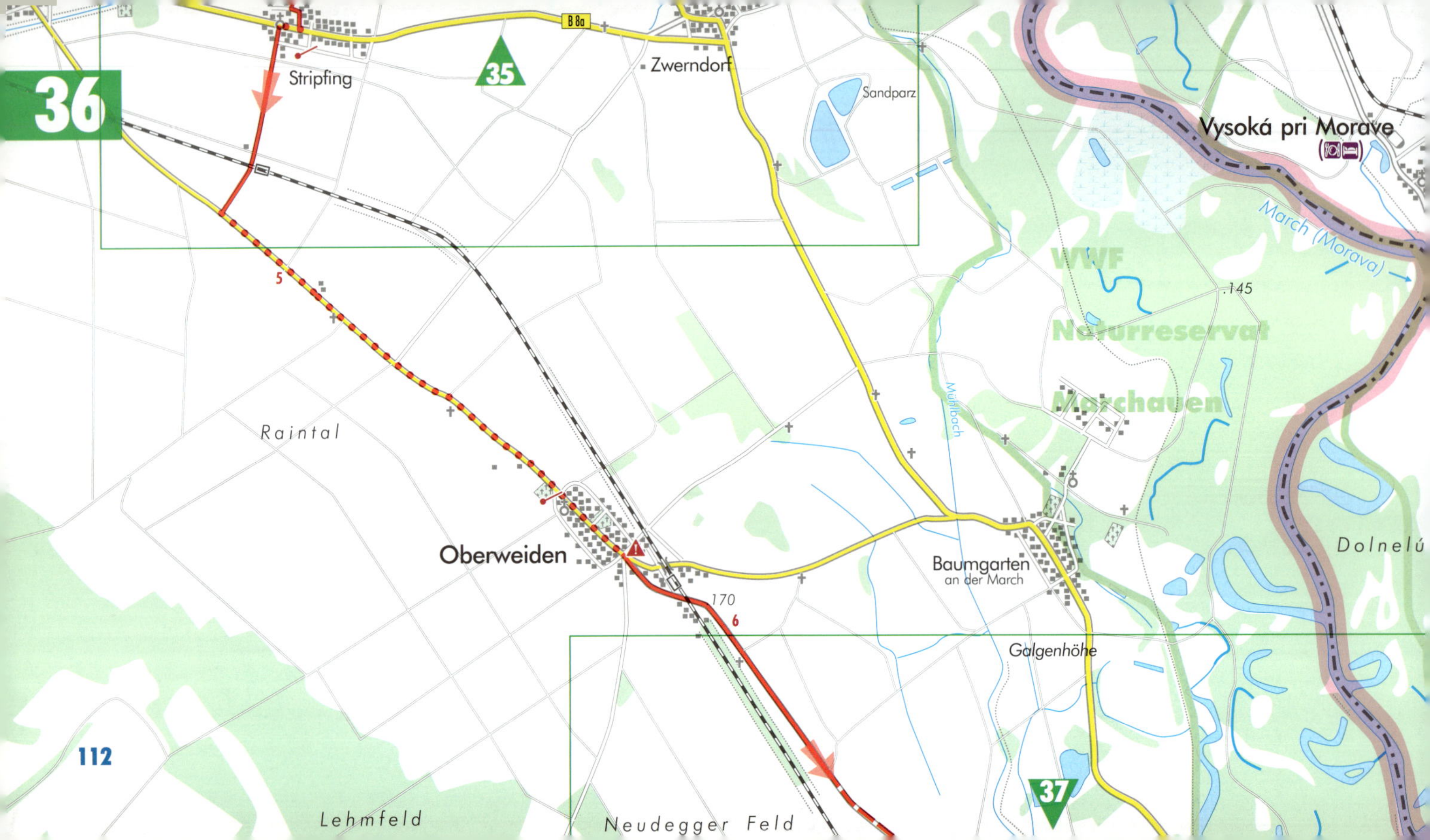
36
35
B 8a
Stripfing
Zwerndorf
Sandparz
Vysoká pri Morave
March (Morava)
WWF
Naturreservat
Marchauen
.145
5
Raintal
Mühlbach
Oberweiden
Baumgarten
an der March
Dolnelú
170
6
Galgenhöhe
37
Lehmfeld
Neudegger Feld

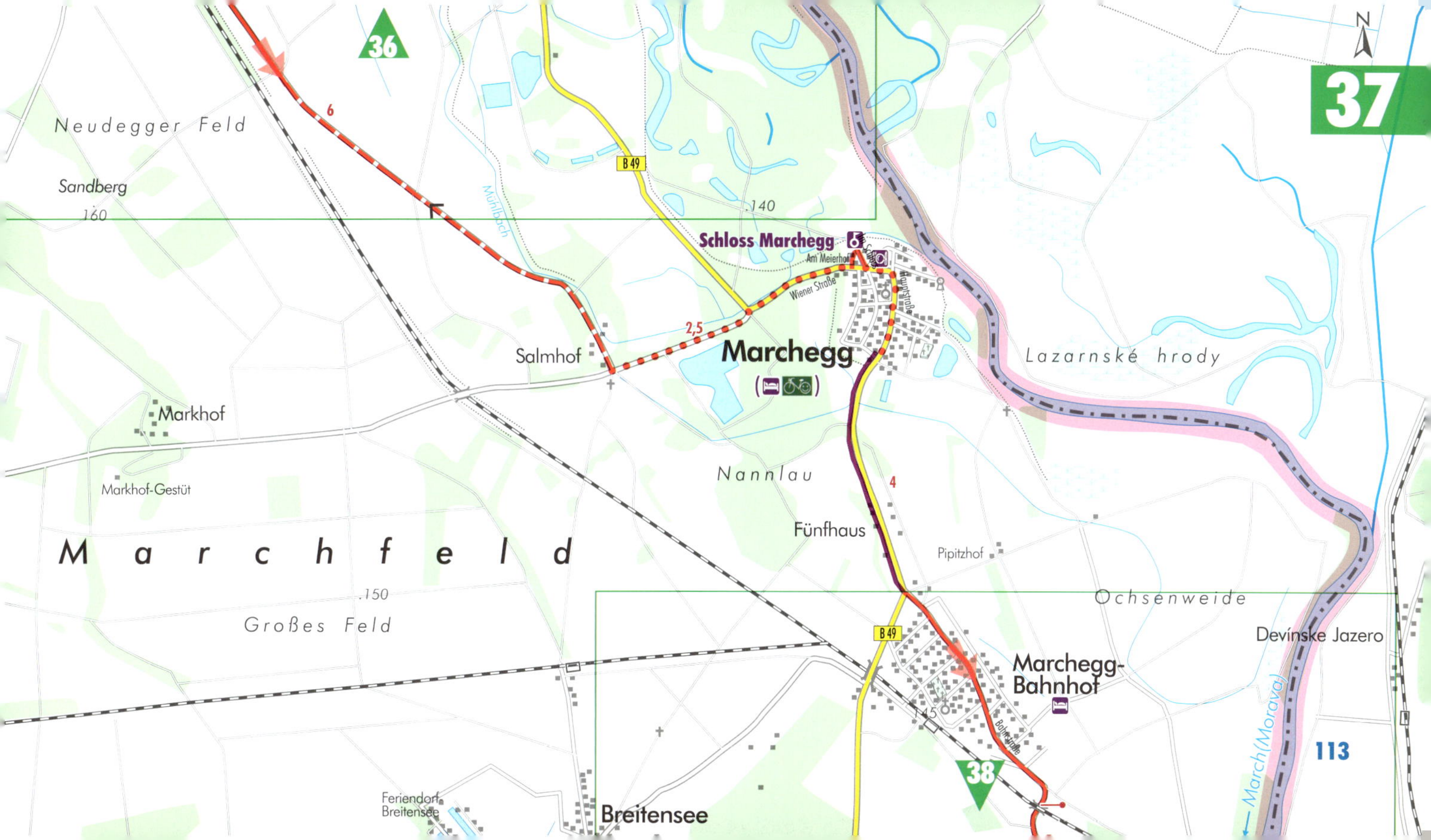

36
37
Neudegger Feld
Sandberg
160
6
B 49
140
Mühlbach
Schloss Marchegg
Am Meierhof
Wiener Straße
Hauptstraße
2,5
Salmhof
Marchegg
Lazarnské hrody
Markhof
Markhof-Gestüt
Nannlau
4
Fünfhaus
Pipitzhof
Marchfeld
150
Ochsenweide
Großes Feld
B 49
Marchegg-Bahnhof
Devínske Jazero
145
Bahnstraße
38
March (Morava)
Feriendorf Breitensee
Breitensee

Schloss Hof

fahrtsstraße rechts abbiegen ~ nach **Schloßhof** leicht bergauf hinein.

Schloßhof

PLZ: 2294; Vorwahl: 02285

Kaiserliches Festschloss Hof, Schloßhof 1, ✆ 20000-19, ÖZ: Mitte April bis 1.11. tägl. von 10-18 Uhr

Die Gemächer im 1726 von Lukas von Hildebrandt errichteten Schlossgebäude beherbergen kostbare Möbel und Kunstgegenstände, die zum größten Teil eigens für Schloss Hof geschaffen wurden. Besonderen kulturhistorischen Wert besitzt das aus fünf Zimmern bestehende Appartement Maria Theresias. Ebenfalls höchst sehenswert sind die ganz in Weiß und Gold gehaltene Sala Terrena, der früh-klassizistische Festsaal und die zweigeschossige, kuppelüberspannte Kapelle. Ab Mai 2005 präsentiert sich die zweitgrößte Schlossanlage Österreichs nach detailgetreuer Revitalisierung wieder im ursprünglichen Glanz.

Am Schloss vorbei ~ den Gasthof passieren ~ kurz vor dem Ortsausgang links abbiegen und Richtung Niederweiden weiterfahren ~ leicht bergauf durch die Allee ~ die Brücke überqueren ~ links auf die schmälere asphaltierte Forststraße abbiegen und dem Schild Nr. 8 folgen ~ rechts vom Auwald entlang ~ an Niederweiden vorbeifahren ~ den Damm und eine Brücke überqueren ~ sofort rechts in einen Schotterweg einbiegen ~ auf dem Damm weiter dem Rußbach folgen ~ an einem kleinen Häuschen vorbei ~ links der Brücke die Vorfahrtsstraße geradeaus überqueren ~ danach links abbiegen und dem Schild Nr. 8 folgen ~ an der Kläranlage vorbei ~ an der kommenden Kreuzung rechts abbiegen und nach **Engelhartstetten** hinein.

Engelhartstetten

Von der **Unteren Hauptstraße** links in die **Stopfenreuther Straße** Richtung Hainburg einbiegen ~ kurz darauf rechts in die **Industriestraße** und dem Schild Nr. 8 folgen ~ an der kleinen Kapelle vorbei ~ links an einem Kreuz

Schloss Niederweiden

vorbei ~ kurz darauf links ein Marterl passieren ~ an der folgenden Weggabelung links abbiegen ~ die Vorfahrtsstraße überqueren.

Stopfenreuth

Danach rechts der Asphaltstraße weiter folgen ~ in Stopfenreuth auf der **Amerikagasse** entlang ~ bei der Litfasssäule links abbiegen ~ hinter der Kirche vorbei ~ an der kommenden Kreuzung links abbiegen ~ am Damm entlang.

Tipp: Ab diesem Damm befinden Sie sich auf dem Donau-Radweg Teil. Weitere Informationen dazu entnehmen Sie dem Donau-Radweg Teil 3 Wien-Budapest bikeline-Radtourenbuch.

Sie folgen dem beschilderten Radweg ~ nach 2,5 Kilometern zum Bahnhof von Hainburg.

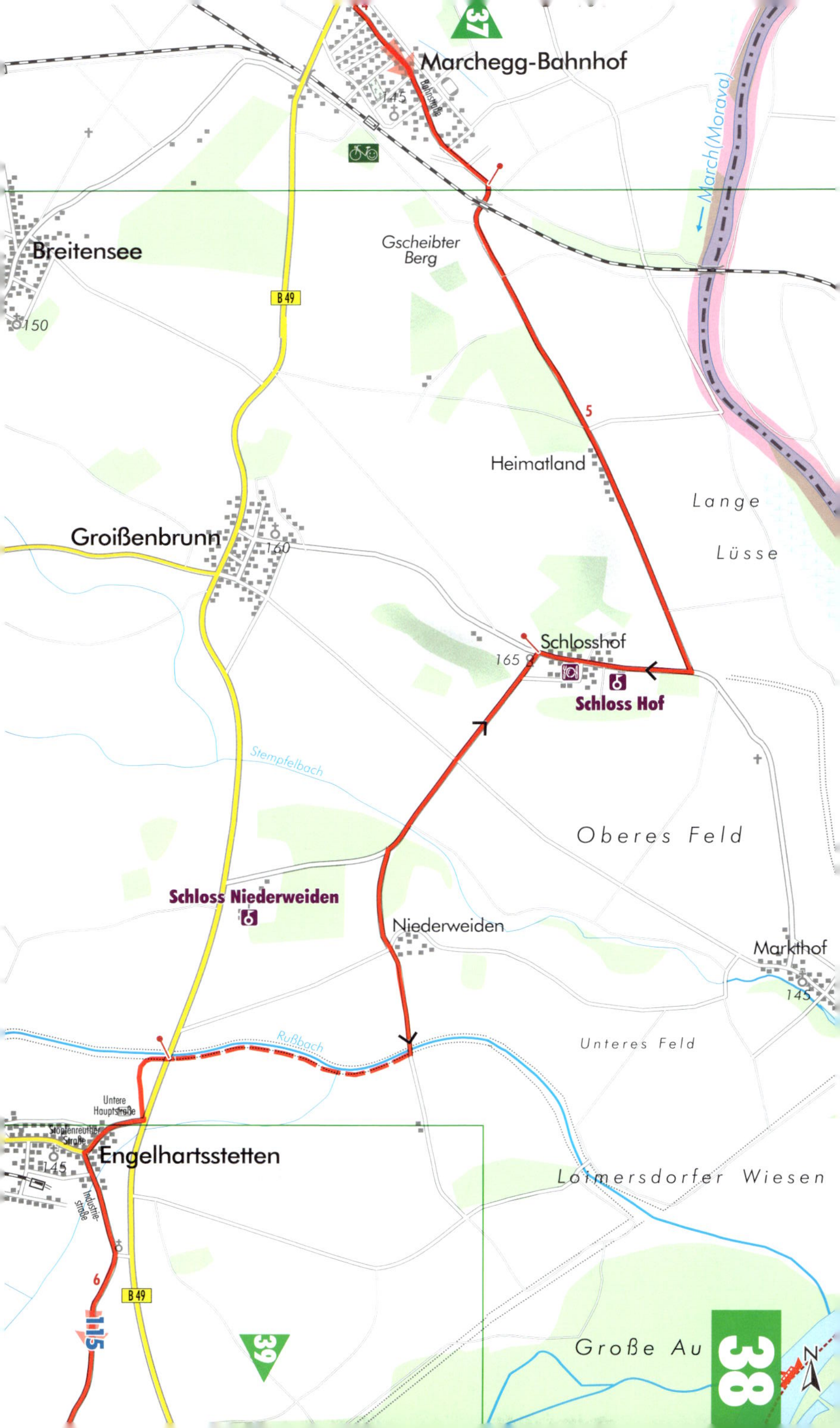
38
37
39
Marchegg-Bahnhof
Bahnstraße
145
March (Morava)
Breitensee
150
Gscheibter Berg
B 49
Heimatland
5
Lange
Lüsse
Groißenbrunn
160
Schlosshof
165
Schloss Hof
Stempfelbach
Oberes Feld
Schloss Niederweiden
Niederweiden
Markthof
145
Unteres Feld
Rußbach
Untere Hauptstraße
Stopfenreuther Straße
Engelhartsstetten
145
Industriestraße
Loimersdorfer Wiesen
6
115
B 49
Große Au
N

Hainburg a. d. Donau

PLZ: 2410; Vorwahl: 02165

Gemeindeamt, Hauptpl. 23, ✆ 62111

Gästeinformation, ✆ 62111-23

Fähre nach Devin, Schiffsanlagestelle Hainburg, ✆ 01/7283100, ÖZ: Mai-Okt., Di-So ab 10 Uhr alle 2 Stunden, 30 min. vor Abfahrt Pass u. Zollkontrolle.

Stadtmuseum im Wienertor, ÖZ: Mai-Okt., So/Fei 10-12 Uhr und 14-17 Uhr. Stadt- u. Urgeschichte, sowie Tabakgeschichte von Hainburg, Führungen n. V. ✆ 2111-23.

Wienertor. Im 13. Jh. erbaut, wird als eines der künstlerisch bedeutendsten Stadttore Mitteleuropas erwähnt.

Altstadt. Mit zahlreichen historischen Bürgerhäusern, Stadtmauern und Befestigungsanlagen aus dem 13. Jh., Festungsanlage aus dem 11. Jh.

Nationalpark Donau-Auen.
Infostelle: ✆ 02212/3450

Bergbad, Braunsberger Straße

Eybl OHG, Hauptpl. 17

Umgeben von waldigen Kuppen inmitten des Nationalparks Donauauen schwebt die Mittelalterstadt Hainburg über der Donau. 3 Stadttore und 15 Stadttürme aus dem 13. Jahrhundert, die in Mitteleuropa ihresgleichen suchen, lassen erkennen, dass wir hier eine der wichtigsten Pforten der Donau erreicht haben. Bereits 1042 urkundlich erwähnt, war das Städtchen einst der wichtigste östliche Vorposten des „Heiligen Römischen Reiches Deutscher Nation.“

Donau und Hainburg vom Braunsberg aus

Hier windet sich die Donau zwischen dem Braunsberg am österreichischen Ufer, wo bei Ausgrabungen eine Keltensiedlung, die aus dem 2. Jahrhundert vor Chr. stammt, mit Wall, Palisade und Wachtürmen gefunden wurde, und dem Thebener Kogel über der Marchmündung am slowakischen Ufer hindurch. Bis 1918 hätte man Oberungarn schreiben müssen. Erst das Ende des Ersten Weltkriegs hat die Grenzen verschoben, als Bratislava von der ungarischen Krönungsstadt zur slowakischen Hauptstadt wurde. Doch Hainburg verlässt man gegen Osten noch immer durch das im Jahr 1260 erbaute Ungartor.

Dass früher Tore errichtet wurden, damit niemand sie durchbreche und durchschreite, wird beim Anblick des über 31 Meter hohen Wienertores deutlich: die Türöffnung ist winzig und unscheinbar; Gewicht hat was geschlossen ist an dieser Torburg. Sie wurde 1270 mit einem Teil des Lösegeldes für König Richard Löwenherz, das insgesamt 100.000 Kölner Mark (ca. 23.000 kg Silber) betrug, finanziert und gilt als eine der schönsten aus dieser Zeit. Es war ein Tor für Kreuzfahrer und gegen Ungarnheere, ein Tor, dass das Mittelalter eher romantisch als finster erscheinen lässt.

Obwohl die Stadtmauern von Hainburg mehrmals von Feinden bestürmt wurden – mehr als 200 Jahre wagten keine Feinde Hainburg anzugreifen 1270-1481 – sind die Befestigungen fast vollständig erhalten. Sie erstrecken sich von der Burg bis zur Donau. Das schmale Blutgässchen vor dem Fischertor, das sich zur Donau hin öffnet, erweckt grausige Erinnerungen an Hainburgs dunkelste Stunden.

Als die Türken am 12. Juli 1683 zum zweiten Mal versuchten, bis Wien vorzustoßen, hielt die mächtige Befestigung Hainburgs, die jedoch schon in einem sehr schlechten Zustand war, dem Ansturm nicht stand. Nach kurzer Belagerung war die Stadt sturmreif geschossen, die Türken überrannten die Mauern. Die Bevölkerung wollte in die Donauauen fliehen, doch die Flügel des Fischertores, die nach innen zu öffnen waren, konnten nicht rechtzeitig aufgerissen werden. In dem engen Schlauch vor dem Tor waren die Menschen gefangen wie in einer Mausefalle. Hinter ihnen drängten die Türken nach. Wer nicht in Panik niedergetrampelt wurde, starb unter den Krummsäbeln. 8.432 Hainburger sollen damals von den Türken niedergemetzelt oder verschleppt worden sein. Die Geschichte besagt, dass nur ca. 100 Menschen dem Massaker entkamen! Einer von ihnen war ein junger Wagnergeselle Thomas Haydn. Ein Glück für die Musik, denn der junge Mann wurde der Großvater von Joseph Haydn.

Heute versperrt das Fischertor den Weg zur Donau nicht mehr. Auf einer hohen Mauer, die der Stadtmauer Konkurrenz macht, fährt die Bahn, die so vor jedem Hochwasser sicher ist. Früher war ihre Endstation Pressburg (Bratislava) – heute ist es der österreichische Grenzort Wolfsthal.

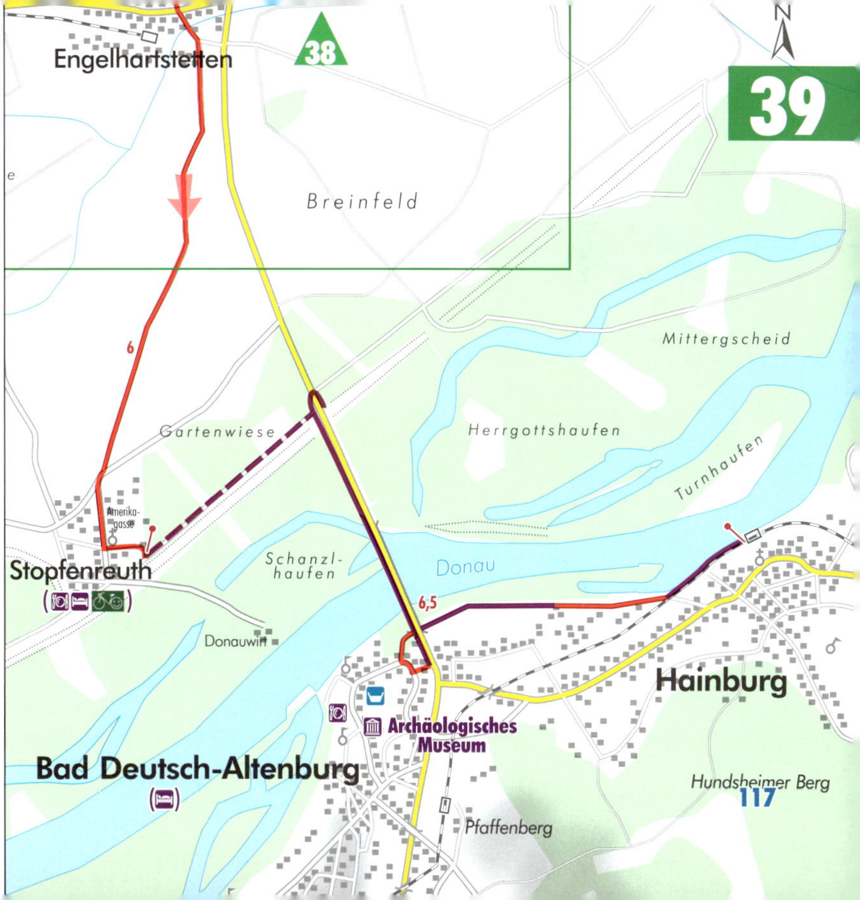

Anbindungen an den KTM-Radweg

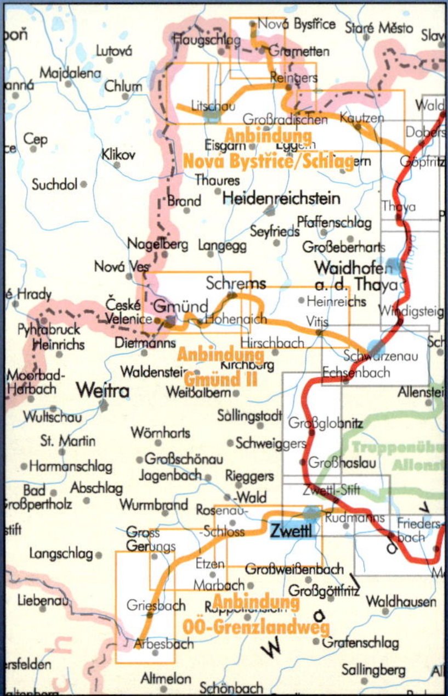

Der Kamp-Thaya-March-Radweg (KTM-Radweg) hat sich auf der niederöster-reichischen Seite in den letzten Jahren sehr gut entwickelt, die Nachfrage steig ständig. Im nordwestlichen Waldviertel wurde ein Radwegenetz errichtet, das an den bereits bestehenden KTM-Radweg anschließt und auch Anbindungen an den Oberösterreichischen Grenzlandweg sowie an das gut ausgebaute tschechische Netz vorsieht.

Anbindung
OÖ-Grenzlandweg
27
Gerla
Holzmühle
Steindelhof
Negers
Niederstrahlbach
Oberhof
Galgenberg
Schickenhof
derneustift
Roblmühle
Hunderwasser-brunnen
20
Schloss Rosenau
630
Eichingerhof
2,5
Zwettl
Syrnau
Rosenau
Gutenbrunn
Syrafeld
Moidrams
Propstei
540
Alm
Moidramsberg
Kamp
Waldbachl
3,5
Kolbhof
3,5
Waldhams
Kleinmeinharts
Jahrings
Schwarzalm
Kl. Kobel
Neuhof
Gschwendtmühle
4
Alleeteich
Hochreith
Steinberg
725
Kranawitberg
Gschwendt
Karnauwinklweg
Schwarzwald
Malteserteich
Merzenstein
Böhmhöf
er-Neustift
Schwarzmühle
560
Watzhof

Anbindung OÖ-Grenzlandweg

Anbindung zum OÖ-Grenzlandweg 44 km

Von Edelhof nach Niederstrahlbach 9 km

Tipp: Den Einstiegspunkt zu dieser Anbindung, welche mit den Schildern Nr. 7 und vor allem Nr. 74 gekennzeichnet ist, finden Sie auf der Karte 9 auf S. 43 bzw. auf der Karte 10 auf S. 47.

In Edelhof bei der Landwirtschaftlichen Fachschule vorbei ~ an der folgenden Kreuzung geradeaus weiter und der Route 7 folgen ~ bergab nach **Rudmanns** hinein ~ an der Vorfahrtsstraße geradeaus weiter ~ an der Siedlung vorbei und den Ort verlassen ~ kurz darauf rechts in einen Schotterweg abbiegen ~ nach etwa 400 Metern dem kleinen grünen Schild mit der Nr. 7 folgen ~ anschließend bergab und der Bodenbelag wechselt auf Asphalt ~ eine Linkskurve ~ an der darauffolgenden Weggabelung den Abzweig nach rechts nicht beachten ~ kurz darauf an einer Lagerhalle vor-

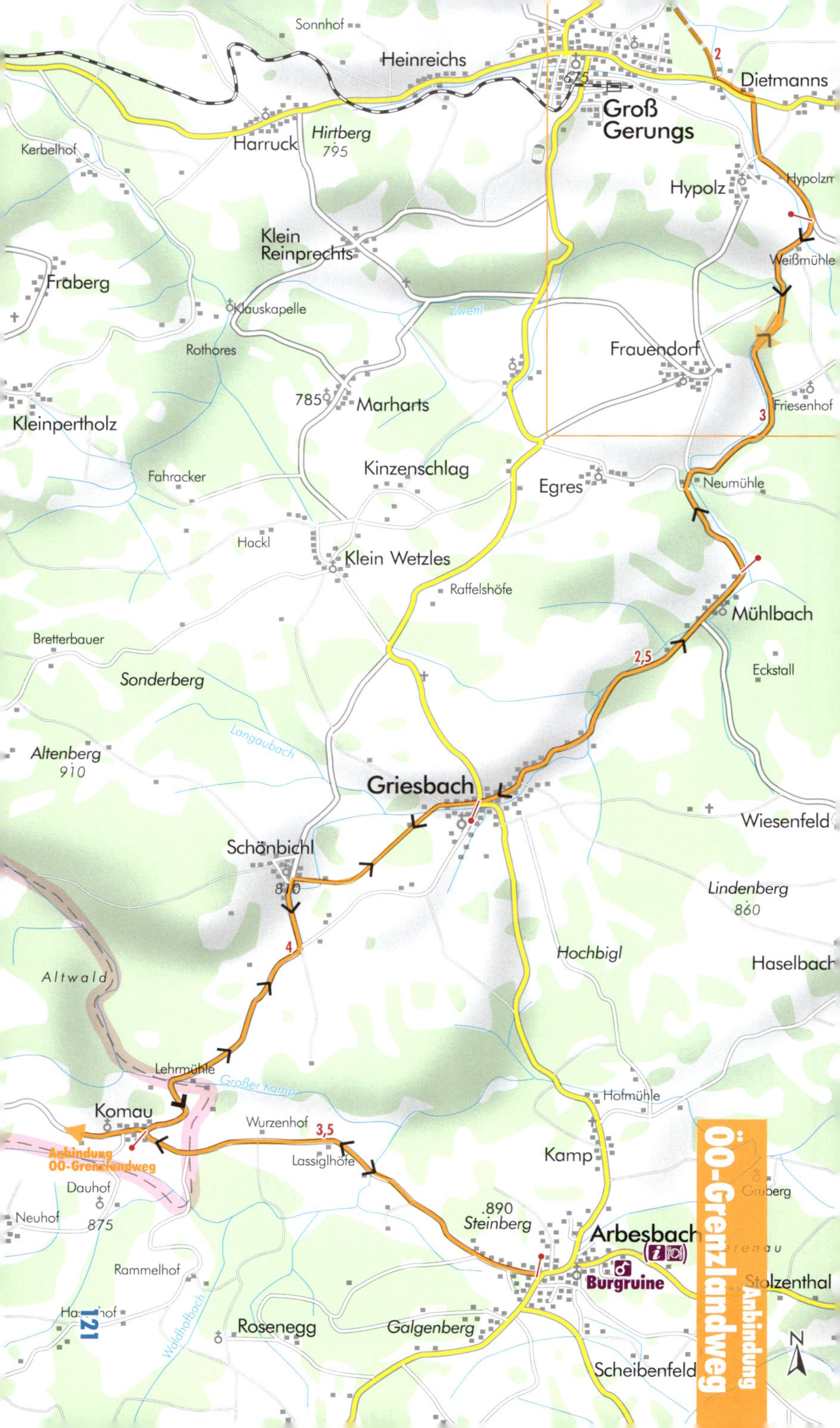
Sonnhof
Heinreichs
Groß Gerungs
675
2
Dietmanns
Kerbelhof
Harruck
Hirtberg
795
Hypolz
Hypolzm
Weißmühle
Klein Reinprechts
Fraberg
Klauskapelle
Zwettl
Rothores
Frauendorf
785
Marharts
Friesenhof
3
Kleinpertholz
Fahracker
Kinzenschlag
Egres
Neumühle
Hackl
Klein Wetzles
Raffelshöfe
Mühlbach
Bretterbauer
Sonderberg
2,5
Eckstall
Langaubach
Altenberg
910
Griesbach
Wiesenfeld
Schönbichl
810
Lindenberg
860
4
Hochbigl
Haselbach
Altwald
Lehrmühle
Großer Kamp
Hofmühle
Komau
Wurzenhof
3,5
Anbindung
OÖ-Grenzlandweg
Lassiglhöfe
Kamp
Dauhof
Gruberg
Neuhof
875
.890
Steinberg
Arbesbach
Burgruine
Rammelhof
Stolzenthal
Rosenegg
Galgenberg
Waldhofbach
Scheibenfeld
Anbindung
ÖO-Grenzlandweg
N

Niederstrahlbach

bei ~ an der kommenden Weggabelung wieder geradeaus weiterfahren ~ zur Linken bereits das Ortsgebiet von Zwettl ~ zunächst durch Wiesen ~ am Ende des Gefälles an einem Hof vorbei ~ bei der folgenden Weggabelung links abbiegen.

Zwettl s. S. 44

Den **Oberhof** entlang ~ geradeaus vor bis zu einem kleinen Parkplatz ~ danach links abbiegen und am linken Ufer des Kamps entlang ~ unterhalb der Brücke durch ~ auf dem schmalen Asphaltweg an der Baumreihe entlang ~ rechts auf den Holzsteg abbiegen ~ den Kamp überqueren ~ danach sofort links abbiegen ~ an einem Parkplatz vorbei ~ an einer Kapelle vorbei ~ bis zur Vorfahrtsstraße und diese überqueren ~ weiterhin dem Schild Nr. 7 folgen ~ vor der kleinen Brücke rechts abbiegen ~ rechts an einem kleinen Parkplatz vorbei ~ bei der Tischlerei Wittmann die **Kuenringerstraße** überqueren ~ danach auf einem schmalen Asphaltweg durch eine Allee ~ nun am rechten Ufer der Zwettl entlang ~ an einem Kinderspielplatz vorbei ~ rechts des Wegs befindet sich ein Bach ~ an der Stadtmauer entlang ~ durch den Park ~ unmittelbar vor der Kunsteisbahn rechts abbiegen und über einen kleinen Holzsteg ~ danach in Serpentinen bergauf weiter ~ durch den überdachten Fußgängerabgang ~ vor der Kapelle wird der Weg flacher ~ scharfe Rechtskurve ~ beim Parkplatz links in die **Fasangasse** einbiegen ~ kurz darauf links in die **Mozartstraße** ~ dieser bergauf folgen ~ beim Spiegel rechts abbiegen und zur Vorfahrtsstraße weiterfahren ~ dort links abbiegen und ein kurzes Stück auf der **Weitraer Straße** ~ rechts in den **Nordweg** einbiegen ~ an der Siedlung entlang ~ unmittelbar nach dem Ortsende beginnt ein Schotterweg ~ zunächst eben dahin und nach etwa 600 Metern bei der Weggabelung mit einem Materl geradeaus weiter ~ bei der darauffolgenden Weggabelung links abbiegen ~ kurz darauf mündet der Schotterweg in einen schmalen asphaltierten Güterweg ~ leicht bergab ~ am Ende des Gefälles links an einem Rastplatz mit Feuchtbiotop vorbei ~ danach bergauf weiter und bei einer Baumgruppe links abbiegen ~ bergab nach **Niederstrahlbach** hinein.

Niederstrahlbach

Von Niederstrahlbach nach Kleinmeinharts 8 km

Dem Straßenverlauf folgen ~ auf der Route 74 nach links ~ den Bach überqueren ~ nach dem Rinnsal links abbiegen ~ kurz darauf rechts ~ bis zur Vorfahrtsstraße weiterfahren ~ am Materl vorbei und die Straße überqueren ~ bei der folgenden Weggabelung links weiter ~ nach **Syrafeld** ~ durch den Ort ~ beim Spiegel links abbiegen ~ kurz darauf rechts ~ zwei kleine Brücken überqueren ~ an der Bushaltestelle vorbei ~ rechts an einem kleinen Holzplatz vorbei ~ ab hier auf einer etwas breiteren Asphaltstraße dahin ~ der Steigung in den Wald hinein folgen ~ an der Kreuzung rechts abbiegen ~ leicht bergab

Richtung Komau – OÖ Grenzlandweg

~ die kleine Asphaltstraße führt über **Waldhams** nach **Jahrings** ~ beim Kirchenwirt und der Disco vorbei ~ den Ort verlassen und bergab weiter ~ durch ein kurzes Waldstück ~ an einem Feld vorbei und nach **Kleinmeinharts** hineinfahren.

Kleinmeinharts

Von Kleinmeinharts nach Griesbach 19 km

Leicht bergab und links an der Kapelle vorbei ~ danach auf der Gegensteigung den Ort verlassen ~ rechts am Waldrand entlang ~ leicht hügelig dahin ~ nach einem kurzen Waldstück rechts am Schwarzteich vorbei ~ hier befindet sich links des Wegs ein Hinweis auf die Steinpyramide ~ danach bergauf weiter und einen Hof passieren ~ an der folgenden Kreuzung rechts Richtung Blumau abbiegen ~ danach am Abzweig nach Schloss Rosenau vorbei ~ die Freiwillige Feuerwehr von **Ober-Neustift** passieren ~ beim grünen Wegweiser zu den Ferienwohnungen geradeaus weiter ~ an den Häusern vorbei und bei der nächsten Weggabelung geradeaus weiter ~ danach etwas steiler bergab ~ links an der Blumauer Kapelle vorbei ~ nach **Blumau** hinein.

Blumau

Nach der Ortschaft geht es leicht bergauf ~ dem Schild mit der Nummer 74 weiter folgen ~ durch ein kurzes Waldstück ~ an der folgenden Weggabelung rechts abbiegen ~ an einigen Häusern vorbei ~ am Waldrand entlang ~ der schmalen Asphaltstraße bergab durch den Laubwald folgen ~ nach dem Wald rechts in die Vorfahrtsstraße einbiegen ~ kurz darauf links abbiegen Richtung Friedenskapelle und den Güterweg Schnabelberg entlangfahren ~ rechts an einem kleinen Teich vorbei ~ an der folgenden Weggabelung geradeaus weiter ~ leichtes Gefälle ~ nach 200 Metern beim großen Baum links abbiegen ~ sofort darauf links weiter ~ an einem Hof vorbei ~ in den Wald hinein ~ die Asphaltstraße endet und geht in einen Schotterweg über ~ in einiger Entfernung links an einer Kläranlage vorbei ~ leicht hügelig ~ bald endet die Schotterstraße ~ rechts auf den schmalen Asphaltweg abbiegen ~ bis zur Vorfahrtsstraße und dort links abbiegen ~ links der Straße befindet sich ein Rad- und Fußweg ~ kurz darauf rechts abbiegen und die B 38 überqueren ~ weiter Richtung Mühlbach ~ links an einer Steinbrücke vorbei ~ den Abzweig nach links nicht beachten ~ den Bach überqueren ~ danach leicht bergauf ~ an der **Weißmühle** vorbei ~ links an einer Brücke vorbei ~ am Waldrand entlang ~ über eine Brücke ~ nach links Richtung Mühlbach abbiegen ~ am Waldrand entlang ~ das Ortsschild von **Mühlbach** passieren.

Kapelle in Komau

Mühlbach

Dem Straßenverlauf folgen ~ kurz vor der

Ortsausfahrt geradeaus weiter Richtung Griesbach ~ schließlich den Griesbach überqueren ~ am Nadelwald entlang ~ links des Griesbachs entlang ~ nach **Griesbach** hineinfahren.

Griesbach

Von Griesbach nach Arbesbach — 8 km

Erneut den Bach überqueren ~ der Ortsdurchfahrtsstraße folgen ~ an der Feuerwehr vorbei ~ den Gasthof Kastner passieren ~ nur ein kurzes Stück auf der Bundesstraße, danach geradeaus weiter auf dem Güterweg Schönbichl ~ links abbiegen ~ den Bach überqueren ~ Griesbach verlassen ~ leicht bergauf und in den Wald hinein ~ nach dem Gefälle das Ortsschild von **Schönbichl** passieren.

Schönbichl

Beim Vorrang geben Schild links abbiegen ~ Schönbichl verlassen ~ beim kleinen Kreuz rechts abbiegen ~ der schmalen Asphaltstraße durch die Felder folgen ~ leicht hügelig ~ rechts an einem Kreuz vorbei ~ mittleres Gefälle ~ danach ein kurzes Stück durch den Nadelwald ~ schließlich am Waldrand entlang ~ scharfe Linkskurve ~ über eine Holzbrücke ~ an der Lehrmühle vorbei ~ an der folgenden Weggabelung rechts bergauf weiter ~ nach **Komau** hinein.

Komau

Tipp: Hier in Komau treffen Sie auf die Beschilderung der Anbindung zum OÖ-Grenzlandweg.

Der etwas breiteren Asphaltstraße folgen, links abbiegen und den Ort verlassen ~ links an einem Trafohäuschen vorbei ~ am Wurzenhof und bald darauf an den Lassiglhöfen vorbei ~ leichtes Gefälle ~ einen Bach überqueren ~ es folgt eine Gegensteigung ~ an einigen Häusern vorbei ~ am Waldrand entlang ~ nach **Arbesbach** hineinfahren.

Arbesbach

PLZ: 3925; Vorwahl: 02813

Gemeindeamt, Hauptplatz 35, ✆ 7000

Burgruine Arbesbach, Der Stockzahn des Waldviertels

Schmiedemuseum Arbesbach, 3925 Kamp 21, ÖZ: Von Ostern bis Allerheiligen täglich von 10:00 - 18:00 Uhr mit Führung

Kapelle in Schönbichl

Anbindung nach Gmünd — 28 km

Tipp: Den Beginn der Darstellung dieser Anbindung finden Sie in der Karte 12 auf S. 51. Die Strecke ist mit den Schildern der Nr. 73 gekennzeichnet. In Tschechien (Nové Hrady) treffen Sie auf den Radweg "Cesko-rakouská príhranicní", den Tschechisch-Österreichischen Radweg.

Von Modlisch nach Großrupprechts — 10 km

Dem Radschild der Route 73 folgen ~ das Ortschild von **Modlisch** passieren ~ den klei-

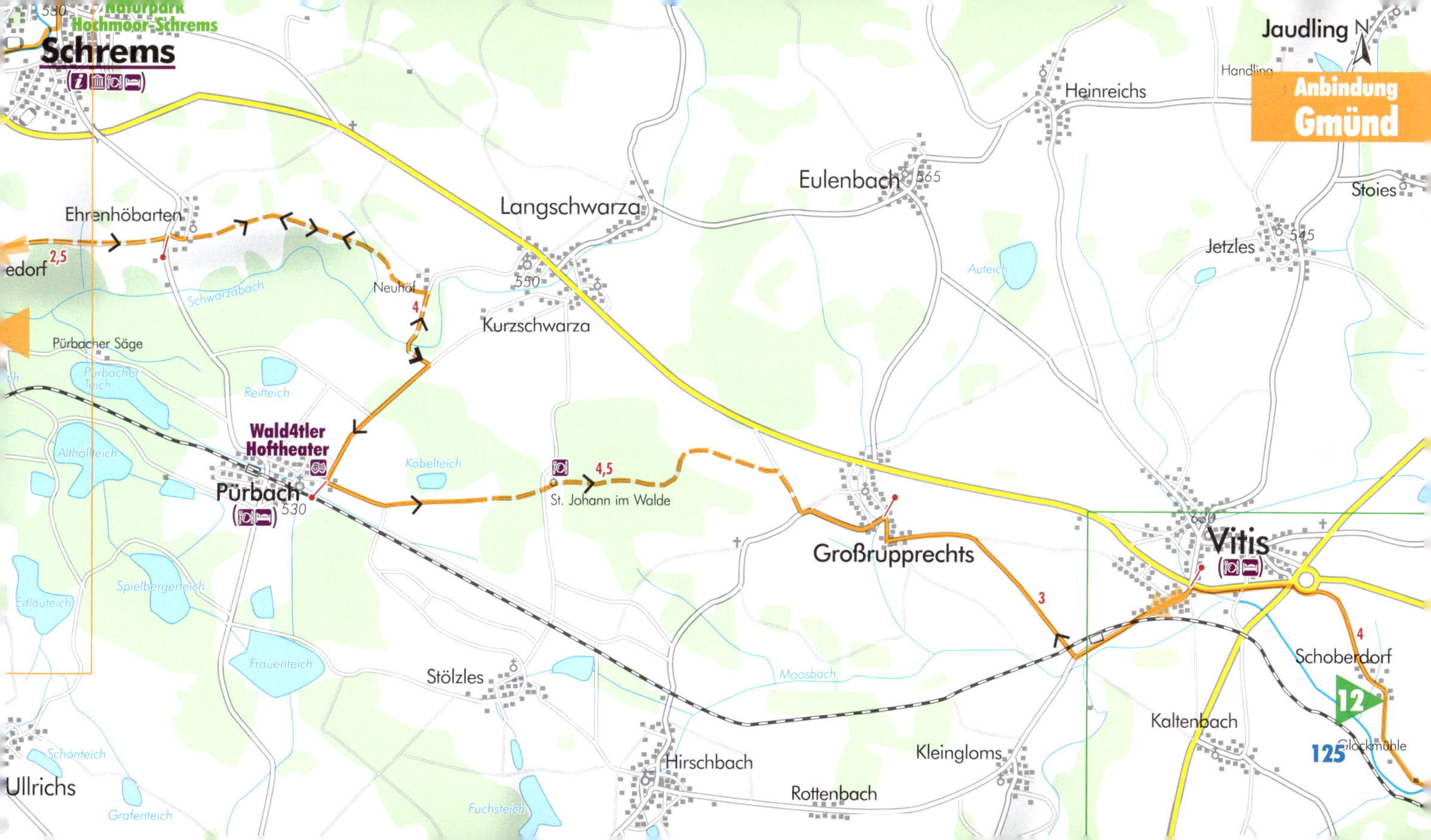

Naturpark Hochmoor-Schrems
Schrems
530
Jaudling
Handling
Heinreichs
Anbindung Gmünd
Eulenbach
565
Stoies
Langschwarza
Ehrenhöbarten
2,5
edorf
Jetzles
545
Auteich
Neuhöf
550
Schwarzabach
4
Kurzschwarza
Pürbacher Säge
Pürbacher Teich
Reitteich
Althölteich
Wald4tler Hoftheater
Kobelteich
4,5
Pürbach
530
St. Johann im Walde
Großrupprechts
530
Vitis
Edlauteich
Spielbergerteich
3
4
Frauenteich
Stölzles
Moosbach
Schoberdorf
12
Kaltenbach
125
Glockmühle
Schönteich
Hirschbach
Kleingloms
Ullrichs
Rottenbach
Grafenteich
Fuchsteich

nen Ort durchqueren ~ rechts am Kreuz vorbei und geradeaus weiter ~ beim Feuerwehrhaus links abbiegen ~ nach **Sparbach** hineinfahren ~ links am grünen Hof vorbei ~ bald darauf Sparbach verlassen ~ an der kommenden Kreuzung links abbiegen ~ danach leichtes Gefälle ~ zunächst an der Kainz- und bald darauf an der Glockmühle vorbei ~ schließlich den Ortseingang von **Schoberdorf** passieren ~ nach der Ortschaft durch die Allee bis zum Kreisverkehr vor **Vitis** fahren.

Vitis

Dort auf dem Rad- und Fußweg links des Kreisverkehrs weiter ~ danach weiter Richtung Großrupprechts ~ der Rad- und Fußweg verläuft parallel zur Straße ~ beim Geschäft Appel vorbei ~ kurz darauf vor der Baugesellschaft Schuhmeister links abbiegen ~ links am Friedhof entlang ~ nach dem Lagerhaus rechts am Bahnübergang vorbei ~ unmittelbar danach rechts am Bahnhof vorbei ~ am Holzplatz entlang ~ bald danach rechts in den schmalen Güterweg abbiegen ~ an einer Schutthalde vorbei ~ leicht hügelig ~ beim Materl links abbiegen ~ nach **Großrupprechts** hinein.

Großrupprechts

Von Großrupprechts nach Hoheneich 13 km

Rechtskurve ~ kurz darauf links beim Vorranggeben-Schild abbiegen ~ am Löschteich vorbei ~ eine Brücke überqueren ~ rechts am gelben Hof vorbei und Großrupprechts verlassen ~ an der nachfolgenden Kreuzung links am Kreuz vorbei ~ geradeaus auf dem Schotterweg weiterfahren ~ zunächst durch die Felder hindurch parallel zu Hauptstraße ~ an der kommenden Weggabelung links abbiegen ~ dem Radschild 73 folgen und in den Wald hinein ~ links an einer Raststation und kurz darauf an der Kapelle **St. Johann im Walde** vorbei ~ die folgende Kreuzung geradeaus überqueren ~ in den Kleinen Kobelwald hinein.

Der Schotterweg mündet in einen schmalen Asphaltweg ~ den Wald verlassen und an der kommenden Kreuzung beim Vorrang geben rechts in die etwas breitere Asphaltstraße abbiegen ~ nach **Pürbach** ~ kurz darauf rechts abbiegen und dem Schild mit der Nummer 73 folgen ~ nach dem Gefälle links in eine Schotterstraße einbiegen ~ ein kurzes Stück durch einen Wald ~ steil bergab ~ an der darauffolgenden Weggabelung rechts abbiegen ~ einen Bach überqueren ~ vor den Häusern von **Neuhöf** links abbiegen ~ an der folgenden Kreuzung geradeaus weiter der Schotterstraße folgen ~ an den Koppeln vorbei ~ am Waldrand entlang ~ leicht hügelig dahin ~ rechts an einem Kreuz vorbei ~ an den ersten Häusern von **Ehrenhöbarten** links weiter ~ ab hier beginnt eine Asphaltstraße ~ links an der Kapelle vorbei und kurz darauf links abbiegen ~ sofort danach rechts abbiegen ~ die Vorfahrtsstraße überqueren und Ehrenhöbarten verlassen ~ danach links an einer Statue vorbei ~ auf einer schmalen Asphaltstraße weiter ~ unmittelbar darauf wechselt der Bodenbelag wieder auf Schotter ~ leicht bergab ~ durch ein kurzes Waldstück ~ die Kreuzung vor **Kleedorf** geradeaus überqueren.

Schrems

PLZ:3943; Vorwahl: 02853

Tourismusinformation Stadtamt Schrems, Hauptpl. 19, ✆ 77454-0

IDEA Schrems – Mühlg. 7, ✆ 77104-0, ÖZ: April-Sept., Mo-Sa 9.30-12.30 Uhr und 13.30-18 Uhr, So/Fei 10-17 Uhr, Okt.-März Di-Sa 9.30-12.30 Uhr und 13.30-18 Uhr, So/Fei 10-17 Uhr. ÖZ IDEA-Shops: Mo-Sa 9.30-12 Uhr und 14-18 Uhr. Das Kulturzentrum mit dem großen Shop ist voller Geschenkideen, Mö-

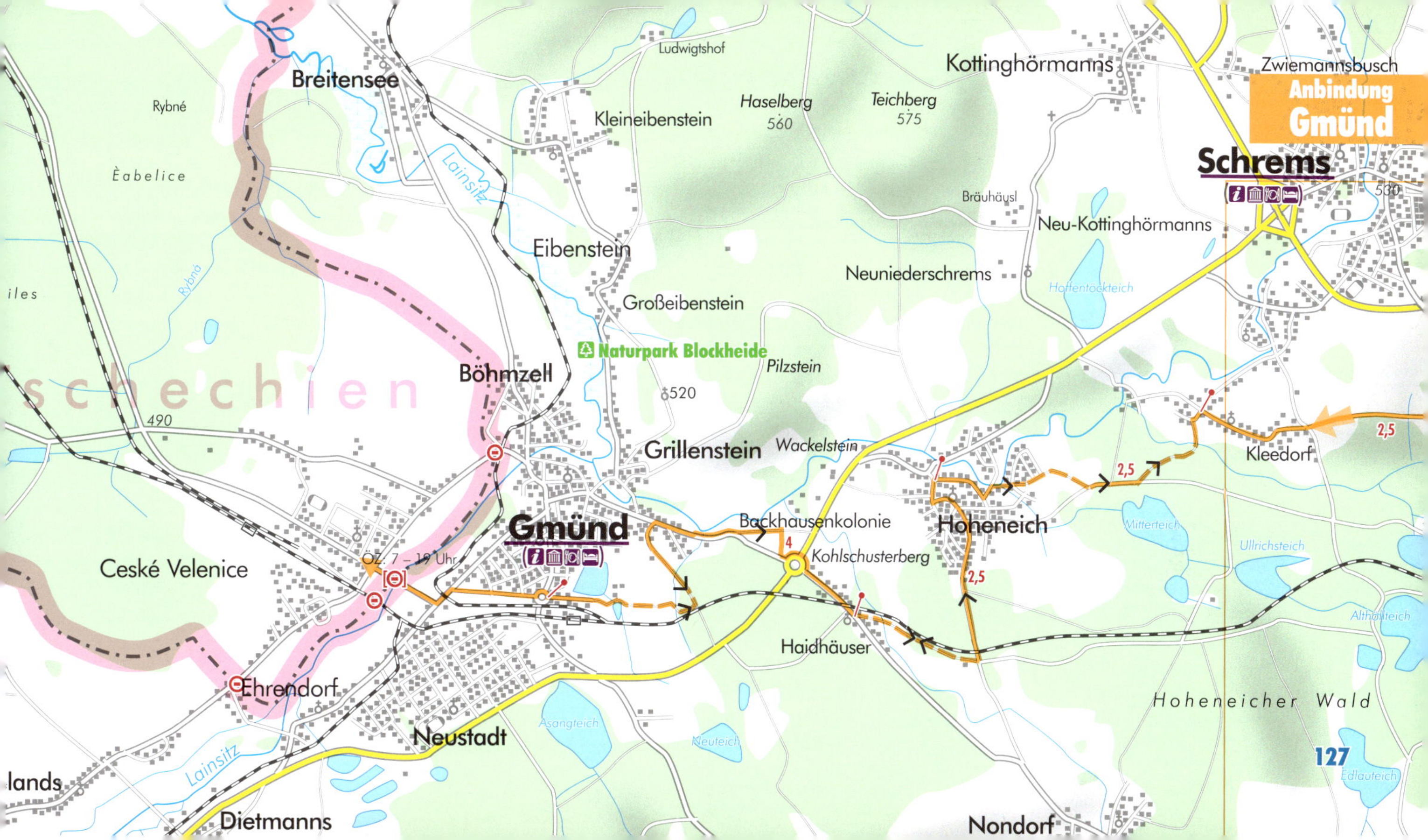
Anbindung Gmünd
Breitensee
Rybné
Èabelice
Ludwigtshof
Kleineibenstein
Haselberg 560
Teichberg 575
Kottinghörmanns
Zwiemannsbusch
Schrems
530
Bräuhäusl
Neu-Kottinghörmanns
Lainsitz
Eibenstein
Neuniederschrems
Hoffentöckteich
Rybná
iles
Großeibenstein
Naturpark Blockheide
Pilzstein
Böhmzell
520
schechien
490
Grillenstein
Wackelstein
Kleedorf
2,5
Gmünd
Backhausenkolonie
Hoheneich
4
Kohlschusterberg
Mitterteich
Ullrichsteich
ÖZ: 7 – 19 Uhr
Ceské Velenice
2,5
Haidhäuser
Altholteich
Ehrendorf
Hoheneicher Wald
Asangteich
Neuteich
Neustadt
Lainsitz
lands
Dietmanns
Nondorf
Edlauteich

bel, Teppichen, Waldviertelsouvenirs aus eigener Erzeugung. Texte, Fotos, Pläne, Modelle ergänzen die Präsentation. Viele Sonderausstellungen und Workshops.

Pfarrkirche (1872), in neuromanischem Stil erbaut, 1876 zu Ehren der Himmelfahrt Mariens geweiht. Sehenswert der Hochaltar (1720), Taufstein und Weihwasserbecken, die Deckenbilder von Franz Mairhofer (1906).

Schloss Schrems, 1635 aus einem alten Meierhof erbaut, nach einem Brand 1777 neu errichtet und öfter renoviert, Ecktürme und Balkone erhielt es 1890. Bis 1928 Herrensitz und bis 1930 in Privatbesitz. Heute ist das Gebäude eine Landesberufsschule. Im Schlosshof werden im Sommer Konzerte abgehalten.

Hauptplatz mit Felixbrunnen (1848), Metzen (aus dem 14. Jh., der als Taufbecken diente), Stuhl aus Granit, der Stele (Steine der Heimat) und dem Obelisk (1898).

Stadtpark mit dem geheimnisvollen Gewölbe aus Stein, dem Tumulus, vermutlich eine ehemalige Grab- bzw. Kultstätte und den Dolmen, 2 große waagrechte Steinplatten auf 2 stehenden Felsen.

Naturpark Hochmoor Schrems, Auskunft: ✆ 77454-21 ÖZ Aussichtsplattform „Himmelsleiter": 15. Juni-15. Sept., Sa, So/Fei 10-20 Uhr, sonst 10-18 Uhr (bei Schlechtwetter geschlossen). Mit rund 300 ha ist das Torfmoor das größte in Niederösterreich, 119 ha davon sind Naturschutzgebiet. Sie können hier die Rückeroberung der einstigen Torfstiche durch die Natur hautnah miterleben. Besondere Einblicke garantiert die 19 m hohe „Himmelsleiter" des Wiener Architekten Manfred Rapf.

Auf der Hauptroute am Gemeinschaftshaus in Kleedorf links vorbei ~ nach den letzten Häusern geht die Asphaltstraße in einen Schotterweg über ~ an einem Bildstock vorbei ~ an der folgenden Kreuzung links abbiegen, ab hier weiter auf Asphalt ~ über eine kleine Holzbrücke den Bach überqueren ~ kurz darauf folgt eine Rechtskurve ~ nach der Brücke wechselt der Bodenbelag wieder auf Schotter ~ links vom Bach entlang ~ bei der nächsten Kreuzung rechts abbiegen ~ der breiteren Asphaltstraße leicht bergab folgen ~ links an einem Parkplatz vorbei ~ kurz darauf rechts abbiegen und auf der schmalen Schotterstraße weiterfahren ~ ab dem Ortsgebiet von **Hoheneich** auf Asphalt weiter.

Hoheneich

Von Hoheneich nach Gmünd — 5 km

Den **Hoffeldweg** entlang ~ an der folgenden Kreuzung geradeaus weiter ~ links an einem Marterl vorbei ~ einen Bach überqueren ~ rechts in den **Färberweg** einbiegen ~ immer knapp am Bach entlang ~ beim Spiegel links in die Vorfahrtsstraße einbiegen ~ beim Wegweiser Richtung Kirchberg am Walde und Nondorf links abbiegen in Richtung Ortszentrum ~ berauf zur Kirche ~ am Gemeindeamt vorbei ~ der **Bahnstraße** entlang ~ Hoheneich verlassen und leicht bergab in den Wald hinein ~ den Bahnübergang überqueren ~ unmittelbar danach rechts in den schmalen Schotterweg einbiegen ~ der Bahnlinie entlang ~ leicht wellig dahin ~ am Wald entlang ~ danach zu einem Steg mit Rad- und Fußweg ~ an den ersten Häusern von **Haid** vorbei ~ an der Vorfahrtsstraße rechts abbiegen und dem Radschild 73 folgen ~ kurz darauf über den Bahnübergang ~ den Ort verlassen und bis zum Kreisverkehr fahren ~ dort geradeaus weiter und dem Schild Gmünd Ost und Blockheidezentrum folgen ~ knapp nach dem Kreisverkehr rechts abbiegen und auf Schotter weiterfahren ~ beim kommenden Vorrang-geben-Schild links abbiegen ~ nun auf einer schmalen Asphaltstraße weiter ~ an der darauffolgenden Kreuzung rechts in den Rad- und Fußweg abbiegen.

Rechts der Straße und links des Flusses entlang ~ einen kleinen Betonsteg überqueren ~ der Rad- und Fußweg endet kurz darauf ~ links auf die Straße abbiegen ~ beim Wegweiser zum Vermessungsamt links ~ die **Schöggl Gasse** entlangfahren ~ diese mündet in einen Schotterweg ~ einen Bach überqueren ~ in den Wald hinein

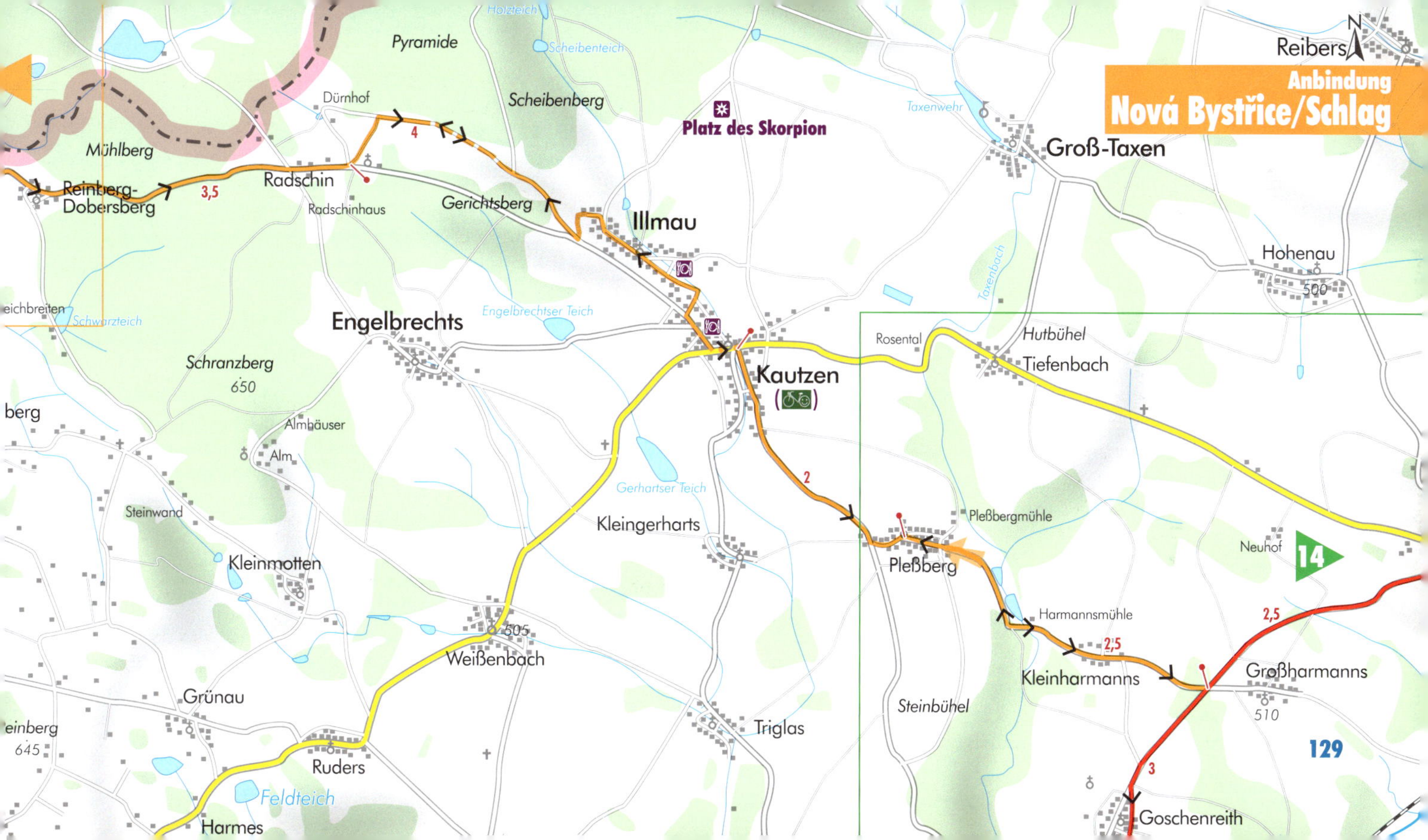
Anbindung
Nová Bystřice/Schlag
Reibers
Holzteich
Pyramide
Scheibenteich
Dürnhof
Scheibenberg
Platz des Skorpion
Taxenwehr
Groß-Taxen
Mühlberg
4
Reinberg-Dobersberg
3,5
Radschin
Radschinhaus
Gerichtsberg
Illmau
Hohenau
Taxenbach
500
eichbreiten
Schwarzteich
Engelbrechts
Engelbrechtser Teich
Rosental
Hutbühel
Tiefenbach
Schranzberg
650
Kautzen
berg
Almhäuser
Alm
Gerhartser Teich
2
Steinwand
Kleingerharts
Pleßbergmühle
Neuhof
14
Kleinmotten
Pleßberg
Harmannsmühle
505
2,5
Weißenbach
Kleinharmanns
Großharmanns
Grünau
Steinbühel
510
einberg
645
Triglas
Ruders
3
Feldteich
Harmes
Goschenreith

~ leicht bergauf ~ bis zur Bahnlinie vorfahren ~ rechts der Gleise entlang ~ bergab bis zu einem Spiegel ~ geradeaus weiter ~ kurz darauf durch eine Rechtskurve ~ eine kleine Brücke überqueren ~ an einem Teich vorbei ~ der Schotterweg mündet schließlich in einen Parkplatz ~ diesen überqueren und geradeaus weiter bis zum Kreisverkehr ~ dort links zum Bahnhof abbiegen.

Gmünd

PLZ: 3950; Vorwahl: 02852

- **Stadtgemeinde**, Schremser Str. 6, ✆ 52506-38 od. 40
- **Tourismusbüro**, Stadtpl. 34, ✆ 52506-38 od. 20
- **Glas- und Steinmuseum**, Stadtpl. 34, ✆ 52506-38, ÖZ: Mai-Sept., Mo-Fr 9-12 Uhr und 13-17 Uhr, Sa, So/Fei 9-12 Uhr
- **Naturpark Blockheide**, Eibenstein-Gmünd, ✆ 52506-38, ganzjährig frei zugänglich

Anbindung nach Nová Bystřice 28,5 km

Tipp: Diese Anbindung ist durchgehend mit den Schildern Nr. 8 versehen und trifft in Nová Bystřice auf den "Greenways Prag - Wien".

Von Kleinharmanns nach Leopoldsdorf 16 km

Dem Radschild Nr. 8 folgen und links beim Marterl abbiegen ~ zunächst durch den dichten Nadelwald ~ kurz darauf den Wald verlassen und leicht bergab weiter ~ nach **Kleinharmanns** hineinfahren ~ den Ort bergab durchqueren ~ links an der Harmannsmühle vorbei ~ danach eine kleine Brücke überqueren ~ kurz darauf folgt eine Steigung in den Wald hinein ~ das Ortsschild von **Pleßberg** passieren ~ bergauf durch den Ort weiter ~ der Asphalt ist stellenweise in einem etwas schlechteren Zustand ~ bis zur Vorfahrtsstraße und beim Spiegel rechts abbiegen ~ weiterhin dem Schild Nr. 8 folgen und Pleßberg verlassen ~ beim rosa Trafohäuschen vorbei und nach **Kautzen** hineinfahren.

Kautzen

An den beiden Schulen und am Gemeindeamt vorbei ~ beim Brunnen vor der Kirche links Richtung Weißenbach und Heidenreichstein ~ unmittelbar danach bei der Post rechts abbiegen ~ bergauf weiter und am Gasthaus vorbei ~ links am Friedhof entlang ~ an dessen Ende rechts Richtung Gashof Harrer in die **Schwemmgasse** einbiegen ~ kurz darauf in den Ortsteil **Illmau** hinein ~ knapp am Bach entlang ~ diesen schließlich überqueren und links den Gasthof Harrer passieren ~ nach dem Gasthaus links abbiegen Richtung Kneippweg ~ rechts am Feuerwehrhaus Illmau vorbei und kurz darauf die Kapelle passieren ~ leicht bergauf weiter ~ beim kleinen Teich den mittleren Weg einschlagen und geradeaus weiterfahren ~ kurz darauf wieder an einem Teich vorbei und danach links bei einem Lagerplatz abbiegen ~ am gelben Haus vorbei und Kautzen verlassen

~ an der folgenden Kreuzung rechts abbiegen, also nicht bis zum Kreuz vorfahren ~ geradeaus weiterfahren und den rechts abzweigenden Weg zur Staatsgrenze nicht beachten ~ kurz darauf mündet die Asphaltstraße in eine breite Schotterstraße ~ nach einem kurzen Stück wechselt der Bodenbelag wieder auf Asphalt ~ an der kommenden Weggabelung links dem Grenzlandweg Nr. 8 weiterfolgen ~ bei der nächsten Kreuzung rechts an einem Kreuz vorbei und erst bei der zweiten Möglichkeit neben dem Donaustein rechts abbiegen ~ durch den Ort **Radschin** ~ danach durch einen Wald flach dahin ~ der Radweg bewegt sich hier parallel zur Grenze

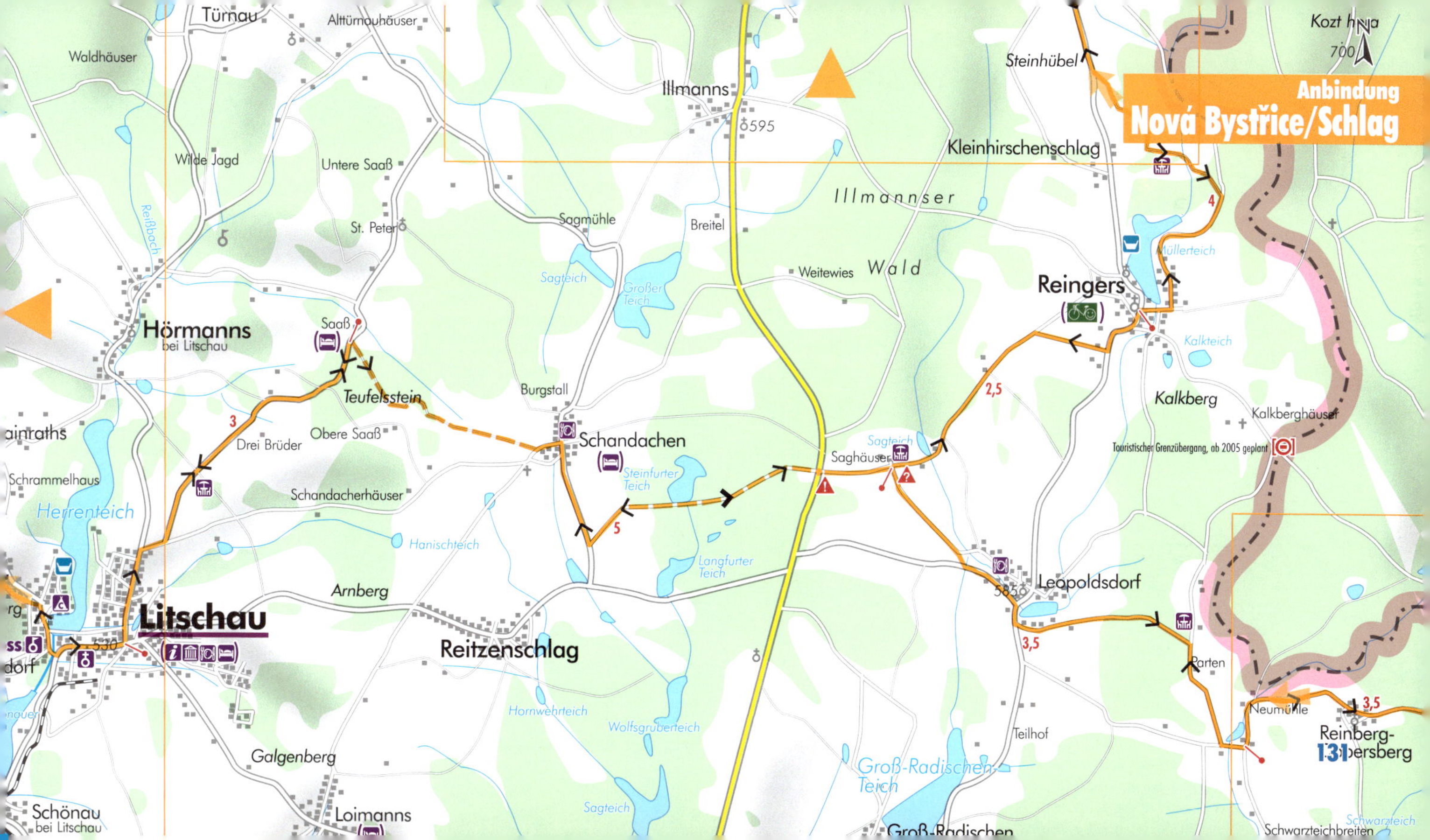

Türnau
Alttürnauhäuser
Waldhäuser
Illmanns
595
Steinhübel
Kozt hana
700
Anbindung
Nová Bystřice/Schlag
Wilde Jagd
Untere Saaß
Kleinhirschenschlag
Illmannser
Wald
Reißbach
St. Peter
Sagmühle
Breitel
Müllerteich
4
Sagteich
Großer Teich
Weitewies
Reingers
Hörmanns
bei Litschau
Saaß
Kalkteich
Teufelsstein
Burgstall
2,5
Kalkberg
3
Kalkberghäuser
Drei Brüder
Obere Saaß
Schandachen
Sagteich
Saghäuser
Touristischer Grenzübergang, ab 2005 geplant
Schrammelhaus
Steinfurter Teich
Schandacherhäuser
Herrenteich
5
Hanischteich
Langfurter Teich
Leopoldsdorf
585
Arnberg
Litschau
530
3,5
Reitzenschlag
Parten
Neumühle
3,5
Reinberg-Dobersberg
Hornwehrteich
Wolfsgruberteich
Teilhof
Galgenberg
Groß-Radischen-Teich
Sagteich
Schönau
bei Litschau
Loimanns
Groß-Radischen
Schwarzteich
Schwarzteichbreiten

~ bergab in den Ort **Reinberg-Dobersberg** hineinfahren ~ weiterhin bergab durch die Ortschaft ~ rechts an der Kapelle und kurz darauf am Löschteich vorbei ~ an einem kleinen See vorbei ~ an der folgenden Kreuzung rechts Richtung Leopoldsdorf abbiegen ~ noch ein kurzes Stück am Teich entlang ~ beim Kreuz rechts in den Güterweg Parten abbiegen ~ an einem Hof vorbei ~ durch die Felder flach dahin ~ bei einem kleinen Kreuz in den Nadelwald hinein ~ an der folgenden Weggabelung vor einem kleinen Rastplatz links abbiegen ~ anschließend leicht bergab durch den dichten Nadelwald ~ nach **Leopoldsdorf** hineinfahren und bei der Vorfahrtsstraße rechts abbiegen.

Leopoldsdorf

Am See vorbei ~ kurz nach dem Ortsende über eine kleine Brücke ~ beim Baum rechts abbiegen und gleich darauf links abzweigen ~ dem schmalen Güterweg folgen ~ einen kleinen Teich passieren ~ ⚠ An der kommenden Kreuzung teilt sich der Radweg!

Von Leopoldsdorf nach Nová Bystřice 12,5 km

Geradeaus weiter dem Radweg Nr. 8 folgen ~ vor den **Saghäusern** rechts abbiegen ~ den Rastplatz am Teich passieren ~ leicht bergauf am Waldrand entlang ~ ein kurzes Stück durch den Wald ~ links an einer Scheune vorbei ~ an einem Sendemast vorbei ~ bei der folgenden Kreuzung rechts weiter ~ leicht bergab ~ an der kommenden Kreuzung links abbiegen und ins Ortsgebiet von **Reingers** fahren.

Reingers

Unmittelbar danach links abbiegen ~ an der Kirche vorbei ~ den Gasthof samt Kaufhaus passieren ~ vor der Heimatstube rechts abbiegen ~ durch die Siedlung ~ links an der Feuerwehr vorbei ~ rechts an einem Teich vorbei ~ beim Spiegel links

Richtung Freizeitzentrum ~ bei einer Laterne rechts abbiegen ~ am Teich entlang ~ am Freizeitzentrum rechts vorbei und den Ort verlassen ~ rechts am Tennisplatz vorbei ~ am Campingplatz entlang ~ eine Linkskurve und in den Wald hinein ~ an der Weggabelung den Mountainbikeschildern nach links folgen ~ bergab durch den Wald ~ eine Brücke überqueren ~ ab der Brücke wieder das Schild mit der Nr. 8 ~ rechts an einem Rastplatz vorbei ~ leicht bergab ~ am Waldrand entlang ~ an der Vorfahrtstraße rechts abbiegen ~ das Ortsschild von **Hirschenschlag** passieren.

Hirschenschlag

Dem Straßenverlauf weiter folgen ~ zwischen dem Gasthaus und der Feuerwehr durch ~ an der Kapelle und kurz darauf am Teich vorbei ~ beim gelben Haus links Richtung Grametten abbiegen ~ leicht bergauf ~ in den Nadelwald hinein ~ leicht bergab ~ den Wald verlassen ~ in das Siedlungsgebiet ~ an einem Teich vorbei ~ an der folgenden Kreuzung rechts in einen asphaltierten Radweg abbiegen, der parallel zur B 5 verläuft ~ bis zum **Zollamt Grametten** vorfahren ~ die Staatgrenze passieren ~ der Radweg endet zuvor ~ auf der Allee bergab weiter ~ am Teich entlang ~ leicht bergauf ~ nach Nová Bystrice hineinfahren.

Nová Bystřice

Kurz nach dem Ortseingang nach einer Linkskurve besteht die Möglichkeit rechts zum Bahnhof

abzubiegen ~ der Durchfahrtsstraße folgend gelangt man zum Hauptplatz.

Tipp: Ab hier teilt sich der Radweg. Folgen Sie den Schildern mit der Nr. 701 zum Grenzübergang Schlag. In Chlum u Třeboně treffen Sie auf den Radweg „Česko-rakouská príhřaniční", dem Tschechisch-Österreichischen Radweg.

Von Leopoldsdorf nach Schlag 12 km

An der Kreuzung vor den **Saghäusern** links abbiegen und der Route 701 Richtung Litschau bzw. Schlag folgen ~ der schmalen Asphaltstraße durch die Felder folgen ~ bis zur Vorfahrtsstraße, diese überqueren ~ dem Schotterweg in den Wald folgen ~ bergab durch den dichten Nadelwald ~ kurz vor dem See wechselt der Bodenbelag auf Asphalt ~ leicht bergauf ~ den Wald verlassen ~ an der folgenden Kreuzung im spitzen Winkel rechts abbiegen ~ dem Schild der Route 701 weiter leicht bergauf folgen ~ nach **Schandachen** hineinfahren.

Schandachen

Am Löschteich vorbei ~ an der Kreuzung vor dem gelben Haus beim Spiegel links abbiegen ~ bis zur Vorfahrtsstraße vorfahren und geradeaus weiter ~ Schandachen verlassen ~ kurz nach der Ortsausgangstafel rechts und sofort links weiter ~ auf dem Schotterweg durch ein kurzes Waldstück ~ leicht bergab ~ nach einer S-Kurve rechts abbiegen ~ in einiger Entfernung zum Waldrand weiterfahren ~ an einer Hütte vorbei ~ erneut durch ein kurzes Waldstück ~ danach endet die Schotterstraße ~ links in den schmalen Asphaltweg abbiegen ~ wieder durch ein Waldgebiet ~ links an einem Kreuz vorbei ~ bergab weiter ~ an einem kleinen Rastplatz vorbei ~ an der Vorfahrtsstraße rechts abbiegen ~ das Ortsschild von Litschau passieren.

Beim Vorrang-geben-Schild links in die **Hörmannserstraße** abbiegen ~ am See vorbei ~ am Supermarkt vorbei ~ danach rechts abbiegen Richtung Gmünd und Schönau ~ die **Wienerstraße** entlang.

Litschau

PLZ: 3874; Vorwahl: 02865

- **Gästeservice**, Stadtpl. 17, ✆ 5383
- **Heimatmuseum**, Stadtpl. 63, ✆ 5385, ÖZ: Juni-Sept., Sa, So 10-12 Uhr, Juli, Aug. zusätzlich Mi 15-17 Uhr u. n. V.
- **Galerie**, Stadtpl. 20
- **Pfarrkirche**, Stadtplatz, ✆ 345. Spätgotische 3-schiffige Hallenkirche (14. u. 15. Jh., 1685 barockisiert) mit Wandmalereien
- **Schloss Litschau** (nicht zu besichtigen)
- **Hauptplatz** gesäumt von **Waldviertler Ackerbürgerhäusern** aus dem 19. Jh., **Stadtmauer** mit **Stadttor** (1685), **Pranger** (1688)
- **Strandbad am Herrensee**, Strandbadstr. 19
- **Hallenbad** mit Sauna, Solarien, Infrarotkabinen
- **AVIA Station**, Bahnhofstr. 4, ✆ 5003
- **Rogner Hoteldorf Königsleiten**, Buchenstr. 1, ✆ 5393
- **AVIA Station**, Bahnhofstr. 4, ✆ 5003
- **Miedler KFZ-Technik**, Industriestr. 15, ✆ 5696

Den Stadtplatz überqueren und vor der Kirche rechts abbiegen ~ die Kirche passieren ~ diese Straße ist durch einen Parkplatz geteilt ~ bergab weiter ~ beim Gasthaus Kaufmann rechts in die Vorfahrtsstraße einbiegen ~ beim Elektrogeschäft Heissenberger vorbei ~ über die Brücke ~ unmittelbar danach rechts in die **Schläger-Straße** abbiegen ~ am Herrenteich vorbei ~ bergauf weiter ~ links in die **Brunngasse** ~ danach rechts dem Schild 701 folgen ~ vor dem gelben Haus links abbiegen ~ auf der schmalen Asphaltstraße schließlich Litschau verlassen ~ bei der Vorfahrtsstraße links abbiegen ~ links am kleinen Teich vorbei ~ leicht bergab ~ durch eine kurze Allee ~ am Waldrand entlang ~ das Gefälle wird etwas steiler ~ in **Schlag** endet die Route 701.

Schlag

Übernachtungsverzeichnis

RADTOUREN IN ÖSTERREICH
MITGLIEDSBETRIEB

Übernachtung für eine Nacht ohne Aufpreis · Radliteratur · Top-Infos · Vermittlung des nächsten Quartiers · Parkplatz für die Dauer der Radtour · verschließbarer Radabstellraum · Trockenraum für Fahrradkleidung · Reparaturservice · Radlerfreundliche Kost und Getränke · 5-Euro-Gutschein aus „Radtouren in Österreich" einlösbar · weitere Zusatzleistungen

Alle Betriebe, alle Zusatzleistungen, 4 x 5-Euro-Gutscheine und viele weitere Radtouren im Gesamtkatalog „Radtouren in Österreich": **Jetzt anfordern!**

i Radtouren in Österreich
C/O Oberösterreich Tourismus
A-4041 Linz, Freistädter Str. 119
Tel. (0) 732/22 10 22
Fax (0) 732/60 02 22-333
e-mail: info@oberoesterreich.at
www.radtouren.at

Urlaubs-spezialisten Österreich

Im Folgenden sind Hotels (H, Hg), Gasthöfe (Gh), Pensionen (P) und private Unterkünfte (Pz), aber auch Jugendherbergen () und Campingplätze () der meisten Orte entlang des Radweges angeführt. Die Orte sind nicht in alphabetischer Reihenfolge, sondern analog zur Streckenführung aufgelistet.

Das Verzeichnis erhebt keinen Anspruch auf Vollständigkeit und stellt keine Empfehlung der einzelnen Betriebe dar.

Die römische Zahl (I–VI) nach der Telefonnummer gibt die Preisgruppe des betreffenden Betriebes an. Folgende Unterteilung liegt der Zuordnung zugrunde:

I	unter € 15,–	
II	€ 15,– bis	€ 23,–
III	€ 23,– bis	€ 30,–
IV	€ 30,– bis	€ 35,–
V	€ 35,– bis	€ 50,–
VI	über € 50,–	

Die Preisgruppen beziehen sich auf den Preis pro Person in einem Doppelzimmer mit Dusche oder Bad incl. Frühstück. Übernachtungsbetriebe mit Zimmern ohne Bad oder Dusche, aber mit Etagenbad, sind durch das Symbol nach der Preisgruppe gekennzeichnet.

Da wir das Verzeichnis stets erweitern, sind wir für Ihre Anregungen dankbar. Die einfache Eintragung erfolgt für die Betriebe natürlich kostenfrei.

Besonders RADfreundliche Betriebe sind mit dem Symbol gekennzeichnet.

Altenwörth

PLZ: 3474; Vorwahl: 02279
Gh Donaugasthof Dörr KEG, Donaustr. 2-4, ✆ 29788, III

Grafenwörth

PLZ: 3484; Vorwahl: 02738
H Weinhof, Pfarrpl. 4, ✆ 2829,
Pz Mares, Kremserstr.19, ✆ 3236, II
Pz Schwarzinger, Kremserstr. 15, ✆ 2707, II-III

Schloss Grafenegg

PLZ: 3485; Vorwahl: 02735
H Schloss Grafenegg, Grafenegg 12, ✆ 26160

Krems

PLZ: 3500; Vorwahl: 02732
i Austropa Verkehrsbüro, Undstr. 6, ✆ 82676
H Donauhotel Krems, E. Hofbauerstr. 19, ✆ 87565-0, V
H Alte Post, Ob. Landstr. 32, ✆ 82276, III-IV
P Weingut-Heuriger Zöhrer, Sandgrube 1, ✆ 83191, III-IV
P „Schwarzes Rößl", Langenloiser Str. 7, ✆ 82192, IV

P Kolping-Gästehaus, Ringstr. 46, ✆ 83541, III
P „Kremsleithenhof", Kraxenweg 15, ✆ 85671, II-III
P Hietzgern, Unt. Landstraße 53, ✆ 76184, II
Gh „Zum goldenen Engel", Wiener Str. 41, ✆ 82067, IV
Gh-Weinkellerei Jell, Hoher Markt 8-9, ✆ 82345, III
Gh „Unter den Linden", Schillerstr. 5, ✆ 82115, III-IV
Gh Zur Wiener Brücke, Wiener Str. 2, ✆ 82143, III
Gh Kaiser, Landersdorfer Str. 34, ✆ 83265, II-III
Pz Andre, Ob. Landstr. 24, ✆ 78900, II
Jugendherberge Krems, Ringstr. 77, ✆ 83452 od. 02622/64210, 1. Apr. bis 31. Okt.
Campingplatz, Parz 1489-13, ✆ 84455

Gobelsburg

PLZ: 3550; Vorwahl: 02734
Pz Blumberger, Schlossstr. 40, ✆ 2856, II

Langenlois

PLZ: 3550; Vorwahl: 02734
Tourismus-Informationsbüro, Kamptalstr. 3, ✆ 20000
H Schloss Haindorf, Krumpöckallee 21, ✆ 2693, III
P Am Rosenhügel, Am Rosenhügel 4, ✆ 2848, III
Gh Langenloiser Hof, Kornplatz 2, ✆ 2475, III-IV
Pz Hansy-Haus, Kremser Str. 17, ✆ 2796, II
Pz Klinglhuber, Winzerweg 10, ✆ 2250, II
Pz Traxler, Gföhler Str. 17, ✆ 2090, II
Pz Weingartner, Bahnstr. 1, ✆ 2420, II
Pz Krottenthaler, Loistalstr. 8, ✆ 3549, I-II
Fw Kroneder, Gföhler Str. 28, ✆ 3617, II
Fw Traxler, Weraingraben 2, ✆ 4110, II

Mittelberg:

Bh Gruber, Mittelberg 42, ✆ 4575, II
Bh Gruber, Urlaub beim Winzer, Mittelberg 44, ✆ 3924, II

Schönberg am Kamp

PLZ: 3562; Vorwahl: 02733
Alte Schmiede, Hauptstr. 36, ✆ 76476
Pz Neuninger, Hauptstr. 13 A, ✆ 78044
P Haus Maria, Stiefernerstr. 15, ✆ 8395

Gars am Kamp

PLZ: 3571; Vorwahl: 02985
Gemeindeamt, Hauptplatz 82, ✆ 2225 od. ✆ 2100
H Bio-Trainingszentrum Gars, Hauptpl. 58, ✆ 2666, VI
H Willi Dungl Aktiv Hotel, Kremser Str. 656, ✆ 30100, VI

P Waldpension Mück, Wozniczakgasse 118, ✆ 2365, III
Pz Pointner, Apoigerstr. 594, ✆ 2407, II
Pz Winglhofer, Hauptplatz 86, ✆ 2294, II

Rosenburg

PLZ: 3573; Vorwahl: 02982
Gemeindeamt, Rosenburg 25, ✆ 2917
H Landgasthof Mann, Rosenburg 51, ✆ 2915, III-IV
Gh Schlossgasthof Rosenburg, Rosenburg 2, ✆ 30577, VI
Pz Vogelhuber, Rosenburg 38, ✆ 37352, II

Fuglau

PLZ: 3591; Vorwahl: 02989
Gh Goldener Adler, Nr. 53, ✆ 8262

Altpölla

Gh Speneder, Altpölla 28, ✆ 6280, II

Frauenhofen

Pz Starnberger, Horner Str. 5, ✆ 3261, II

Horn

PLZ: 3580; Vorwahl: 02982
Touristinformation, Wiener Str. 4, ✆ 23721
H Zum Weissen Rössel, Hauptplatz 16, ✆ 2398, III
Gh Zur Stadt Horn, Hamerlingstr. 17, ✆ 2257, III

Pernegg

PLZ: 3753; Vorwahl: 02913
H Kloster Pernegg Fastenzentrum, Pernegg 1, ✆ 6140

Geras

PLZ: 2093; Vorwahl: 02912
Stadtgemeinde, Hauptstr. 16, ✆ 7050
H Alter Schüttkasten, Vorstadt 11, ✆ 332, V
H Elite, Hauptstr. 18, ✆ 2210, III
Gh Meierhof, im Gutshof des Stiftes, Bahnstr. 10, ✆ 332, II
Pz Tiller, Retzer Str. 7, ✆ 247
Bh Weißkircher, Fugnitz 15, ✆ 6203, I
Geras Edlersee, An der B4, ✆ 7050

Langau

PLZ: 2091; Vorwahl: 02912
Gemeindeamt, Langau 103, ✆ 401
Gh Zur Alten Post, Nr. 105, ✆ 402
Seecamping, Langau 303, ✆ 6311

Krumau am Kamp

PLZ: 3543; Vorwahl: 02731
Marktgemeinde, Krumau am Kamp 2, ✆ 8230
Gh Zum braunen Hirschen, Krumau/Kamp 20, ✆ 8226, II
Campingplatz am Stausee, ✆ 8270

Rastenfeld-Ottenstein

PLZ: 3532; Vorwahl: 02826
Marktgemeinde, Rastenfeld 30, ✆ 289
H Ottenstein, Peygarten-Ottenstein 60, ✆ 251, V
Gh Gamerith, Mottingeramt 41, ✆ 440, III
Gh Peygartnerhof, Peygarten-Ottenstein 8, ✆ 220, II
Gh Ottensteinerhof-Waldblick, Peygarten-Ottenstein 38, ✆ 264, II
Gh Zum guten Tropfen, Rastenberg 18, ✆ 227, II
Seecamping, ✆ 416
Campingplatz Lichtenfels, ✆ 7492
Campingplatz Dobra am Stausee Dobra, ✆ 02988/20057 od. 0676/4971985

riedersbach
LZ: 3533; Vorwahl: 02822
Landidyll-Hotel Schweighofer, ✆ 775110, V
h Rauch, Eschabruck 11, ✆ 02826/444, II
Edelmaier, Friedersbach 19, ✆ 76370, I-II
z Führer, Friedersbach 57, ✆ 76496, I

wettl
LZ: 3910; Vorwahl: 02822
Tourist-Info, Hauptpl. 4, ✆ 503-129
Bergwirt, Moidrams 1, ✆ 52803, IV
h Schön, Landstr. 54, ✆ 52547, III
h Dichter Hamerling, Galgenbergstr. 3, ✆ 52344, III
h Zum goldenen Hirschen, Landstr. 49, ✆ 52373, III
Reinhard Todt, Landstr. 15, ✆ 52410, II

Pz Zum weißen Kreuz, Landstr. 37, ✆ 52224, II
Fw Tüchler, Galgenbergstr. 10, ✆ 54783

Arbesbach
PLZ: 3925; Vorwahl: 02813
Gemeindeamt,Arbesbach 35 ✆ 213
Gh Kerschbaummayr, Linzer Str. 6, ✆ 230, II
Pz Huber, Kamp 25, ✆ 7290, II

Echsenbach
PLZ: 3903; Vorwahl: 02849
Gemeindeamt, Bachzeile 4, ✆ 8218
Fw Hartl, Im Graben 6, ✆ 02841/8252
Fw Gasselseder, Am Spitz 8, ✆ 3130

Vitis
PLZ: 3902; Vorwahl: 02841
Gemeindeamt, Hauptpl. 16, ✆ 8214 0
Gh Pichler, Schremser Str. 9, ✆ 8264
Gh Kainz, Hauptplatz 24, ✆ 8949

Hoheneich
PLZ: 3945; Vorwahl: 02852
Gemeindeamt, Marktplatz 91, ✆ 52664
H Leonardo, Nondorf 110, ✆ 500, VI
H Sport und Freizeit, Friedhofstr. 364, ✆ 529320 od ✆ 54987, III
Pz Aschauer, Friedhofstr. 270, ✆ 30484, I-II

Schrems
PLZ: 3943; Vorwahl: 02853
Stadtgemeinde, Hauptplatz 19, ✆ 77454
Gh Schönauer, Schulgasse 12, ✆ 77291, IV

Gmünd
PLZ: 3950; Vorwahl: 02852
Gemeindeamt, Schremser Str. 6, ✆ 52506
H Goldener Stern, Stadtpl. 15, ✆ 54545, V-VI
Gh Zum Meridianstein, Schremser Str. 40, ✆ 52343, III
Gh Pauser, Bahnhofstr. 44, ✆ 53860, III
Gh Weber, Lagerstr. 63, ✆ 52769, II
Gh Schachner, Albrechtser Str. 1, ✆ 52160, IV
Gh Hackl, Schubertplatz 11, ✆ 52620, II
Pz Haus Fuchsteich, Schögglg. 6, ✆ 54699, II
Pz Wallner, Grosseibensteiner Str. 11, ✆ 54383, II
Pz Steininger, Emmerich-Bergush. 34, ✆ 51764, I-II

Schwarzenau
PLZ: 3900; Vorwahl: 02849
Gemeindeamt, Waidhofner Str. 2 ✆ 2247
Pz Ruthner, Bundesstr. 31, ✆ 2935, I
Pz Weißensteiner, Almstr. 6, ✆ 2547, I
Pz Zeindl, Bundesstr. 21, ✆ 2548, I
Pz Neuwirth, Bundesstr. 23, ✆ 2214, II

Waidhofen an der Thaya
PLZ: 3830; Vorwahl: 02842
Gemeindeamt, Hauptplatz 1, ✆ 5030
H Thayatal Hotel, Am Golfplatz 1, ✆ 5020, VI
Gh Stadler, Altwaidhofen 4, ✆ 52153, I-II
Gh Zur Kirchenwirtin, Schlossergasse 12, ✆ 54550, II
P Weber, Bahnhofstr. 25, ✆ 52552, II
Pz Bauer, Bahnhofstr. 25, ✆ 53970, II
Jugendgästehaus Kulturschlössl, Gymnasiumstr. 3, ✆ 5030

Thaya
PLZ: 3842; Vorwahl: 02842
Gemeindeamt, Hauptpl. 32 ✆ 52663
Gh Haidl, Bahnhofstr. 2, ✆ 52668, II
Pz Kibitzhöhe, Kibitzhöfe 4, ✆ 53398, II

Kautzen
PLZ: 3851; Vorwahl: 02864
Gemeindeamt, Waidhofener Str. 14 ✆ 2241
Pz Perzi, Waidhofnerstr. 21, ✆ 2980

Reingers
PLZ: 3863; Vorwahl: 02863
Gemeindeamt, ✆ 8208
Haarstubencampingplatz, Nr. 4, ✆ 8208

Dobersberg
PLZ: 3843; Vorwahl: 02843
Gemeindeamt, Schlossgasse 1, ✆ 23320
Gh Dobersbergerhof, Karlsteinerstr. 13, ✆ 2544, III
Pz Burian, Hauptplatz 7, ✆ 26655, I
Pz Strobl, Raiffeisenstr. 4, ✆ 2430, I

Schandachen
PLZ: 3874; Vorwahl: 02865
Gh Oppolzer, Schandachen 4, ✆ 252, II
Bh Habisohn, Schandachen 15, ✆ 484, I

Litschau
PLZ: 3874; Vorwahl: 02865
Gästeservice Litschau, Stadtpl. 17, ✆ 5385
H Rogner Hoteldorf Königsleitn, Buchenstr. 1, ✆ 53930, VI
H Feriendorf Loimanns, Loimanns 76, ✆ 317, III
P Eigl, Stadtplatz 66, ✆ 363, III

Raabs an der Thaya
PLZ: 3820; Vorwahl: 02846
i Stadtgemeinde, Hauptstr. 25, ✆ 365
H Thaya, ✆ 202, III-IV
Gh Korherr, Hauptplatz 8, ✆ 245, II
P Schlossblick, Eduard Breit-Str. 7, ✆ 437 od. ✆ 238, II
Pz Korherr, Eduard Breit-Str. 4+6, ✆ 7410, II
Pz Schneider, Hauptplatz 10, ✆ 235, I excl. Frühstück
Bh Haslinger, Nonndorf 12, ✆ 348

Drosendorf
PLZ: 2095; Vorwahl: 02915
i Gemeindeamt, Hauptplatz 1, ✆ 2213
Hg Schneider, Hauptplatz 5, ✆ 2227, III
Gh Zum Goldenen Lamm, Hauptplatz 27, ✆ 2327, III-IV
Gh Zur Hammerschmiede, Altstadt 34, ✆ 2334, III
P Schloss Drosendorf, Schlossplatz 1, ✆ 23210, III
Bh Zoder, Autendorf 4, ✆ 2316
Bh Plessl, Zissersdorf 30, ✆ 2418
Campingplatz Drosendorf, Badstr. 27, ✆2285
Jugendherberge, Badstr. 25, ✆2257

Hardegg
PLZ: 2083; Vorwahl: 02949
i Gemeindeamt, Pleissing 2, ✆ 02948/8450
Gh Hammerschmiede, Vorstadt 8, ✆ 8263, II-III
Pz Gästehaus am Mühlbach, Hardegg 16, ✆ 8235, II
Pz Marschik, Merkersdorf 34, ✆ 2510, II
Bh Donnerbauer, Merkersdorf 8, ✆ 8230, II-III

Retz
PLZ: 2070; Vorwahl: 02942
i Tourismusinfo, Haupstr. 30, ✆2700
H Althof Retz, Althofg. 14, ✆ 3711-0, VI
Pz Löscher, Lange Zeile 50, ✆ 28344
P Zum weißen Löwen, Hauptpl. 16, ✆ 2418, III-V
P Annamaria, Fladnitzerstr. 125, ✆ 28533
Pz Andre, Znaimer Str. 20, ✆ 2187, I
Pz Dirl, Fladnitzer Str. 61, ✆ 28335
Pz Häusler, Kienaststr. 5, ✆ 2770, II
Pz Kurzreiter, Unternalber Str. 236, ✆ 2357, I
Pz Österreicher, Dr.-G.-Korner-G. 4, ✆ 28522, II
Pz Seher, Lange Zeile 42, ✆ 2508,
Pz Wiklicky, Znaimer Str. 2, ✆ 2348
Pz Wimmer, R.-Reschg. 4, ✆ 20052, ✆ 28825, II

Obernalb
PLZ: 2070; Vorwahl: 02942
Pz Klimek, Nr. 103, ✆ 3600
Bh Pöcher, Nr. 15, ✆ 20215

Kleinhöflein
PLZ: 2074; Vorwahl: 02942
Pz Fleischmann, Nr. 97, ✆ 20482

Jetzelsdorf
PLZ: 2053; Vorwahl: 02944
i Marktgemeinde Haugsdorf, Laaer Str. 12, ✆ 2218
Pz Studeny, Nr. 133, ✆ 2472, II
Pz Mokesch, Nr. 120, ✆ 2930, II
Pz Norbert Bauer, Nr. 180, ✆ 2565, III

Pfaffendorf
PLZ: 2052; Vorwahl: 02944
Pz Schmid (Café Dundler), Nr. 53, ✆ 8274

Alberndorf
PLZ: 2054; Vorwahl: 02944
i Gemeindeamt, Hauptstr. 97, ✆ 2333
Pz Weinwurm, Nr. 14, ✆ 2346

Haugsdorf
PLZ: 2054; Vorwahl: 02944
i Marktgemeinde Haugsdorf, Laaer Str. 12, ✆ 2218
Gh Schloss, Laaer Str. 10, ✆ 2200, III-IV
Pz Holy, Leopold Leuthnerstr. 4, ✆ 2959, II

Untermarkersdorf
PLZ: 2061; Vorwahl: 02943

Pz Spacil, Untermarkersdorf 24, ✆ 3131

Hadres
PLZ: 2061; Vorwahl: 02943
i Gemeindeamt, Hadres 367, ✆ 2303
Gh Maria-Theresien-Gasthof, Hadres 1, ✆ 2301, II-III
Pz Großmayer, Nr. 12, ✆ 6391

Wulzeshofen
PLZ: 2064; Vorwahl: 02527
P Bseth, Nr. 57-58, ✆ 203

Laa an der Thaya
PLZ: 2136; Vorwahl: 02522
i Tourismusverein Land um Laa, Stadtpl. 17, ✆ 2501 29
H Zum Brüdertor, Raiffeisenpl. 5, ✆ 8286, III-V
P Hanftahl-Hof, Hanfthal 278, ✆ 85055
P Seidl, Hanfthal 54, ✆ 7754, II
P Schliesselberger, Birkenweg 50, ✆ 7185
Pz Uhl, Hanfthal 254, ✆ 86553
Pz Villa Sonnenschein, Staatsbahnstr. 84, ✆ 0664/2349743
Pz Albrecht, Anton Brucknerstraße 40, ✆ 84102

Neudorf bei Staatz
PLZ: 2135; Vorwahl: 02532
Gh Zur Müllerstube, Nr. 274, ✆ 8470

Falkenstein
PLZ: 2162; Vorwahl: 02554
i Marktgemeinde Falkenstein, Falkenstein 60, ✆ 85340
P Czermak, Nr. 25, ✆ 85329

Stecher, Nr. 48, ✆ 85535, II
Weiss, Nr. 38, ✆ 85455
Richard Luckner, Herreng. 80, ✆ 85539, II
Jauk, Marktpl. 54, ✆ 85217, II

ützenhofen

Z: 2165; Vorwahl: 02554
Berg-Hahn, Nr. 13, ✆ 8150

errnbaumgarten

Z: 2171; Vorwahl: 02555
Marktgemeinde Herrnbaumgarten, Hauptstr. 50, ✆ 2200
Müller, Große Zeile 4, ✆ 2138,
Schmidt, Hauptstr. 54, ✆ 2267
Parth, Große Zeile 24, ✆ 2286, II
Bohrn, Hauptstr. 65, ✆ 2224, II

oysdorf

Z: 2170; Vorwahl: 02552
Stadtgemeinde Poysdorf, Josefspl. 2, ✆ 2200
Weinmarkt Poysdorf, Weinmarktpl. 1, ✆ 20371
Weinviertler Dreiländereck, Liechtensteinstr. 1, ✆ 20444
Zum schwarzen Rössl, Dreifaltigkeitspl. 11, ✆ 2340, III
Kolpinghaus, Kolpingstr. 7, ✆ 2409, II
Lewitsch, Brunng. 67, ✆ 2191, II
Thiem, Brünnerstr. 42, ✆ 20152, II
Schuckert, Erdberg, Europastr. 7, ✆ 2785, II
Wißmann, Bahnstr. 4, ✆ 2171
Ebenauer, Laaer Str. 5, ✆ 2653, II
Veltlinerland Camping, Laaer Str. 106, ✆ 20371

Großkrut

PLZ: 2143; Vorwahl: 02556
Gemeindeamt, Poysdorfer Str. 3a, ✆ 7200
Gh Schweng, Poysdorferstr. 5, ✆ 7344

Schrattenberg

PLZ: 2172; Vorwahl: 02555
Gemeinde Schrattenberg, Hauptstr. 25, ✆ 2345
Gh Zesch, Kirchenpl. 6, ✆ 2334, III-IV

Valtice

PLZ: CZ-69142; Vorwahl: 00420/519
TIC Valtice, Nàměsti Svobody 4, ✆ 352978
H Apollon, P. Bezruče 720, ✆ 352625
H Hubertus, Zàmek 1, ✆ 352537-8
P Vinarský Dvur, Malá Strana 198, ✆ 352737

Lednice

PLZ: CZ-69144; Vorwahl: 00420/519
H Days, 21. Dubna 657, ✆ 340135

Zistersdorf

PLZ: 2225; Vorwahl: 02532
Gemeindeamt, Hauptstr. 12, ✆ 2401
H Eldu, Hauptstr. 18-20, ✆ 80125
H Am Steinberg, Am Steinberg 1, ✆ 2703

Dürnkrut

PLZ: 2263; Vorwahl: 02538
Gemeindeamt, Schlosspl. 1, ✆ 80562
Gh Jana, Hauptstr. 58, ✆ 80225
Pz Oppenauer, Hauptstr. 18 a, ✆ 80245

Mannersdorf an der March

PLZ: 2261; Vorwahl: 02283
Gh Zur Traube, Bernsteinstr. 121, ✆ 2289
Pz Lobner, Brunneng. 41, ✆ 2423
Pz Kriegl, Kirchengasse 6, ✆ 2312

Marchegg

PLZ: 2294; Vorwahl: 02285
Gemeindeamt, Hauptpl. 30, ✆ 7100
Gh March-Eck, Hauptpl. 5, 8556
P Glück Villa, Am Berg 1, ✆ 6786

Schlosshof

PLZ: 2294, Vorwahl: 02285
Gh Prinz Eugen, Schlosshof 60, ✆ 6350

Stopfenreuth

PLZ: 2292, Vorwahl: 02214
Forsthaus Stopfenreuth, Uferstr. 1, ✆ 2232

Ortsindex

Einträge in *grüner Schrift* beziehen sich aufs Übernachtungsverzeichnis.